Countdown zum 3. Weltkrieg?

Umschlaggestaltung: ARTELIER/Peter Hofstätter
Satz und Layout: Agentur Pegasus, Zella-Mehlis

Gedruckt in Deutschland

ISBN 3-930219-55-7

Gerne senden wir Ihnen unser Verlagsverzeichnis
Kopp Verlag
Graf-Wolfegg-Str. 71
D-72108 Rottenburg
Email: info@kopp-verlag.de
Tel.: (0 74 72) 98 06 - 0
Fax: (0 74 72) 98 06 - 11

Unser Buchprogramm finden Sie auch im Internet unter:
http://www.kopp-verlag.de

KARL-HEINZ ZUNNECK

Countdown zum 3. Weltkrieg?

Der 11. September, der Irak-Konflikt und die Verschwörung zur US-Weltherrschaft

JOCHEN KOPP VERLAG

INHALT

EINLEITUNG

»Die Denkweise der Zukunft muß Kriege verhüten.«
Albert Einstein

»Der Dritte Weltkrieg kommt … Wir haben in den
vergangenen 18 Monaten einen Krieg geführt, der der
Vorbote des 3. Weltkrieges ist. Die Welt wird — ob es
ihr paßt oder nicht — kämpfen. Ich bin mir sicher.«
Ra'anan Gissin, Chefberater des israelischen
Ministerpräsidenten Ariel Scharon, in einem Gespräch mit
dem *Arizona Daily Star* (Tucson, USA) am 27. April 2002

Der Beginn des 21. Jahrhunderts weckte in vielen Menschen die
nicht ganz unberechtigte Hoffnung, einer besseren Zukunft,
einer friedlichen Gesellschaft entgegenzugehen. Doch kaum war
der Jahrhundertwechsel vollzogen, zeigte sich, daß die Geißel
Krieg, die das 20. Jahrhundert so nachhaltig geprägt und Millionen und Abermillionen Opfer gefordert hat, auch im 21. Jahrhundert immer noch gegenwärtig ist. Und wie es momentan
aussieht, steht unserer Zivilisation eine neue Runde militärischer Auseinandersetzungen bevor, die schleichend den vielbeschworenen Dritten Weltkrieg hervorrufen und im bevorstehenden Irak-Krieg ihren Anfang nehmen wird.
Ich übertreibe? Keineswegs. Mancher Zeitgenosse, der nicht
ganz hinter die Bühne der Weltpolitik blickt und statt dessen der
meistens anzutreffenden Einheitsmeinung der Massenmedien
vertraut, fragt sich, wie es möglich ist, daß nach dem schrecklichen Zweiten Weltkrieg mit all seinen verheerenden Folgen
seitens scheinbar seriöser politischer Führer heutzutage überhaupt noch an militärische Auseinandersetzungen größeren Stils
gedacht werden kann. Sollte man nicht aus den Fehlern der

Vergangenheit gelernt haben? Bei dieser Fragestellung wird leider vergessen, daß auch die zweite Hälfte des 20. Jahrhunderts keine friedliche Epoche des Zusammenlebens von Menschen auf dem Planeten Erde war, sondern daß eine Unzahl von Kleinst- und Kleinkriegen geführt wurde, meist in Form sogenannter »Stellvertreterkriege«, die durch die Sowjetunion und die USA finanziell, materiell, technologisch und logistisch unterstützt wurden.

Nach dem Zusammenbruch der UdSSR und der anderen Ostblock-Nationen wäre nun wirklich zu vermuten gewesen, daß ein Zeitalter allgemeiner Glückseligkeit und allgemeinen Friedens möglich sein würde. Doch weit gefehlt: Das Schlachten geht weiter und fällt möglicherweise bald auch auf jene zurück, die dachten, es würde sie niemals erreichen.

Kriege sind, das muß hier besonders und in grundsätzlicher Form betont werden, keine Naturereignisse, die urplötzlich über uns Menschen hereinzubrechen pflegen. Kriege sind vielmehr eine *zwangsläufige* Folge unseres Finanzsystems, das auf dem Zinseszins-Effekt basiert und damit nicht nur jährlich die vielbeschworenen Wachstumsraten in der Wirtschaft fordert, sondern sich nach Ablauf einer gewissen Frist — wenn die Schuldenberge nicht mehr bezahlbar sind und die Finanzblase platzt — selbst zerstört. Diese Zerstörung wurde bisher immer durch den Ausbruch eines großen bewaffneten Konfliktes kaschiert, der beispielsweise im 20. Jahrhundert große Teile der gesamten Welt gleich zweimal traf: in Form des Ersten und Zweiten Weltkrieges. Bisher hat die Menschheit leider nichts aus diesen Zwangsläufigkeiten gelernt, sondern sie hat vielmehr das sie zwanghaft beherrschende Geld- und Wirtschaftssystem immer als das Non plus Ultra ihres Daseins bezeichnet — und nach der Phase der Zerstörung den Kreislauf von vorn begonnen. Der bereits im 20. Jahrhundert mehrfach geleistete Schwur »Nie wieder Krieg« ist sinnlos, solange nicht das Treiben der Hochfinanz in bezug auf den Zins ein Ende findet.

Angesichts der Tatsache, daß die Menschheit bisher nichts aus ihrer Vergangenheit gelernt hat, ist es nur logisch, daß die alten Fehler wiederholt werden (müssen) — und auch der nächste (große) Krieg unausweichlich ist.

Betrachtet man die Geschichte der Kriege und auch die der größeren, einflußreichen Nationen, die sie führten, muß man bereit sein, über den Tellerrand der gewohnten Sichtweisen zu schauen. Nicht allein Tyrannen, Diktatoren, unfähige Politiker und säbelrasselnde Militärs sind Schuld am Ausbruch eines Krieges. Nein, diese Figuren und Marionetten werden allzugern in den Vordergrund geschoben, um die hinter der Bühne Agierenden nicht ins Rampenlicht gelangen zu lassen. Die wahren Verursacher aller militärischen Auseinandersetzungen — und dies gilt heute mehr noch als früher — sind diejenigen Kräfte, die immer dann, wenn Blut in Mengen fließt, Geld in immensen Größenordnungen verdienen, in erster Linie also die Rüstungsindustrien der an einem Konflikt beteiligten Nationen, die — schon lange, bevor man das Wort Globalisierung im Mund führte — international verzweigt und somit weltweit tätig waren. Freilich gilt es dabei zu bedenken, daß sich die Rüstungsproduzenten heute anders darstellen als früher: Manche der an Kriegen beteiligten Nationen verfügen heutzutage gar nicht mehr über eine große Rüstungsindustrie, sondern haben ihre Waffensysteme durch die Möglichkeiten des weltweiten Handels mehr oder weniger legal bezogen, wobei die USA als Waffenlieferant Nr. 1 eine ganz besonders brisante Rolle spielen, denn sie haben seit jeher Freund und Feind finanziert.

Wichtiger als die Militär- und Rüstungsmaschinerie ist aber noch ein besonderes Element unseres Wirtschaftssystems: die Finanzwelt mit der Hochfinanz an ihrer Spitze, die zu keiner Zeit Skrupel hatte, Kapitel zur Verfügung zu stellen, wenn es galt, hochtrabende Rüstungsprojekte zu finanzieren. Der heutzutage nur noch selten zitierte Karl Marx, neben Friedrich Engels und Wladimir I. Lenin Leitfigur des untergegangenen kommunistischen Systems, sagte einmal, daß das Kapital *tollwütig* werde, wenn Gewinne von mehr als 200 Prozent des eingesetzten Geldes zu erwarten seien … Ohne irgendwelchen kommunistischen Theorien Vorschub leisten zu wollen (ich bin gewiß kein Freund dieser Ideologie), muß man doch neidlos anerkennen, daß Marx das Wesen des kapitalistischen Systems realistisch beschrieben hat. Tatsache ist nämlich, daß sich die höchsten Profite im Bereich der Rüstung erzielen lassen. Dort sind Margen möglich, von denen jeder normale Kaufmann nur träumen kann. Ich erinnere mich noch lebhaft an die Schilderung eines amerikanischen Freundes, der mir einmal sagte, daß sämtliche amerikanische Waffensysteme künstlich im Preis überteuert wären. So hätte z. B. eine einfache Schraube, die als Ersatzteil beim einstigen Witwenmacher-Flugzeug F-104 »Starfighter«, das auch in der Bundesrepublik Deutschland geflogen wurde, in der Herstellung seinerzeit ein paar Pfennige gekostet. Gegenüber ihrem Pendant im Baumarkt habe sie sich lediglich im Preis unterschieden. Während die Baumarkt-Schraube für rund dreißig Pfennige zu haben gewesen sei, wurde das gute Stück als Ersatzteil des o. g. Flugzeuges mit bis zu 500 Dollar gehandelt …

Bei der Anzettelung von Kriegen geht es, ich schrieb es bereits, nicht immer nur um die Beseitigung einzelner unliebsamer Personen. Wäre das der Fall, hätte man den irakischen Diktator Saddam Hussein längst in einem handstreichartigen Kommandounternehmen beseitigen lassen können. Schließlich sind die USA bzw. die dort tätigen Auslandsgeheimdienste Meister in der Organisation verdeckter Operationen, mit denen insbesondere in den fünfziger und sechziger Jahren des 20. Jahrhunderts eine ganze Reihe unbequemer Staatsoberhäupter fremder Nationen beseitigt wurde. Wieso wurde das im Falle von Saddam Hussein nicht getan? Ganz einfach, es geht hier um weitaus mehr als um einen in der Tat selbstherrlichen und rücksichtslosen Despoten (der zu allem Überfluß vor geschichtlich gar nicht allzuferner Zeit noch wichtiger Verbündeter der USA war). Zuerst einmal muß der Irak niedergeworfen und möglichst umfangreich zerstört werden. Das kurbelt die Militär-, später die Wirtschaftsmaschinerie kräftig an. Denn nur das, was man vorher in die Steinzeit zurückgebombt hat, kann man hernach auch wieder aufbauen. Krieg steigert das Bruttosozialprodukt und läßt den Rubel, Verzeihung, den Dollar rollen ...

Wie ich ebenfalls bereits erwähnte, verfügen heute die USA über den größten Komplex an Unternehmen, die direkt und indirekt mit der Rüstung zu tun haben. Allgemein wird dieses Konglomerat als »Militärisch-Industrieller Komplex« (MIK) bezeichnet; es ist mittlerweile so mächtig, daß es als Staat im Staate bezeichnet werden muß. Es versteht sich von selbst, daß die Rüstungslobby ihre ureigensten Interessen verfolgt, die jenseits von dem liegen, was heute in Sonntagsreden gewisser Politiker als »Frieden, Ausgleich und Völkerverständigung« bezeichnet wird. Natürlich bringen staatliche Rüstungsaufträge Milliardensummen ein, doch die richtigen »dicken Fische« lassen sich nur dann an Land ziehen, wenn irgendwo in der Welt in Massen gestorben wird, wenn Waffensysteme vernichtet werden und später nach kostspieligem Ersatz verlangt wird. Hätte in den Jahren nach dem Zweiten Weltkrieg nicht das Damoklesschwert des sogenannten atomaren Overkill über unseren Köpfen geschwebt, das durch die Nuklearwaffen und andere Massenvernichtungssysteme in Schwingung versetzt wurde — ich bin mir sicher, daß wir dann schon eine Vielzahl weiterer schrecklicher Kriege mit konventionellen Waffen hätten erfahren müssen. Konventionelle Kriege begrenzen nämlich das Risiko einer Totalvernichtung auf einem niedrigen Level: Selbst wenn Millionen sterben sollten, bedeutet das kein Auslöschen der Zivilisation an sich. Anders sieht es jedoch im Falle des Einsatzes von Massenvernichtungswaffen aller Art aus: Die Lage kann schnell eskalieren, ein verrückt gewordener Staatsmann drückt auf den bekannten roten Knopf, und ein Schlagabtausch zwischen beliebigen verfeindeten Nationen ist die wahrscheinliche Folge — mit unabsehbaren Wirkungen für die Erdbevölkerung.

Genaugenommen hat uns die Option auf einen Atomschlag, insbesondere während der Zeit der Existenz eines kapitalistischen und eines kommunistischen Machtblocks auf Erden, den Frieden bewahrt. Man möge nun aber nicht glauben, daß durch den Zusammenbruch des Sowjetimperiums diese Gefahr gebannt sei. Sowohl die UdSSR als auch die USA haben zu Zeiten des Kalten Krieges dafür gesorgt, daß atomare, biologische und chemische Waffen weiterverbreitet wurden, was heute auf die einzige Weltmacht, die USA, zurückfällt. Diese schickt sich nunmehr an, die Welt von dem Bösen zu befreien, was jeden einigermaßen aufgeklärten Menschen des 21. Jahrhunderts an einen Kreuzzug erinnert.

Tatsächlich agiert George W. Bush, der US-Präsident, wie ein Glaubensanhänger, der seinen rechten christlichen Glauben mit dem Schwerte verteidigen will. Das ist ein äußerst gefährlicher Kurs, denn er stellt sich damit — für jedermann sichtbar — auf die Stufe anderer religiöser Fanatiker und »Beglücker«, zu denen, man muß das in aller Deutlichkeit sagen, eben auch ein Saddam Hussein oder ein Osama bin Laden gehören. Die beiden Letztgenannten allerdings als einzige Vertreter des Bösen auf unserer Erde betrachten zu wollen, greift viel zu kurz. Man muß, um zu wirklichen Erkenntnissen zu gelangen, an die Wurzeln des Übels gehen. Und dabei wird man feststellen, daß die Hegemonialpolitik der USA einen entscheidenden Beitrag geleistet hat, die heutige Situation zu provozieren.

Für mich persönlich ist bei genauer Betrachtung der US-amerikanische Militärisch-Industrielle Komplex (MIK) in Verbindung mit der Hochfinanz und den willfährigen Politikern eine der Hauptgefahren für eine friedliche Koexistenz der Nationen. Enorm gewachsen durch die Kriegsproduktion im Ersten und Zweiten Weltkrieg, erkannte man bei den beteiligten Unternehmen des

MIK sehr schnell, daß man auf Dauer maximale Profite erzielen könnte, vorausgesetzt natürlich, man würde das Räderwerk kriegerischer Auseinandersetzungen am Laufen halten. Dabei muß beachtet werden, daß während des Zweiten Weltkrieges beispielsweise nur knapp 60 Konzerne etwa 80 Prozent aller US-Staatsaufträge erhielten (heute gibt es allerdings nur noch fünf US-amerikanische Rüstungsriesen, die sich um die Aufträge bewerben). Mit dem MIK war schließlich ein unersättliches Monster geschaffen worden, das nun laufend nach neuer »Nahrung« in Form von Rüstungsaufträgen gierte und das kaum mehr auf demokratischem Wege zu kontrollieren war. Das Monster wurde während des Kalten Krieges zwischen den USA und der Sowjetunion immer mächtiger — bis zu dem Tag, als die letztgenannte Nation samt ihren Satellitenstaaten in sich zusammenbrach. Nun standen schlechte Zeiten für den MIK an, denn wie sollten nunmehr exorbitante Rüstungsausgaben begründet werden, wenn es gar keinen zu bekämpfenden mächtigen Feind mehr gab?!

Tatsächlich konnte man in den 1990er Jahren eine Stagnation, ja sogar einen Rückgang der Ausgaben für den US-Verteidigungshaushalt registrieren, doch war klar, daß dieser Zustand der Entspannung auf Dauer für den MIK untragbar sein würde. Genaugenommen handelte es sich dabei nur um eine geschichtlich gesehen kurze Phase der Um- und Neuorientierung. Was tut man, wenn man keinen Feind mehr hat? Man kreiert ein neues Bedrohungsszenario, macht dieses gegenüber der Öffentlichkeit durch bestimmte Aktionen von spektakulären Ausmaßen glaubhaft und geht anschließend zur Offensive über — gegen einen Feind, den man selbst ins Leben gerufen und aufgebaut hat. Genau das ist das Prinzip der US-amerikanischen Regierungspolitik seit Jahrzehnten, und wer es nicht glauben will, ist aufgerufen, entsprechende tiefgründige Recherchen selbst zu führen. Auf dieses Prinzip wies übrigens auch schon Wernher von Braun hin, der bekannte deutsche Raketeningenieur, der einst als SS-

Angehöriger die Entwicklung der deutschen V-2 mitzuverantworten hatte und der später tiefe Einblicke in die Rüstungsaktivitäten der USA erhielt. Er warnte davor, daß der MIK der USA in Zusammenarbeit mit den dortigen Geheimdiensten »eine irrsinnige Maschinerie« hervorgebracht habe, die nach dem möglichen Ende des Kalten Krieges mit der UdSSR neue Bedrohungsszenarien in Form von Staaten, die Terrororganisationen unterstützen, hervorbringen würden! Dabei sei die Bekämpfung von heute so genannten »Schurkenstaaten« laut von Braun aber nur der Weg zu einer viel gewaltigeren Bedrohungslüge: der einer außerirdischen Invasion nämlich, die nach der Schaffung eines gewaltigen weltraumgestützten Abwehrsystems verlange.

Wernher von Brauns visionäre Aussagen haben sich nicht nur auf merkwürdige Weise (teilweise) bestätigt, sondern sie lassen deutlich werden, daß vieles, was wir heute erleben, von langer Hand vorbereitet wurde, aber noch lange nicht das Ende der Fahnenstange ist.

Bei genauer Analyse ist eine solche langfristige Planung von Bedrohungen auch keineswegs etwas besonderes, denn − ich schrieb es bereits − Kriege sind ein wichtiges Element im kapitalistischen bzw. imperialistischen Wirtschaftssystem und sorgen dafür, daß die Masse Mensch beschäftigt wird − und nicht etwa auf dumme Gedanken kommt.

Mit den bis hierher gemachten Ausführungen will ich hier keineswegs einem plumpen Anti-Amerikanismus das Wort reden. Ohnehin gilt es zu unterscheiden zwischen dem US-amerikanischen Volk, vielen verantwortungsvollen Personen, die es vertreten, und dem »Establishment«, das zumindest teilweise aus dem MIK, den Geheimdiensten und Politikern sowie − meiner Meinung nach und wie noch zu zeigen sein wird − verdeckt im Hintergrund operierenden Kräften besteht, die ganz eigene Ziele verfolgen. Es muß in einer demokratischen Gesellschaft erlaubt sein, bestimmte Dinge und Vorgänge zu hinterfragen und auch zu kritisieren, vor allem dann, wenn Anspruch und Realität so sichtbar und weit auseinanderklaffen, wie das momentan in bezug auf die US-Politik der Fall ist.

Unabhängig davon leidet das gegenwärtige US-Establishment wahrscheinlich auch noch unter einem Problem besonderer Art: Nach dem Ende des Zweiten Weltkrieges galt es mehr denn je, sich in der Auseinandersetzung mit der damaligen Sowjetunion als moralisch, kulturell, technologisch und finanziell überlegen zu zeigen. Diese absolute »Notwendigkeit zur Überlegenheit« produzierte eine unglaubliche Menge von schwerwiegenden Problemen, von denen viele geheimgehalten werden mußten. Es ist eine alte Weisheit, daß — bildlich gesprochen — der Teufel nur allzuoft mit dem Belzebub ausgetrieben werden konnte. Teile des US-Establishment gaukelten sich möglicherweise selbst eine heile Welt vor, in der Demokratie und Freiheit die Grundlagen des menschlichen Zusammenlebens sein sollten, wußten aber aus der täglichen Erfahrung, daß das Ganze nicht mehr als eine Maskerade sein konnte, denn die Zustände auf diesem Planeten verlangten nach anderen Maßnahmen von durchgreifender Natur. Das Ganze nahm quasi-religiöse Züge an, gewährleistete aber wenigstens eine Ruhigstellung der westlichen Öffentlichkeit. Daran sollte sich auch nach dem Zusammenbruch des Sowjetimperiums wenig ändern.

Es darf in diesem Zusammenhang nicht übersehen werden, daß viele schwerwiegende Problemstellungen, die nunmehr nach einer Lösung verlangen (Überbevölkerung und damit verbundene Umweltverschmutzung, Ressourcenverteilung und -nutzung unter den Bedingungen unseres hochgepriesenen Wirtschaftssystems) keinen längeren Aufschub mehr dulden. Betrachtet man die Geschichte der letzten 50 bis 60 Jahre, so muß man feststellen, daß viel geredet, doch wenig getan wurde, um die existentiellen Fragen anzupacken, denn eine Problemlösung hätte eine Unzahl unbequemer Wahrheiten mit sich gebracht und teils drastische Einschnitte in die Lebensqualität von Millionen von Menschen bedeutet. In demokratischen Systemen wären aber diejenigen, die diese unbequemen Wahrheiten aufs Tapet bringen, binnen kürzester Frist abgewählt worden, weil — und das ist typisch für das menschliche Wesen — der Homo sapiens sapiens gern an Fortschritte glaubt und besonders schwerwiegende Probleme durch allgemeines Verdrängen zu »meistern« versucht. So gesehen, sind die heute politisch und wirtschaftlich Verantwortlichen Opfer ihrer eigenen Propaganda geworden. Hätte man die Wahrheit schon vor langer Zeit offenbart, läge heute wahrscheinlich weit weniger im argen.

Bei Betrachtung der nüchternen Tatsachen wäre eigentlich zu empfehlen, daß man den Kurs der Wahrheitsverdrängung beendet, die wirklichen Fakten offenbart und der Bevölkerung klarmacht, daß Wirklichkeit und Anspruch zwei ganz verschiedene Dinge sind.

Ich denke, daß das US-Establishment seit langem begriffen hat, daß man angesichts der anstehenden Schwierigkeiten, die zwischenzeitlich globalen Charakter angenommen haben, handeln muß, und daß dabei Methoden zur Anwendung gelangen müssen, die hochtrabenden moralischen Ansprüchen zuwiderlaufen. Man spürt diese Art des Begreifens anhand einiger Äußerungen US-amerikanischer Politiker, die sie in den letzten Jahren meist in schriftlicher Form zur Diskussion gestellt haben. So nimmt es auch nicht wunder, wenn die US-Politik einen Teil ihrer früheren Doktrin einfach über Bord geworfen und sie gegen solche ersetzt hat, die wesentlich aggressiver und kriegerischer klingen. Man denke in diesem Zusammenhang nur an die Erstschlagsoption mit Nuklearwaffen, die unter George W. Bush Staatsdoktrin wurde. Derartige Entscheidungen sind zur Zeit möglich, weil neben den Vereinigten Staaten von Amerika keine ernstzunehmende Weltmacht existiert, die in irgendeiner Form Paroli bieten könnte. Ob man mittels des neuen harten Kurses der USA in der Lage ist, eine sinnvolle Politik für die zukünftige Entwicklung unserer Welt zu gestalten, bleibt mehr als zweifelhaft, denn noch nie wurden politische Probleme erfolgreich mit Waffengewalt gelöst. Und abgesehen davon haben wir wahrscheinlich den »Zug«, der uns in Sicherheit hätte bringen können, längst verpaßt: Schon 1969 sagte der damalige Generalsekretär der Vereinten Nationen, U Thant:

> »Ich will die Zustände nicht dramatisieren. Aber nach den Informationen, die mir zugehen, haben nach meiner Schätzung die Mitglieder dieses Gremiums noch etwa ein Jahrzehnt zur Verfügung, ihre alten Streitigkeiten zu vergessen … den menschlichen Lebensraum zu verbessern, die Bevölkerungsexplosion niedrig zu halten und den notwendigen Impuls zur Entwicklung zu geben«, (sonst werden) »die erwähnten Probleme derartige Ausmaße erreicht haben, daß ihre Bewältigung menschliche Fähigkeiten übersteigt.«

Folgt man U Thant, der seine Lageeinschätzung sicherlich anhand von Informationen traf, die uns heute nach wie vor nicht zugänglich sind, ist die Zeit für Veränderungen längst verstrichen. Die vielzitierte Globalisierung und die mit ihr verbundene Neue Weltordnung sind möglicherweise nur noch der (westlich angehauchte) Abgesang unserer Zivilisation, die sich langsam aber sicher selbst zerstört. Die Amerikaner sind dabei bemüht, das Ende soweit wie möglich hinauszuschieben, ohne jedoch auch eine wirkliche Lösung für die Probleme dieser Welt anbieten zu können.

Die in diesem Buch vorgestellten und diskutierten Fakten, Widersprüche und Ungereimtheiten, das sei hier deutlich hervorgehoben, befassen sich in erster Linie mit den USA. Das hat seinen Grund: In den Massenmedien wird selten über die *wahren* Hintergründe der geplanten US-Irak-Intervention berichtet, sondern statt dessen eine teils unverantwortliche Verwischung der Kriegsursachen betrieben, indem man zum einen Saddam

Hussein die Schuld in die Schuhe zu schieben versucht, zum anderen bemüht ist, oberflächlich erscheinende Gründe, wie das Erdöl, für das Insistieren der USA am Golf verantwortlich zu machen. Solche Darstellungen sind viel zu kurz gegriffen. In Wirklichkeit geht es um den Anspruch der US-Weltherrschaft! Und genau das macht die im Moment mächtigste Nation der Erde so gefährlich, denn sie spielt mit dem Feuer, ohne sich darüber im klaren zu sein, welche Folgen die Irak-Intervention haben kann.

Natürlich trägt Hussein einen Teil der Schuld, der nicht verniedlicht werden darf, er ist aber nicht *ausschließlich* für die Situation am Golf verantwortlich zu machen. Bekanntermaßen ist er auch nur eine Figur in einem großen Spiel. Zudem spricht man bei Hussein von einem Diktator, über den man sich keine Illusionen machen sollte. Die Wesenszüge von Diktatoren sind hinlänglich bekannt, die Historie unserer Zivilisation hält genügend Beispiele parat, wie diese Personen „funktionieren", so daß Hussein in gewisser Weise auch für seine Gegner berechenbar ist. Wenn jemand von Unberechenbarkeit in bezug auf Iraks Führung spricht, so ist das purer Unsinn. Aus dem Vorhandensein von Diktatoren, auch das zeigt die Geschichte, ergibt sich aber nicht in jedem Falle eine latente Gefahr für andere Nationen, denn viele Diktaturen sind ausschließlich nach innen gerichtet und attackieren ihre Nachbarn nur dann, wenn sie vorher durch fremdes Geld dazu in die Lage versetzt worden sind. Und im Falle Saddam Husseins müssen sich die USA besonders heftig an die eigene Nase fassen, denn sie haben ihn (mit) aufgebaut. Freilich weiß niemand mit letzter Sicherheit zu sagen, was Iraks Führer noch alles in petto hat. Diktator Hussein hat die internationale Weltgemeinschaft schon des öfteren hinters Licht geführt und es könnte durchaus sein, daß er immer noch über bestimmte gefährliche Waffensysteme verfügt, von denen insbesondere für benachbarte Nationen eine Gefahr ausgeht. Worum es sich dabei genau handelt, ist schwerlich einzuschätzen. Chemische

Waffen kann jede Nation herstellen, und auch für biologische Massenvernichtungssysteme haben sich im Laufe der Zeit die Möglichkeiten zu ihrer Produktion überall auf der Welt »verbessert«.

Ein besonderes Problem sind atomare Waffensysteme. Die Weltgemeinschaft geht davon aus, daß der Irak diese nicht mehr besitzt, weil die entsprechenden Anlagen nach dem zweiten Golfkrieg durch UNO-Experten gesprengt wurden. Vor einigen Wochen erhielt ich einen Hinweis, der, das möchte ich nachdrücklich betonen, zur Zeit allerdings nicht mehr als den Status eines Gerüchtes haben kann, wonach Saddam Hussein möglicherweise doch noch über unterirdische Lager mit angereichertem atomwaffenfähigen Material verfügen könnte. Diese Lager, man sollte vielleicht besser Bunker sagen, befinden sich unterhalb größerer irakischer Städte, beinhalten aber keine funktionierenden Bomben, sondern nur den »atomaren Sprengstoff«. Sollte diese Information, der aus meiner Sicht mit Skepsis zu begegnen ist, korrekt sein, könnte die US-amerikanische Intervention auf größere Schwierigkeiten als gedacht stoßen, zumal diese Lager nur durch Bodentruppen zu erreichen wären. Man kann sich unschwer ausmalen, was dann auf die GI's zukäme: wochenlanger Häuserkampf, der seinerseits mit zahlreichen Toten und Verletzten verbunden sein dürfte.

Ob Saddam Hussein wirklich der »gefährlichste Mensch der Welt« ist, bleibt meines Erachtens mehr als fraglich. Sieht man einmal von dem Gerücht ab, das ich meiner Leserschaft nicht vorenthalten wollte, bleibt angesichts gesicherter Fakten festzustellen, daß aufgrund des Einsatzes der UN-Inspektoren nach dem Kuwait-Desaster und dem Golfkrieg II über 95 Prozent der Waffenvorräte und Anlagen für ihre Herstellung zerstört wurden. Auch sollte bedacht werden, daß der Irak seit damals unter Beobachtung amerikanischer und britischer Geheimdienste steht, daß es dort eine nördliche und südliche Flugverbotszone gibt und daß auch zahlreiche Beschränkungen im Handel mit dem

Irak existieren, die eine Wiederaufnahme der Produktion gewisser Massenvernichtungswaffen massiv erschweren dürften. Zudem gibt es weitere Indizien, die zeigen, daß in der Einschätzung der US-Führung, der Irak verfüge nach wie vor über große, heimlich hergestellte Mengen von Massenvernichtungswaffen, etwas nicht stimmen kann: Wären diese nämlich tatsächlich vorhanden, so würden die USA in einem ganz anderen Ton mit Iraks Herrscher sprechen. Das meint auch der amerikanische Nahost-Experte Kenneth Pollack, der die gewaltigen US-Vorbereitungen für den Sturm auf Bagdad im Nachrichtenmagazin »Der Spiegel« (5/2003, S. 88) mit dem Einsatz eines Vorschlaghammers verglich, den man benutze, um eine Fliege zu töten. Und tatsächlich: Als Nordkorea vor kurzem sein Atomprogramm wiederaufnahm, drohten die USA auch — allerdings weitaus weniger barsch und direkt. Man versucht jetzt, das nordkoreanische »Problem« auf dem Verhandlungswege aus der Welt zu schaffen, denn Nordkoreas Führung hat unmißverständlich klargemacht, daß im Falle einer steigenden US-Militärpräsenz in der Region oder gar eines Angriffes sofort mit Atomwaffen geantwortet würde. Hat Saddam Hussein in den letzten Wochen damit gedroht, New York für den Fall einer US-Attacke auf den Irak zu bombardieren? Gewiß, eine seltsame Vorstellung, denn Iraks Herrscher kann sich nur an die Nachbarnationen halten angesichts des fehlenden militärischen Potentials. Freilich ist Saddam Hussein ein Fuchs, einer von der ganz schlauen Sorte sogar, hat er es doch jahrelang verstanden, seine Macht im Lande zu zementieren und die Weltgemeinschaft hinzuhalten. Den Irak aber in der Gefährlichkeit vor Nordkorea oder Libyen zu positionieren, ist eine unglaubhafte Übertreibung, die nur dem Zweck dient, über die wahren Ursachen des Konfliktes hinwegzutäuschen.

Besonders erhellend war auch ein in der ARD ausgestrahlter Bericht der *Panorama*-Redaktion am 6. März 2003: Hier kamen ehemalige CIA-Agenten zu Wort, die George W. Bush eine massive Verdrehung von Fakten vorwarfen. Die Bush-Administration versuche mittlerweile sogar Druck auf die Geheimdienste auszuüben, damit diese Fakten über eine Verstrickung Saddam Husseins mit dem internationalen Terrorismus liefern. Doch derlei Fakten gebe es nicht, weil solche Verstrickungen nicht existieren.

Bush behauptet also wider besseren Wissens in der amerikanischen Öffentlichkeit Dinge, die nicht mit der Wahrheit in Übereinstimmung zu bringen sind. Und das macht ihn gefährlich.

In derselben *Panorama*-Sendung wurde darüber hinaus aufgezeigt, daß die Propaganda der großen US-Medienkonzerne mittlerweile groteske Formen annimmt, um die Bevölkerung auf einen Krieg gegen den Irak einzustimmen. Ein Sprecher von *Fox* verstieg sich zu der Bemerkung, daß all diejenigen Amerikaner, die gegen den Krieg seien, »ab sofort das Maul halten« sollten. Und überhaupt wären solche Amerikaner wie alle Gegner der US-Politik in der Welt als Staatsfeinde zu betrachten. Insofern man angesichts einer solchen Greuelpropaganda überhaupt noch Worte findet, ist man an die Zeit eines Minister Goebbels erinnert, der stets mit denselben »Argumenten« zu überzeugen versuchte. Erschreckend ist nur, daß Goebbels vor beinahe 60 Jahren das Zeitliche segnete, die Art und Weise der Propaganda aber dieselbe geblieben zu sein scheint.

Genaugenommen aber muß man dem US-Establishment und den mit ihm verbundenen Medien dankbar sein für solche Ausfälle. Denn damit demaskiert sich die US-Führung selbst. Die ersten erschreckten Gesichter gab es, als all diejenigen, die noch an eine diplomatische Lösung des Irak-Problems geglaubt hatten, während einer Tagung des UNO-Sicherheitsrates am 25. Februar 2003 durch amerikanische Politikvertreter erfuhren, daß der Krieg eine längst beschlossene Sache sei. Das berichtete am gleichen Tag auch die renommierte US-Tageszeitung *Washington Post*. Man werde, so das Blatt, gegen den Irak losschlagen, nötigenfalls auch allein. Pikanterweise unterrichtete am selben Tag UNO-Chefinspektor Blicks die Presse darüber, daß der Irak in den letzten Tagen außerordentlich kooperationsbereit gewesen sei …

Man muß den Realitäten ins Auge sehen: Die USA verfolgen seit langem eine Politik der Konfrontation, um ihre ureigensten Interessen durchzusetzen. Im Falle des Irak war von Beginn an klar, daß Lösungen auf dem Verhandlungswege unerwünscht waren.

Die Fakten und Darstellungen, die in diesem Buch enthalten sind, möchte ich nicht im Sinne einer Anklageschrift an die Adresse der Vereinigten Staaten von Amerika verstanden wissen. Das wäre zu einseitig und vor allem viel zu kurz gefaßt. Sie sind vielmehr eine zugegebenermaßen unvollständige Zusammenstellung von Informationen, die aufzeigen sollen, daß das Wirtschaftssystem des Kapitalismus, dessen am weitesten entwickelter Vertreter nun einmal die USA sind, höchst unvollkommen ist und ständig nach Expansion und neuen Absatzmärkten sowie Rohstoffquellen verlangt, wobei kriegerische Konflikte die zwangsläufige logische Folge und daher unvermeidlich sind. Menschenleben spielen in diesem Zusammenhang keine Rolle, weil sie in den Betrachtungen der Mächtigen nie wichtig waren. Es versteht sich von selbst, daß die (im Moment) einzige Weltmacht USA krampf- und fieberhaft versucht, diese für sie günstige Lage auszunutzen und die politisch-wirtschaftliche Gesamtsituation auf diesem Planeten unter ihre Kontrolle zu bringen. Dabei will sie keine Zeit vertrödeln, sondern selbst agieren, um den Dingen eine Richtung zu geben, die ins Konzept paßt. Das ist in gewisser Weise auch verständlich, denn die Erfahrung lehrt, daß es oftmals leichter ist zu agieren, als zu reagieren.

Wer also jetzt immer noch glaubt, daß der Irak-Krieg vermeidbar wäre oder ist, irrt gewaltig. Die ehernen Gesetze unseres derzeitigen Gesellschaftssystems und die Ziele bestimmter elitärer und oft im Geheimen agierender Organisationen verlangen geradezu nach bewaffneten Konflikten. Und sollten sich diese nicht im normalen politischen Tagesgeschäft ergeben, so müssen sie notfalls provoziert werden. Einige der politisch und militärisch Verantwortlichen sind dabei kaum mehr als Marionetten, da sie, wollen sie selbst überleben, den bestehenden Zwangsläufigkeiten folgen müssen. Hinter ihnen stehen jene Strukturen, die die eigentliche Macht im Staate ausüben und jederzeit bereit sind, auch unbequeme Marionetten gegen willfährige zu ersetzen.

In den letzten Wochen und Monaten war immer wieder die Rede davon, daß die USA nun mit Macht zur Weltherrschaft drängen würden. In zahlreichen Artikeln wurde die Vereinigten Staaten von Amerika ob ihrer Machtgelüste mit dem Römischen Reich verglichen. Dieser Vergleich hinkt allerdings − zumindest in bezug auf die politischen Führer der beiden expansionistisch eingestellten Systeme. Die römischen Imperatoren waren, wenn sie denn irgendeinen Glauben vertraten, von der Wirkung böser Vorzeichen auf ihre Entscheidungen überzeugt. Gab es Vorzeichen negativer Art, wurden ganze Heere gestoppt, um bessere Zeiten (und Zeichen) abzuwarten. Man vertraute göttlicher Fügung.

Das tut − so behauptet er jedenfalls von sich − auch George W. Bush. Doch auch hier kann etwas nicht stimmen. Wäre er wirklich von seiner »göttlichen Mission« und dem Wirken überirdischer Mächte überzeugt, hätte er den Irak-Aufmarsch längst abgeblasen, denn das Ganze

Böses Vorzeichen: Kurz vor dem geplanten Irak-Krieg havarierte ein Space Shuttle − ausgerechnet mit einer US-amerikanisch-israelischen Mannschaft an Bord.

wurde von einem bösen Omen überschattet: dem Verlust des dienstältesten Space Shuttles, der beim Wiedereintritt in die Atmosphäre samt seiner amerikanisch-israelischen Mannschaft havarierte. Gewiß, alles nur Zufall, aber dennoch ein Zeichen, daß der gläubige George W. hätte ernstnehmen sollen.

Der bevorstehende dritte Golfkrieg dürfte aber auch aus einem anderen Grund nicht unter einem guten Stern stehen, nämlich, weil die Kriegspläne der Vereinigten Staaten zu blauäugig sind. Feuer an ein Pulverfaß zu legen, war noch nie ratsam, und die Folgen dessen, was in Kürze am Golf losbrechen wird, werden wohl Jahrzehnte andauern, ohne daß schon jetzt zu sagen wäre, daß die USA als Sieger aus dieser Angelegenheit hervorgehen werden. Der Dritte Weltkrieg, der meines Erachtens mit dem Irak-Krieg eingeleitet werden wird, dürfte anderer Natur sein als die beiden vorherigen großen Waffengänge und — wenn außer Kontrolle geratend — katastrophale Auswirkungen haben.

Daß der Irak-Krieg nur der Auftakt für eine Neuordnung der Welt im Sinne amerikanischer Interessen ist, steht außer Frage. Man möge nicht glauben, daß sich die momentane Situation am Golf zufällig ergeben habe. Wie die britische Zeitung *Sunday Herald* (www.sundayherald.com/27735) vor kurzem enthüllte, gab es schon vor der Übernahme des Präsidentenamtes durch George W. Bush geheime Pläne, den Irak anzugreifen und dort einen Regierungswechsel herbeizuführen. Das klassifizierte Dokument mit dem Titel »Wiederaufbau der Verteidigung Amerikas: Strategien, Kräfte und Ressourcen für ein neues Jahrhundert« wurde von Dick Cheney, Donald Rumsfeld, Paul Wolfowitz, Lewis Libby und Bushs jüngerem Bruder Jeb abgefaßt. Aus ihm ist klar ersichtlich, daß Bush und seine Berater die militärische Kontrolle am Golf zu übernehmen gedachten, unabhängig davon, ob Saddam Hussein an der Macht bliebe oder nicht:

> »Die Vereinigten Staaten haben jahrzehntelang angestrebt, eine dauerhaftere Rolle in der Sicherheit der Golfregion zu spielen. Während der ungelöste Konflikt mit dem Irak eine

direkte Rechtfertigung liefert, geht der Bedarf an einer substantiellen Präsenz der amerikanischen Streitkräfte im Golf über die Angelegenheit mit dem Regime von Saddam Hussein hinaus.«

Deutliche Worte, die nicht kommentiert werden müssen. Das Dokument, das übrigens von einer amerikanischen Denkfabrik mit der Bezeichnung »Projekt für das neue amerikanische Jahrhundert« (PNAC) mitverfaßt wurde, enthält weitere erhellende Ansichten, die die wahre Situation aufzeigen: Da ist von einem Plan zur Erhaltung der globalen Vorherrschaft der USA die Rede, ebenso davon, daß man verhindern müsse, daß es zum Aufstieg eines neuen mächtigen Gegners komme, und daß die internationale Sicherheit so geformt werden müsse, daß sie mit den amerikanischen Prinzipien und Interessen übereinstimme.

Wie perfide das im September 2000 (!) verfaßte PNAC-Dokument ist, beweisen die in ihm angestellten Überlegungen, die eine erstaunliche Aktualität aufweisen und überdeutlich zeigen, daß all das, was gegenwärtig geschieht und was sich auch in Zukunft abspielen wird, von langer Hand vorbereitet wurde. In diesem Zusammenhang nicht von einer Verschwörung sprechen zu wollen, hieße ein Verbrechen zu begehen und die Wahrheit zu unterdrücken.

Das Dokument zeigt klar und deutlich auf, was die Schwerpunkte amerikanischer Außenpolitik sind bzw. sein werden: Es verweist beispielsweise auf die in einer Schlüsselposition befindlichen Verbündeten wie Großbritannien, und daß sie als »effektivstes und effizientestes Mittel« anzusehen sind, »um die globale amerikanische Führung auszuüben«. Es beschreibt darüber hinaus die »Friedensstifter-Missionen« als »Forderung nach amerikanischer Führung in der Politik anstatt der durch die Vereinten Nationen«. Vergleicht man diese Aussage mit den aktuellen Geschehnissen, wird man konsterniert feststellen müssen, daß die Arbeit der UNO und ihres Sicherheitsrates im Zusammenhang mit dem bevorstehenden Irak-Krieg immer mehr zur Farce wird.

Das Papier diskutiert des weiteren Bedenken, daß Europa sich gegen die USA stellen könnte, was teilweise auch tatsächlich geschehen ist. Und in ihm wird in aller Deutlichkeit formuliert, daß »selbst wenn Saddam von der Bühne verschwinden sollte, die Basen in Kuwait und Saudi-Arabien permanent besetzt bleiben werden, und das trotz der mehrheitlichen Opposition in den Regierungen der Golfstaaten«. Das sei schon deshalb vonnöten, weil sich der Iran leicht als große Bedrohung der US-Interessen in der Golfregion erweisen könne. (Ob man mit dem Iran so leicht fertig wird wie mit dem Irak, dürfte allerdings zu bezweifeln sein angesichts des iranischen Atomprogramms.)

Daß die Vereinigten Staaten ihre Großmachtpolitik nicht nur auf den Nahen und Mittleren Osten ausdehnen wollen, dokumentiert das PNAC-Papier ebenfalls, wird doch in ihm darüber nachgedacht, einen Regierungswechsel in China zu bewerkstelligen (das die USA fürchten wie der Teufel das Weihwasser). Ganz allgemein heißt es, daß es Zeit sei, die Präsenz amerikanischer Streitkräfte in Südostasien zu erhöhen.

Besonders wichtig erscheinen jene Passagen, in denen die Schaffung einer US-Weltraummacht und die absolute Kontrolle des Internet gefordert werden. Zudem sei es für die neue Form der Kriegführung wichtig, über die Entwicklung neuer biologischer Waffen nachzudenken. Generell heißt es:

»Neue Methoden des Angriffs — elektronische, nichttödliche, biologische — werden immer besser verfügbar sein … Kämpfe werden in ganz neuen Dimensionen geführt werden, im Weltraum, im Cyberspace und vielleicht sogar in der Welt der Mikroben … fortschrittlichere Formen biologischer Kriegsführung, welche bestimmte Genotypen ›angreift‹, können die biologische Kriegführung aus der Welt des Terrors in ein politisch nützliches Werkzeug umformen.«

Das Dokument läßt keinen Zweifel: Es ist eine neue Runde des Wettrüstens und der militärischen Auseinandersetzungen geplant. Das US-Establishment will die Kontrolle über den Planeten, will Krieg!

Wie sagte Albert Einstein? »Die Denkweise der Zukunft muß Kriege verhüten.« Dem berühmten Physiker war dabei klar, daß ansonsten der Untergang der Menschheit nicht zu vermeiden sei. Da es heutzutage insbesondere in den politischen, wirtschaftlichen und militärischen Führungspositionen an Menschen mangelt, die über den notwendigen Weitblick verfügen und/ oder die Angst haben, einen Kurswechsel zu vollziehen, steht zu befürchten, daß Einsteins Ausspruch ungehört bleibt. Der Einstieg der USA in das Irak-»Unternehmen« ist möglicherweise der Anfang vom Ende ihres bisherigen politischen und wirtschaftlichen Systems — und vielleicht sogar ihr eigener Untergang. Meines Erachtens ist es nämlich wenig wahrscheinlich, daß die USA einen Blitzsieg erringen werden, dem dann keine Reaktionen der islamischen Welt oder ganz anderer »terroristischer« Strukturen folgen werden. Vielmehr steht zu vermuten, daß es mittelfristig sehr heftige Reaktionen geben wird, die niemand abzuwehren imstande sein dürfte, denn keiner kann eine hundertprozentige, also totale Kontrolle ausüben. Churchill, der britische Gegenspieler Hitlers im Zweiten Weltkrieg, meinte einmal, man solle den Feind niemals so reizen, daß dieser seine Selbstmordattentäter entsende. Genau dieses ungeschriebene Gesetz werden die USA aber aller Voraussicht nach verletzen, wonach die Gesamtsituation eskalieren dürfte. Vielleicht wird sich dann eine andere Aussage Einsteins bewahrheiten. Gefragt, was die Waffen des Dritten Weltkrieges seien, antwortete er sinngemäß: »Das weiß ich nicht. Die Waffe des Vierten Weltkrieges aber wird die Steinaxt sein.« Ob er recht behalten wird?

Karl-Heinz Zunneck
7. März 2003

WIE MAN EINEN KRIEG INSZENIERT
DIE EREIGNISSE VOM 11. SEPTEMBER 2001,
GEHEIMDIENSTLICHE OPERATIONEN UND
DIE TERRORISMUS-BEDROHUNG

»Die psychologische Reaktion von Durchschnittsbürgern und Wählern auf erregende Ereignisse wie Krieg, brutale Verbrechen, einen Terroranschlag läßt sich exakt berechnen. Zynische Politiker, deren Wahlkampfstrategen sowie ihnen verbundene Geheimdienstleute können Szenarien ablaufen lassen, die der Normalbürger nicht zu durchschauen vermag. Es ist keineswegs undenkbar, daß illoyale Teile eines Geheimdienstes im Zusammenspiel mit innenpolitischen Kräften die Teroristenszene gezielt anheizen, entweder um eine Regierung hilflos und unfähig dastehen zu lassen oder sie mit dem Siegeslorbeer des harten und erfolgreichen Durchgreifens gegen brutale internationale Banden kurz vor einer Wahl zu krönen.«
Andreas von Bühlow, 1976 bis 1980 Parlamentarischer Staatssekretär beim Bundesminister für Verteidigung, in seinem Buch »Im Namen des Staates — CIA, BND und die kriminellen Machenschaften der Geheimdienste« (Piper, München—Zürich, 2. Auflage 1998, S. 269/270)

Andreas von Bülow, der mit seinem zu Beginn dieses Kapitels wiedergegebenen Zitat aus dem Jahre 1998 beinahe prophetische Fähigkeiten bewies, muß es wissen. Als Fachmann auf dem Gebiet der Arbeitsweise von Geheimdiensten nahm er kein Blatt vor den Mund, als er nach den Anschlägen auf das World Trade Center in New York und das Pentagon in Washington meinte, diese Aktionen hätten den Charakter von geheimdienstlichen

Operationen und könnten unmöglich von gewöhnlichen Terrorgruppen realisiert worden sein. Aber ist das glaubhaft?
Die Ereignisse vom 11.09. 2001 in New York und Washington,
die Tausende von Amerikanern das Leben kosteten, wurden und
werden durch die überwiegende Mehrheit der US-Politiker und
durch die Massenmedien meist als Akt des internationalen Terrorismus dargestellt. Der Begriff »internationaler Terrorismus«
erscheint dabei äußerst schwammig, denn je nach Lesart und
politischer Grundeinstellung definieren diejenigen Nationen, die
jetzt den Kampf gegen den Terrorismus führen, das Problem auf
ihre Art. Darunter fallen nicht nur die tatsächlich vorhandenen
und nachweisbaren Terror-Strukturen in verschiedenen Ländern, sondern auch jene Kräfte, die z. B. um ihre Unabhängigkeit
kämpfen (letzteres zeichnet sich am deutlichsten im Konflikt
zwischen Tschetschenien und Rußland ab).
Der Kopf hinter den Terrorattacken vom 11. September 2001 sei
Osama bin Laden gewesen, der allerdings — was oft und gern
verschwiegen wird — vor diesen die Welt erschütternden Ereignissen außerordentlich gute Beziehungen zur angloamerikanischen Finanzwelt und den dortigen Geheimdiensten hatte.
Das sind nur zwei der Gründe, warum beispielsweise der bekannte Ökonom und mehrfache US-Präsidentschaftskandidat
Lyndon LaRouche zu dem Schluß gelangte, daß es sich bei den
Anschlägen um eine sogenannte strategische verdeckte Operation handelte, die von einflußreichen verbrecherischen Elemen-
ten in den USA selbst organisiert worden war.
Um diese von LaRouche aufgestellte Behauptung zu begreifen,
die im übrigen mittlerweile von anderen durchaus ernstzunehmenden Fachleuten unterstützt wird, muß man einige Zusammenhänge, die in den Medien meist geflissentlich in dieser
Deutlichkeit nicht betrachtet werden, ausführlicher darstellen.
Wie der unter Beteiligung von Lyndon LaRouche herausgegebene Informationsservice *Strategic Alert* vom 19. September 2001
(Vol. 15, Nr. 38) berichtete, seien die Anschläge zu einem pas-

senden Zeitpunkt erfolgt. Vor dem 11. September 2001 hatten
sich alle Anzeichen für eine Verschärfung der Krise des weltweiten Finanzsystems verstärkt. Aus diesem Grund setzte eine umfangreiche Debatte über finanzpolitische Notmaßnahmen ein.
»Mächtige oligarchische Elemente, deren Zentrum im angloamerikanischen finanziellen und politischen Establishment
liegt, waren außer sich, weil dies eine tödliche Bedrohung
ihrer Macht bedeutete. Sie sind fest entschlossen, das
System zu ›retten‹, wissen aber, daß die üblichen Methoden des ›Krisenmanagements‹ wie Zins- und Steuersen-
kungen wirkungslos geworden sind. Deshalb sollen jetzt
unter einem langandauernden Kriegszustand finanzielle,
wirtschaftliche und politische Notmaßnahmen umgesetzt
werden. Ein solcher permanenter Kriegszustand entsprä-
che dem Konzept vom ›Kampf der Kulturen‹ oder Clash of
Civilizations, wie es der Harvard-Professor Samuel Husting-
ton beschrieben hat und wie es die ehemaligen Nationalen Sicherheitsberater der USA Zbigniew Brzezinski und
Henry Kissinger propagieren.« (*Strategic Alert*, deutsche
Ausgabe, Vol. 15, Nr. 38, 19. September 2001)

Kaum waren die schrecklichen Anschläge auf das World Trade
Center (WTC) und das Pentagon erfolgt, gaben die US-Medien,
angeführt vom Fernsehsender *Cable Network News* (CNN), die
Leitinformation heraus, daß der Hauptverantwortliche für diese
Terroranschläge der »saudische Dissident Osama bin Laden in
Afghanistan« sei, was dann übrigens auch als einer der Gründe
dafür herhalten mußte, die nachfolgende Afghanistan-Interven-
tion zu rechtfertigen. Eine nicht zu leugnende Tatsache ist allerdings, wie auch bestimmte außeramerikanische Geheimdienste
wissen ließen, auf die noch einzugehen sein wird, daß bin
Laden niemals in der Lage gewesen wäre, eine solche Serie
gleichzeitiger Aktionen in den USA zu organisieren, denn diese
Operationen wurden mit außerordentlicher Präzision durchge-

führt, entsprechend dem Niveau vieler der besten militärischen Spezialeinheiten der Welt:

> »Wie LaRouche am 13.9. betonte, wurden die Täter vielmehr ›in die USA gebracht, in den USA ausgebildet, in den USA eingesetzt in einer sehr ausgeklügelten Operation, an der Hunderte von Personen beteiligt gewesen sein müssen und die monatelanges Training und Vorbereitung erforderte ... Dies konnte nur mit der Zustimmung einer abtrünnigen kriminellen Fraktion innerhalb des amerikanischen Militärs und Geheimdienstes geschehen‹.« (*Strategic Alert*, deutsche Ausgabe, Vol. 15, Nr. 38, 19. September 2001)

Es versteht sich von selbst, daß derartige Behauptungen, die auch in verschiedenen größeren amerikanischen Zeitungen publiziert wurden, so nicht hingenommen werden konnten. Die Medien behaupteten deshalb, daß kein Amerikaner so etwas Schreckliches tun würde, um dabei auch noch Selbstmord zu begehen. Allerdings waren derartige »Begründungen« nicht mehr als rein gefühlsmäßige, patriotische Anwandlungen, die faktenmäßig nicht zu belegen waren. Zudem muß daran erinnert werden, daß es schon in den 1990er Jahren mit dem Bombenanschlag in Oklahoma City einen Fall massenmörderischen Terrorismus gab, an dem der US-Militärveteran Timothy McVeigh beteiligt war. Am Ende wählte McVeigh praktisch den Selbstmord und forderte seine eigene schnellstmögliche Hinrichtung, anstatt Auskunft über sein Netzwerk und seine Komplizen und die Drahtzieher dieser Terroraktion zu geben. Wie sich zeigte, war McVeigh Teil des Apparats der sogenannten »amerikanischen Milizen«, der über Verbindungen bis in die obersten Ebenen aktiver und ehemaliger US-Militärs verfügt. Entsprechende Nachforschungen ergaben, daß sich dieser Apparat mit Strukturen überschneidet, die den extremen christlichen Fundamentalisten zuzuordnen sind, die propagandistisch nicht nur

Bei dem Anschlag auf ein Bürogebäude in Oklahoma-City
kamen mehr als einhundert Menschen ums Leben.

vom »kommenden Armageddon« und der »Endzeit« reden, sondern auch von Aktionen, um diese Endzeitvisionen aktiv herbeizuführen.

Greift man in der US-amerikanischen Geschichte noch etwas weiter zurück, wird man sogar konsterniert feststellen müssen, daß das Establishment durchaus gegen das eigene Volk vorgehen wollte, um beispielsweise seine politisch-militärischen Ziele durchzusetzen. So plante, so ungeheuerlich das zunächst klingen mag, im Jahre 1962 die Führung des US-Militärs Terroranschläge gegen die eigene Bevölkerung, um einen Krieg gegen Kuba zu rechtfertigen. Aus amtlichen Dokumenten, die jahrzehntelang streng geheim waren, geht eindeutig hervor, daß der Generalstab der US-Streitkräfte Anfang der 1960er Jahre bereit war, terroristische Angriffe gegen die US-Bevölkerung zu organisieren, um die USA in einen Krieg gegen Kuba zu ziehen. Der erste ausführliche Bericht über diese Dokumente findet sich übrigens in dem Buch »Body of Secrets« von James Bamford über den amerikanischen Nachrichtendienst NSA (*National Security Agency*), das im Jahre 2001 in den USA erschienen ist. Bamford schreibt darin, der Generalstab der US-Streitkräfte (*Joint Chiefs of Staff*) »schlug einen geheimen, blutigen Terrorkrieg gegen das eigene Land vor, um die amerikanische Öffentlichkeit zu verleiten, einen schlecht durchdachten Krieg, den sie [das Militär] gegen Kuba planten, zu unterstützen«.

Bamford stützt sich bei den in seinem Buch publizierten Thesen auf Dokumente, die in den letzten Jahren vom sogenannten *Assassinations Review Board* freigegeben und anschließend vom Nationalarchiv der USA veröffentlicht wurden. Es handelt sich dabei um Unterlagen aus dem Zeitraum Winter 1961/Frühjahr 1962. Zuvor hatte bekanntermaßen im April des Jahres 1961 die fehlgeschlagene Invasion in der Schweinebucht zum Sturz des kubanischen Präsidenten Fidel Castro stattgefunden, die noch unter der Regierung Eisenhower geplant worden war. Im Oktober 1962 folgte dann die Kuba-Raketenkrise, die die

Welt beinahe an den Rand eines mit Atomwaffen geführten Dritten Weltkrieges brachte.

Ende 1961 entzog Präsident John F. Kennedy wegen des Schweinebucht-Desasters der CIA die Verantwortung für die Kuba-Operationen und übertrug sie statt dessen dem Verteidigungsministerium. Dort entstand das Terrorismus-Projekt, das den Codenamen »Operation Northwoods« trug. Diese Operation war nur ein Bestandteil der umfassenden Kuba-Pläne des Pentagons, die unter der Bezeichnung »Operation Mongosse« liefen. Verantwortlich waren Edward Lansdale – ein CIA-Mann, der zu dieser Zeit Vizedirektor der Pentagon-Abteilung für Sondereinsätze war – sowie Generalstabschef General Lyman Lemnitzer, der in der Eisenhower-Ära ernannt worden war.

Lemnitzer und seine Strategen planten eine umfassende Invasion auf Kuba, um Fidel Castro vom Sockel zu stürzen. Allerdings trauten sie John F. Kennedy und der neuen Administration nicht, besonders nachdem behauptet wurde, Kennedy habe der Schweinebucht-Invasion in letzter Minute die Luftunterstützung verweigert (was, wie man weiß, nicht der Fall war). Die Militärführung warf der Regierung vor, sie sei gegenüber Castro einfach zu weich.

Die Planungen fanden ihren Niederschlag in verschiedenen Memoranden und Empfehlungen, deren Endfassung Lemnitzer mit Datum vom 13. März 1962 an Verteidigungsminister Robert McNamara übergab – oder übergeben wollte. McNamara bestritt nämlich, diese Unterlagen jemals bekommen zu haben. In dem einleitenden Memorandum von Lemnitzer heißt es, der Generalstab habe ein beigefügtes Memo »erwogen«, eine »Beschreibung von Vorwänden, die eine Militärintervention in Kuba rechtfertigen würden«. Er gehe davon aus, daß »eine einzelne Behörde die Hauptverantwortung für die Entwicklung militärischer und paramilitärischer Aspekte des grundlegenden Plans« erhalten werde, und empfiehlt, diese Verantwortung dem Generalstab zu übertragen.

Das erwähnte Memo trug den Titel »Rechtfertigung für eine US-Militärintervention in Kuba«. In ihm hieß es, eine politische Entscheidung für eine solche Militärintervention werde „aus einer Periode verstärkter Spannungen zwischen den USA und Kuba resultieren, welche die Vereinigten Staaten in die Lage bringen, gerechtfertigtes Leid zu erdulden«. Die Weltöffentlichkeit und die UNO »sollten günstig beeinflußt werden, indem man das Bild einer tollkühnen und unverantwortlichen kubanischen Regierung entwickelt, die eine alarmierende und unberechenbare Gefahr für den Frieden der westlichen Hemisphäre darstellt«.

Im Memorandum folgen anschließend u. a. einzelne Vorschläge für Operationen, die als Vorwand benutzt werden könnten. Der erste Vorschlag betrifft »eine Serie wohlkoordinierter Vorfälle« auf und um den US-Marinestützpunkt Guantanamo Bay auf Kuba. Dazu könne man etwa befreundete Kubaner anstiften, in kubanische Militäruniformen verkleidet an dem Stützpunkt Unruhen anzuzetteln, dort Munitionslager in die Luft zu sprengen, Feuer zu legen, Flugzeuge in Brand zu setzen, ein Schiff im Hafen fahruntüchtig zu machen und in der Nähe des Hafeneinfahrt ein Schiff zu versenken. Ein anderer Vorschlag lautet wie folgt:

»Wir könnten eine Terrorkampagne des kommunistischen Kuba im Gebiet um Miami, anderen Städten Floridas und sogar in Washington inszenieren. Die Terrorkampagne könnte sich gegen kubanische Flüchtlinge richten, die in den Vereinigten Staaten Schutz suchen. Wir könnten ein ganzes Schiff voller Kubaner auf dem Weg nach Florida (real oder simuliert) versenken. Wir könnten Mordanschläge auf kubanische Flüchtlinge in den Vereinigten Staaten organisieren ... Nützlich wäre auch, ein paar Plastikbomben an sorgfältig ausgewählten Orten hochgehen zu lassen, kubanische Agenten zu verhaften und entsprechend vorbereitete Dokumente zu veröffentlichen ...«

Das Memo empfahl auch noch eine Reihe weiterer inszenierter Operationen, u. a. versuchte Entführungen von Zivilflugzeugen. Am sorgfältigsten wurde ein Plan ausgearbeitet, bei dem der Abschuß eines gecharterten Zivilflugzeugs im kubanischen Luftraum simuliert wurde. Die kriminelle Energie der Planungsstrategen schien keine Grenzen zu kennen, läßt aber insbesondere heute einen Eindruck entstehen von dem, was in manchen Gehirnen von Militärs, Politikern und Geheimdienstlern vor sich gehen könnte, um einen eigenen Angriff gegen einen x-beliebigen Feind zu arrangieren.

Präsident John F. Kennedy lehnte den Plan aus unbekannten Gründen ab, und Lemnitzer gab Anweisung, alle schriftlichen Unterlagen darüber zu vernichten. Doch wie es der Zufall wollte: Einige Dokumente, die jahrzehntelang als »streng geheim« eingestuft wurden, überdauerten die Zeit und lassen Rückschlüsse auf das zu, was an möglichen Erklärungen für das WTC-Desaster und den Angriff auf das Pentagon in Washington ebenso in Betracht gezogen werden muß.

Eine in bezug auf die heutigen Ereignisse verwandte, sehr wesentliche Tatsache ist, daß Osama bin Ladens Netzwerke mit gewissen britischen, israelischen und amerikanischen Geheimdienstnetzen verwoben sind und/oder von diesen »geführt« werden. Bin Laden wurde zu Beginn seiner Karriere als führende Figur im sogenannten »Afghanzi«-Netzwerk aufgebaut. Die britischen, amerikanischen und israelischen Dienste organisierten dieses Netzwerk zum Zweck eines »Heiligen Krieges« gegen die sowjetischen Besatzer in Afghanistan. Nach dem Rückzug der Sowjets verteilten sich die »Afghanzis« auf viele Länder und wurden international ein wichtiges »Reservoir« für Kleinkriegsführung. Sie unterhielten auch Kontakte zu Teilen der amerikanischen Milizen. McVeighs Kumpan Terry Nichols ist mindestens einmal auf die Philippinen gereist, um dort die mit den Afghanzis verbundenen Abu Sayyaf-Terroristen zu treffen. Mehr Einzelheiten hätten herauskommen können, wenn US-

Justizminister John Ashcroft nicht darauf bestanden hätte, McVeigh hinzurichten – und ihn damit für immer zum Schweigen brachte.

In Summa existieren genügend Anhaltspunkte, die die klassische Erklärung für die Anschläge nicht gerade überzeugend erscheinen lassen, und das um so mehr, als die amerikanische Regierung bis zum heutigen Tag eine alle Aspekte betrachtende und umfassende Untersuchung der Katastrophen von New York und Washington zu verhindern wußte.

In einem Interview mit dem bekannten amerikanischen Fernsehsender CNN warf der ägyptische Präsident Hosni Mubarak bereits am 15. September 2001 wichtige Fragen zu den Angriffen auf. Mubarak erinnerte daran, daß er seit 1991 wiederholt öffentlich gewarnt hatte, die Regierungen müßten den Terrorismus ernstnehmen, und beklagte, die Warnungen seien nicht gehört worden. Er betonte die Außergewöhnlichkeit der Ereignisse vom 11.9.:

»Wir haben vor Ort Vorsichtsmaßnahmen ergriffen, denn Leute können Flugzeuge entführen oder dies ... oder jenes tun, aber wir können uns nicht vorstellen, daß irgendein Geheimdienstapparat der Welt hätte vorhersagen können, daß jemand Zivilflugzeuge mit Passagieren an Bord benutzen würde, um in die Türme und das Pentagon hineinzustürzen. Die Leute, die das taten, müssen lange Flugerfahrung in dieser Region gehabt haben. Das Pentagon ist nicht sehr hoch. Wenn ein Pilot direkt auf das Pentagon zufliegt, um es zu treffen, muß er in dem Gebiet oft geflogen sein, um zu wissen, auf welche Hindernisse er treffen könnte, wenn er mit einer großen Zivilmaschine an bestimmten Orten sehr tief fliegt.«

Als Mubarak gefragt wurde, ob er meine, es sei eine Operation von innen gewesen, und wer dahinterstecken könnte, kritisierte er die Mutmaßung, die Täter müßten unbedingt Araber gewesen sein:

»Erinnern Sie sich an Oklahoma, da hieß es sofort, die Araber seien es gewesen, und es waren nicht die Araber. Wer weiß? Warten wir die Ergebnisse der Ermittlungen ab. Denn es ist nicht einfach, so etwas in den USA zu tun.«

Mubarak kritisierte auch Mutmaßungen zur Pilotenausbildung:

»Einige Piloten haben in Florida trainiert. Viele Leute lernen fliegen und haben einen Pilotenschein, und das soll nun bedeuten, daß sie auch zu einer solchen Terroraktion in der Lage wären. Ich spreche als ehemaliger Pilot, ich kenne diese Dinge sehr gut, ich habe schwere Maschinen geflogen und Kampfflugzeuge. Ich weiß sehr gut, daß etwas derartiges nicht so einfach ist. Deshalb sollten wir jetzt nicht vorschnell Schlüsse ziehen.«

Nicht nur der ägyptische Staatspräsident Mubarak äußerte Zweifel an der offiziellen Version. Tatsächlich lenkte — nach Meinung vieler Sicherheits- und Geheimdienstspezialisten, die in zahlreichen Interviews zu Wort kamen — die sofortige Fixierung auf »arabische Terroristen« die Aufmerksamkeit von den wahren Urhebern ab. Dabei darf keineswegs in Abrede gestellt werden, daß es islamisch-fundamentalistische Netzwerke gibt, die sich für den Terror entschieden haben und auch außerordentlich aktiv sind. Die Experten verwiesen aber darauf, welche außerordentlichen Fähigkeiten in New York und mehr noch in Washington bewiesen wurden. Keine »islamistische« Organisation verfüge über derartige Möglichkeiten. Die Operation müsse von langer Hand vorbereitet gewesen sein, wenigstens ein halbes Jahr lang. Sie erfordere, so die Schätzungen der Fachleute, mindestens eine Zahl von 25 Beteiligten an der Spitze, aber insgesamt müssen hunderte Personen mehr oder weniger in diese Aktion verwickelt gewesen sein. Die ausführende Organisation müsse über verschiedene Wege von Geheimdiensten kontrolliert sein, vielleicht nicht direkt auf Befehl, aber auf jeden Fall mußten die Rahmenbedingungen geschaffen werden. Es müsse Mitverschwörer in den Regierungs-, Geheimdienst- und Militärstrukturen der USA gegeben haben, so die Experten.

Eine fast deckungsgleiche Einschätzung lieferte auch Michail Magrelow, langjähriger Geheimdienstexperte und Stellvertretender Vorsitzender des *Außenpolitischen Ausschusses des Russischen Föderationsrats*, am 14. September 2001 im russischen Fernsehsender NTW. Magrelow erklärte, vier fast zeitgleiche Flugzeugentführungen mit Spitzenpiloten plus eine gleichzeitige Unterbrechung der Luftüberwachungssysteme plus präzise Schläge auf Gebäude mit dem Ziel, maximalen Schaden anzurichten, das sehe mehr nach einer gutgeplanten Verschwörung als nach einfachem »Terrorismus« aus. Welche Rolle Osama bin Laden und verschiedene fremde Staaten auch gespielt haben mögen, fuhr er fort, sie waren bestenfalls Teile einer Struktur, die von einer noch nicht identifizierten Organisation, die vielleicht über allen Staaten steht, geplant und organisiert wurde. Das bedeutet, daß »Araber« die Maschinen flogen, die Hintermänner aber ganz andere waren.

Der Direktor des regierungsnahen *Russischen Instituts für Strategische Studien* (RISS), Jewgenij Koschokin, warnte einen Tag zuvor, also am 13. September 2001, gegenüber der halboffiziellen Nachrichtenagentur *Strana.ru* vor der Gefahr einer großanlegten Vertuschung:

»Ob dieses Verbrechen ganz aufgeklärt wird, ist eine komplizierte Frage. Möglicherweise wird die Welt manche Dinge niemals erfahren. Aus einem einfachen Grund: Es ist möglich, daß nicht nur die Personen starben, die direkt die Angriffe ausführten, sondern daß auch eine ganze Reihe weiterer Personen, die in die Vorbereitungen verwickelt waren, noch getötet werden wird. Nicht von den amerikanischen Behörden, sondern von denen, die ein

Interesse daran haben, daß die Identität der Leute, die den
Angriff befohlen haben, niemals bekannt wird … Wenn
die Untersuchung des Verbrechens in einer Sackgasse
endet, oder wenn sich herausstellt, daß der Angriff von
einer inländischen Sekte oder Terrorgruppe vorbereitet
war … — z. B. [von Leuten] wie dem ›hundertprozentigen
Amerikaner‹ Timothy McVeigh, der 1995 das Bundes-
gebäude in Oklahoma City in die Luft sprengte —, dann
entsteht ein zweiter Problemkomplex in Verbindung mit
der Innenpolitik der USA.« (*Strategic Alert*, deutsche Ausgabe, Vol. 15, Nr. 38, 19. September 2001)

Ebenfalls gegenüber *Strana.ru* äußerte sich am 14. September
2001 Andrej Kosjakow, der in den Jahren 1991—1993 Assistent
des Vorsitzenden des Unterausschusses des Russischen Obersten Sowjets war, zur Beobachtung von Geheimdienstaktivitäten.
Kosjakow wies die Annahme vom »arabischen Terrorismus« als
gezielte Irreführung zurück. Er verwies zunächst darauf, daß bei
Anschlägen solchen Ausmaßes viele hochprofessionelle Personen beteiligt gewesen sein mußten. Zudem hätte es langer und
umfangreicher Vorbereitungen bedurft. Gleichzeitig aber, so
Kosjakow, »waren alle [direkt] Beteiligten der Operation zum
Märtyrertum bereit, und solche Leute sind nicht leicht zu finden
… Kein Geheimdienst würde so große Verluste hinnehmen. Sie
bilden ihre Mitarbeiter anders aus.«
Dann wies Kosjakow auf eine wichtige Besonderheit hin: Ver-
schiedene Passagiere der entführten Maschinen — darunter ein
Berufsjournalist — berichteten mit ihren Funktelefonen über die
Flugzeugentführungen, aber kein einziger beschrieb, wie die
Entführer aussahen. Niemand sprach über Besonderheiten ihrer
Akzente, ihrer Aussprache. Die Anrufer sahen keinen Anlaß, die
Attentäter in irgendeiner Weise zu charakterisieren, so daß sich
die Schlußfolgerung aufdrängt, daß sich die Entführer äußerlich
in keiner Weise von allen anderen Passagieren unterschieden.

Das stützt die Vermutung, daß die Entführer wie Amerikaner oder Europäer aussahen.

Kosjakow gab noch einen weiteren Umstand zu bedenken. Während die Gesamtoperation mit äußerster Sorgfalt und Präzision lief, wurde — was im Geheimen operierende Attentäter niemals tun würden — gezielt eine »heiße Spur« hinterlassen:

»Man fand am Flughafen einer entführten Maschine einen verlassenen Mietwagen, in dem ein Koran sowie Fluganleitungen in arabischer Sprache lagen. Aber auf der anderen Seite hat keine Organisation die Verantwortung für die Verbrechen übernommen. Das heißt, die Terroristen wollen ihre Identität verheimlichen. Wie könnte angesichts solcher Professionalität, solcher Sorgfalt, ein solcher Fehler unterlaufen? Das paßt wohl kaum zu der minutiösen Planung der Aktion. Alles das deutet auf den Schluß, daß die Verbrecher eine falsche Spur legen wollten. Die Geheimdienste kümmern sich nicht um gewöhnliche Amerikaner oder Europäer und suchen statt dessen nach Arabern.«

Auch der Oberbefehlshaber der russischen Luftwaffe, Anatoli Kornukow, äußerte sich zu den Ereignissen des 11. September 2001 und meinte hierzu einen Tag später:

»Im allgemeinen ist es unmöglich, einen Terroranschlag mit einem Szenario, wie es gestern in den USA dargestellt wurde, auszuführen. Wir hatten solche Vorfälle auch. ... Das Benachrichtigungs- und Kontrollsystem, welches die Anti-Raketen-Abwehr dem Lufttransport in Rußland auferlegt, erlaubt keine unkontrollierten Flüge, welche zur sofortigen Reaktion der Anti-Raketen-Abwehr führen wurden. Sobald hier so etwas passiert, werde ich davon unterrichtet, und innerhalb von Minuten sind wir alle in der Luft.« (www.pravda.ru vom 12.09.2001)

Bei nüchterner Betrachtung der Vorfälle vom 11. September 2001 muß man sich zwangläufig die Frage stellen, ob die Weltöffentlichkeit von den meinungsmachenden US-Massenmedien nicht auf die falsche Spur gesetzt wurde. Eine alte FBI-Weisheit, basierend auf den Erkenntnissen sogenannter »Profiler« (FBI-Spezialisten, die Persönlichkeitsprofile von Straftätern erstellen) besagt, daß sofortige Erklärungen blind machen. Und genau das war das Ziel! Die eigentlich Operierenden sollten unerkannt bleiben!

Würde man zudem die bisherigen offiziellen Erklärungen für die Vorfälle akzeptieren, so würde das nicht nur ein komplettes Versagen aller US-Geheimdienste implizieren, sondern auch aufzeigen, daß die US-Luftraumverteidigung wirkungslos ist. Wie konnte eine Operation dieser Größenordnung und Komplexität, wie sie die Angriffe auf New York und Washington darstellten, an der gewiß mehrere Dutzend Personen beteiligt gewesen sein müssen, unentdeckt vorbereitet werden? Und wie konnten die Entführer alle Flugzeugbesatzungen überwältigen, ohne daß auch nur ein einziger Pilot vier Ziffern in den Transponder tippen oder über Funk mitteilen konnte, um die US-Bundesluftfahrtbehörde (FAA) zu informieren? Auch wenn dies den Entführern in ein oder zwei Fällen gelingen konnte, ist es unmöglich, daß dies in allen vier Fällen gelang. Saßen die Entführer schon beim Start am Steuer? Wenn ja, müssen sie die komplizierten, genau festgelegten Prozeduren, die bei allen Fluggesellschaften unterschiedlich sind, gekannt haben.

Der ehemalige Kommandeur der Israelischen Luftwaffe, Ben Eliahu, sagte im israelischen Radio, er glaube, die Piloten seien »Amerikaner und keine Ausländer« gewesen. Die Tatsache, daß der Anschlag bei guter Sicht durchgeführt werden mußte, bedeute, daß es für die Operation mehrere Ausweichtermine gegeben haben müsse — was die Operation noch komplizierter macht. Eliahus Äußerungen fanden bei der israelischen Regierung wenig Beifall. Nur einen Tag nach der Zerstörung der beiden Türme des World Trade Centers in New York und des Angriffs auf das Pentagon in Washington waren doch auch israelische Geheimdienstexperten sofort mit einer Erklärung zur Stelle, wie aus einer Meldung von *Geostrategy-direct.com* zu erfahren war: Ihrer Überzeugung nach sei für das Desaster nicht nur Osama Bin Laden verantwortlich, sondern auch die Führung des Iraks, die diesen bei der Aktion gegen die Zwillingstürme unterstützt habe. Sie meinten, eine einzelne Terrorgruppe könne diesen Anschlag unmöglich ausgeführt haben (womit sie unzweifelhaft recht hatten). Auch sei es unglaubhaft, daß verschiedene Gruppen islamischer Terroristen unter Führung von Osama Bin Laden die Anschläge organisiert hätten, vielmehr sei davon auszugehen, daß es Unterstützung seitens eines Staates (sic) im Mittleren Osten (?) gegeben habe, womit unzweideutig der Irak gemeint war. Die israelischen Geheimdienstquellen behaupteten, daß es seit langem eine Verbindung zwischen Osama bin Laden und dem irakischen Regime gebe. Interessanterweise rückten die israelischen Geheimdienstler auch später von dieser Meinung nicht ab. In einer BBC-Meldung vom 5. Februar 2003 wurde allerdings festgestellt, daß eine Verbindung Bin Laden – Irak nicht vorhanden war. BBC-Vertreter durften in London britische Geheimdienstdokumente einsehen, aus denen klar hervorging, daß die behauptete Verbindung nicht existiere, da Bin Laden das irakische Regime als nicht tauglich für seine Bestrebungen erachtete.

War die israelische Meldung also voreilig lanciert worden? Handelte es sich um Propaganda, die einem bestimmten Zweck dienen sollte? Oder versuchte man gar von eigenen Verstrickungen abzulenken? Das Ganze sieht wirklich nach einer zielgerichteten Falschinformation aus. Während die amerikanischen Dienste und Medien von Osama bin Laden, seiner Organisation Al Qaida und ganz allgemein von »Arabern« sprachen, hatten die israelischen Dienste auch gleich die »passenden« Hintermänner parat: die Führung des Irak!

Daß die amerikanischen Geheimdienste und Sicherheitsbehörden von der logistischen Vorbereitung der Terroranschläge rein gar nichts mitbekommen haben sollen, ist einfach *undenkbar*. In den Vereinigten Staaten existiert eine Vielzahl von Stellen, die mit nachrichtendienstlichen Methoden arbeiten und die bis hin zur Satellitenkontrolle und -auswertung sämtliche Bereiche der Aufklärung umfassen. Alle zusammen bilden die *United States Intelligence Community*, die Vereinigung aller Nachrichtendienste, und werden in ihrer Arbeit hauptsächlich durch die CIA koordiniert.

Die grundlegenden Aufklärungsziele der Dienste werden vom *National Security Council* (NSC) vorgegeben, einem Gremium, dem neben dem Präsidenten auch andere Regierungsmitglieder wie der Verteidigungsminister Donald Rumsfeld angehören. Nachrichtendienstliche Stellen gibt es in nahezu allen Politikbereichen, entsprechend verteilt sind auch die Verantwortlichkeiten: Dem Präsidenten unterstehen beispielsweise die *Central Intelligence Agency* (CIA) und die *National Security Agency* (NSA), wobei letztere vor allem für alle Arten der elektronischen Aufklärung und für Datensicherheit und Kryptographie zuständig ist. Die NSA gilt als größter Geheimdienst der USA und ist nicht zuletzt wegen der Federführung des *Echelon*-Projektes öfters in die Schlagzeilen geraten. Im Bereich des Justizministeriums arbeiten das *Federal Bureau of Investigation* (FBI), die amerikanische Bundespolizei sowie die *Drug Enforcement Administration* (DEA), die mit der nationalen Drogenbekämpfung betraut ist. Zum Finanzressort gehört der *United States Secret Service* (USSS), dessen Aufgabe primär der Schutz des Präsidenten ist. Und auch das Verteidigungsministerium hat eine Reihe nachrichtendienstlicher Stellen unter sich, so zum Beispiel die *Defense Intelligence Agency* (DIA), zuständig für Aufklärung auf militärischem Gebiet, oder die Dienste der Navy und anderer Teilstreitkräfte bis hin zu den spezialisierten Aufklärungseinheiten.

Schätzungen gehen von rund 200 000 Mitarbeitern bei allen

amerikanischen Geheimdiensten aus, das Gesamtbudget soll bei rund 30 Milliarden Dollar liegen.

Man muß sich diese gewaltige Summe einmal vor Augen führen, um die Absurdität der offiziellen Behauptung, die Geheimdienste hätten die Attacken auf New York und Washington einfach verschlafen, zu begreifen. Zu behaupten, die Dienste hätten einfach versagt, mag in den Ohren derjenigen, die sich mit raschen Erklärungen zufriedengeben, vielleicht noch plausibel klingen. Aber bei der beinahe lückenlosen Kontrolle, die diese Dienste ausüben, ist es einfach ausgeschlossen, eine solche »Erklärung« akzeptieren zu wollen. Ein Versagen hätte nämlich in jedem Falle personelle Konsequenzen nach sich ziehen müssen: Ein Terroranschlag dieser Größenordnung fordert geradezu nach dem Kopf der Verantwortlichen! Doch immer noch sitzt zum Beispiel Amerikas Verteidigungsminister Donald Rumsfeld fest im Sattel, um mit seinen provokanten Äußerungen über »das alte Europa« und »das Problem BRD« die ohnehin schon angespannte weltpolitische Lage zu vergiften. Rumsfeld müßte bei genauer Betrachtung der Gesamtsituation den Mund halten, denn er hat, glaubt man den offiziellen US-Standpunkten zum WTC-Desaster, komplett versagt. Doch statt zurückzutreten und Platz zu schaffen für fähige Leute, passierte — nichts! Niemand ist bestraft, versetzt oder sonst in irgendeiner Art gemaßregelt worden. Wie ist so etwas zu erklären?

Äußerst dubios ist in diesem Zusammenhang vor allem das Versagen der zivilen und militärischen US-amerikanischen Luftraumüberwachung. Alle vier Flugzeuge, die am 11. September 2001 entführt worden waren, wichen stark von ihrem vorgeschriebenen Kurs ab. Die amerikanische Luftfahrtbehörde verfügt in einem solchen Fall über genaueste Regularien. Sobald bei einem Flugzeug eine Kursabweichung bemerkt wird, ist der Pilot zu kontaktieren. Gelingt dies nicht, wird ein Notstand erklärt und der gesamte Luftraum der betroffenen Region gesichert. Mit genau vorgeschriebenen Prozeduren wird festgestellt, ob das Flugzeug entführt wurde oder außer Kontrolle geraten ist. Weil der Zeitfaktor entscheidend ist, sind diese Prozeduren klar definiert und eingeübt, damit sie schnellstmöglich ausgeführt werden. In bestimmten Notfällen – vor allem bei Entführungen – wird routinemäßig das US-Militär angefordert.

Wie sich bei den Untersuchungen nach dem 11. September 2001 herausstellte, wurden die Transponder aller Flugzeuge abgeschaltet. Schon allein dieser Umstand würde bestimmte Notmaßnahmen auslösen. Und selbst wenn der Transponder abgeschaltet wird, verschwindet das Flugzeug nicht vom Radarschirm. Insbesondere militärische Luftaufklärungseinrichtungen können die Flugbahn einer ohne Transponder fliegenden Maschine genau bestimmen und verfolgen.

Die beiden Flugzeuge, die das World Trade Center (WTC) trafen – American Airlines (AA) 11 und United Airlines (UA) 175 – starteten um 7:58 Uhr bzw. 7:59 Uhr von Boston-Logan. Die erste Maschine flog in das WTC 45 Minuten, die zweite 66 Minuten später. Beide Maschinen, ich muß das nochmals betonen, wichen *stark* vom vorgeschriebenen Kurs ab. Unter Notfallbedingungen sind 45 bzw. 66 Minuten ein ungeheuer langer Zeitraum. Zu behaupten, während dieser Zeit sei rein gar nichts geschehen, ist völlig unglaubhaft, es sei denn, die entsprechenden Luftsicherheitseinrichtungen seien zum Nichtstun verdonnert worden.

Beim Anschlag auf das Pentagon sind die Fakten noch unbegreiflicher. Folgt man der offiziellen Version, so startete der Flug AA 77 von Washington-Dulles in Richtung Los Angeles, das Flugzeug drehte nach 40 Minuten um und flog zurück nach Washington, wo es 40 Minuten später, um 9:40 Uhr, *angeblich* im Pentagon zerschellte (angeblich deshalb, weil, wie verschiedene Recherchen seither ergaben, die Beschädigungen des Pentagon-Gebäudes und vor allem das Fehlen der wesentlichen Wrackteile der Maschine eher auf einen inszenierten Sprengstoffanschlag hindeuten). UA 93 startete von Newark (New Jersey) in Richtung San Francisco, drehte über Cleveland (Ohio) um und stürzte über Pennsylvania ab. Sicherheitsexperten fragten auch insbesondere nach der Rolle des *Nordamerikanischen Luftabwehr-Kommandos* (NORAD), das für die Verteidigung des Luftraums der USA und Kanadas gegen Angriffe mit Raketen, Flugzeugen etc. zuständig ist. Diese amerikanisch-kanadische Kommandoeinheit verfügt über eigene militärische Radaranlagen, Boden-Luft-Raketen und amerikanische und kanadische Abfangjäger sowie über ein spezielles Tiefraumüberwachungssystem. Die Verantwortlichen von NORAD erklärten nach den Anschlägen lapidar, man habe keine Zeit mehr gehabt zu reagieren − aber auch das kann nicht sein: In der Region gibt es einige Luftwaffenstützpunkte, deren Abfangjäger in nur wenigen Minuten das fragliche Flugzeug erreicht hätten. Dies gilt besonders für die Hauptstadt Washington mit dem Luftwaffenstützpunkt Langley direkt neben dem Hauptquartier der CIA. Dort sind Jets vom Typ F-15, die leistungsfähigsten Abfangjäger der Welt, stationiert. In einem Notfall, wie ihn jeder einzelne der vier Fälle darstellte, wird die Entscheidung getroffen, ob Militärflugzeuge eingesetzt werden − und dies wird routinemäßig schon zur Sicherung des Luftraums getan. Im Fall des American Airline-Fluges 77, bei dem die Maschine erst nach dem Angriff auf das WTC mindestens 40 Minuten lang vom Kurs abwich und auf Washington zuflog, war mehr als genug Zeit vorhanden, nicht nur Militärflugzeuge einzusetzen, sondern auch die nationalen Sicherheitspläne zu aktivieren, um die Sicherheit des Präsidenten und der Bundeshauptstadt zu garantieren. Es war mehr als genügend Zeit, zu entscheiden, ob man das Flugzeug abschießen solle oder nicht. Die Frage der verspäteten Reaktion ist so schwerwiegend, daß sie zwei Tage nach den Ereignissen um WTC und Pentagon, also am 13. September 2001, bei der Senatsanhörung auch Generalstabschef Myers gestellt wurde. Myers antwortete jedoch nur ausweichend, man merkte deutlich, daß er »Erklärungen« für etwas finden sollte, das gar nicht zu erklären war. Zudem wurde offensichtlich, daß die Prozeduren und Vorschriften der Flugsicherheitsbehörde, des NORAD und die besonderen Anweisungen zur Sicherung des Präsidenten in solchen Notfällen nicht befolgt wurden. Sicherheitsexperten betonten, ein solches Versagen sei unmöglich auf die Verwirrung durch einen unerwarteten Angriff zurückzuführen. Vielmehr deute alles auf eine gezielte Sabotage des Systems als Teil eines koordinierten Angriffs auf die USA hin, der in dieser Präzision nur durch wissende Geheimdienstkreise verursacht bzw. gedeckt werden konnte. Freilich, Beamte der US-Luftwaffe und andere Offizielle versuchten nachfolgend, die schwerwiegenden Fehler zu relativieren bzw. wegzudiskutieren. So erklärte der Pressesprecher der US-Luftwaffe, Oberstleutnant Vic Warzinski:

> »Das Pentagon erkannte einfach nicht, daß dieses Flugzeug auf uns zusteuerte, und ich bezweifle, daß vor dem Ereignis am Dienstag irgend jemand irgend etwas wie dies hier erwartet hätte.« (*Newsday*, 23. September 2001)

Angesichts solch naiver Behauptungen muß man sich fragen, ob den Verantwortlichen überhaupt gegenwärtig war, welchen Aufgabenbereich sie bekleiden. Wenn sie schon nicht in der Lage sind, eine Bedrohungssituation in Form eines terroristischen Angriffs als das zu erkennen, was er ist, was ist dann an Fehlhandlungen im Falle eines Angriffs mit Atom- oder anderen Massenvernichtungswaffen zu erwarten? Glauben diese Leute wirklich, der Feind klopfe vorher an ihre Tür, um zu fragen, ob ein Angriff auf die USA an dem und dem Tag recht sei?
Mancher wird nun einwenden, daß niemand mit einem aus dem Inneren der USA geführten Angriff rechnen konnte. Doch auch das ist blauäugig, denn es hatte bereits vor dem WTC-Desaster einen Angriff auf das World Trade Center gegeben, als in dessen Untergrund eine gewaltige Sprengladung gezündet wurde. Das US-Establishment wußte daher sehr genau, daß es sowohl eine

äußere als auch eine innere Bedrohung gab. Wenn das amerikanische Verteidigungssystem so schlecht gerüstet ist, dann dürften Terroristen, gleich welcher Couleur, zukünftig ein leichtes Spiel haben.

Es ist trotz aller Widersprüche, die sich im Zusammenhang mit den Ereignissen vom 11. September 2001 auftun, nicht ganz einfach, eine genaue Einordnung der Kräfte, die an dem Anschlag beteiligt waren, vorzunehmen. Deshalb muß zuallererst die Frage gestellt werden, wem der Anschlag nutzte. Der arabischen Welt? Wohl kaum. Fakt ist vielmehr, daß die USA aufgrund einer Rekordverschuldung inmitten einer Krise ihres Finanzsystems stecken, das zu kollabieren droht, wobei dieser Zusammenbruch größer sein wird als alles, was man bis dato kannte.

Da ich an anderer Stelle dieses Buches auf die wirtschaftlichen Hintergründe des Krieg-führen-müssens eingehen werde, hier nur soviel: Die Gesamtverschuldung der Vereinigten Staaten hat mittlerweile eine alarmierende Größenordnung angenommen. Privathaushalte, Unternehmen und die öffentliche Hand der USA sind mit insgesamt 31 Billionen Dollar im Minus, eine Summe, die sich niemand mehr vorzustellen vermag. Zum Vergleich: Das sind 295 Prozent des Bruttoinlandsproduktes (BIP). Damit liegt man bereits über dem Rekord der 1930er Jahre, denn als damals die sogenannte Große Depression begann, waren die Schulden auf »nur« 264 Prozent des BIP gestiegen!

Aufgrund der finanziellen, wirtschaftlichen und damit im Endeffekt auch politischen Zwänge steht das US-Establishment zu Recht im Verdacht, kriegerische Auseinandersetzungen provozieren zu müssen, weil nur diese eine Wirtschaftsbelebung herbeiführen können. Die Vereinigten Staaten benötigen dringend neue Absatzmärkte, von neuen Rohstoffquellen ganz zu schweigen. Am besten wäre natürlich, spinnt man diesen Gedankenfaden weiter, ein langanhaltender Konflikt, der sich über zwei oder drei Dekaden hinzieht. Und genau das ist auch zu erwarten, denn US-Präsident Bush hat angekündigt, daß der

Krieg gegen den Terror sehr lange dauern könne, und daß nach dem Irak auch noch andere Nationen an der Reihe seien, wie beispielsweise der Iran oder der Sudan.

Ob die Rechnung der amerikanischen Führung aufgeht, ist dabei allerdings ungewiß, denn sollte z. B. der Irak-Krieg länger als erwartet dauern, könnten die mit der Kriegsführung verbundenen Kosten explodieren — und den Riesen USA angesichts seines Staats- und Außenhandelsdefizits ins Trudeln bringen.

Zurück zu den Anschlägen und ihren Hintergründen. Bei der Betrachtung der Rolle bestimmter Kräfte, die in den USA hinter den Attacken standen, darf natürlich nicht übersehen werden, daß es tatsächlich weltweit tätige Terror- und Widerstandgruppen gibt, die den American way of live ablehnen und bekämpfen. Diese Strukturen resultieren zum Teil aus der seit Jahrzehnten betriebenen US-Außenpolitik, sind aber mitunter auch das Ergebnis von Prozessen innerhalb nicht-westlicher Kulturen. Es dürfte aber beim gegenwärtigen Stand der Dinge kaum mehr möglich sein, das Knäuel von Verbindungen untereinander und zu westlichen Geheimdiensten aufzulösen. Ich meine aber, daß die nicht-westlichen Terrorganisationen zu keiner Zeit über die Logistik verfügt haben, um solche präzise geführten Attacken realisieren zu können, wie gegen das WTC und das Pentagon.

Darüber hinaus gilt es zu unterscheiden zwischen echten Terror- und Widerstandsgruppen und solchen, die *scheinbar* im Gegensatz zu den imperialen Bestrebungen der USA stehen. Ihren Ursprung haben gerade letztere allzu häufig in Strukturen, die einst durch amerikanische Geheimdienste aufgebaut und finanziert wurden, als man seitens der USA diese noch als »nützliche Idioten« benötigte. Daß diese Gruppen in den letzten Jahren Oberwasser erhalten haben, kann genausowenig ernsthaft bestritten werden und hängt mit verschiedenen Gründen zusammen, von denen die amerikanische Wirtschaftspolitik, die in der

Globalisierung ihren Widerhall findet, einer der wesentlichen ist. Manche dieser Gruppen sind aber auch nur deshalb ins Blickfeld der internationalen Öffentlichkeit gerückt, weil dies aus taktischen oder strategischen Gründen sinnvoll erschien. Und noch etwas darf nicht vergessen werden: Es existieren Terrororganisationen, deren Mitglieder oft selbst nicht wissen, von wem sie geführt werden bzw. in wessen Auftrag sie tätig sind. Mitunter unterscheiden sich die Zielsetzungen von Mitgliedern einer Terrorzelle diametral von denen, welche die Hintermänner haben.

Bevor die Welt so kompliziert wurde, wie sie sich heute darstellt, war es oft so, daß man die eigentlichen Urheber oder Hintermänner von Sabotage, Verrat und Terror schnell fassen konnte. Die Fäden, die sie gezogen hatten und mit denen sie ihre Marionetten lenkten, waren kurz. Heute stellt sich die Situation ganz anders dar: Die Fäden sind lang, manchmal gar unsichtbar — und die Steuerung der Marionetten-Terroristen erfolgt sozusagen »ferngesteuert«. Beispiele gefällig? Der Geheimdienstexperte Andreas von Bülow weist in seinem Buch »Im Namen des Staates« im Abschnitt »Wer ist Feind, wer ist Freund im Geschäft des Internationalen Terrorismus?« ebenfalls auf die Kompliziertheit der Situation hin. So schreibt er in bezug auf palästinensische Terroristen früherer Jahre auf Seite 268 seines Buches beispielsweise folgendes:

> »In den Stasi-Akten der achtziger Jahre zum Terror der radikalen Palästinenser findet sich die Einschätzung, daß der größte Teil der ursprünglich idealistisch gesonnenen Kämpfer inzwischen faul, geldgierig und korrupt geworden sei und sich nur noch mit der Verwaltung des eigenen Vermögens befasse. Aus israelischer Darstellung des ehemaligen Mossad-Mannes Ari Ben-Menashe ist zu entnehmen, daß die zu den radikalsten Terroreinheiten der achtziger Jahre zählende Abu-Nidal-Gruppe letztlich vom israelischen Geheimdienst gesteuert wurde. So sei der

besonders widerwärtige Terroranschlag auf das italienische Kreuzfahrtschiff *Achille Lauro*, bei dem der jüdischamerikanische Rollstuhlfahrer getötet und ins Meer geworfen worden war, von israelischer Seite gezielt zur Herabsetzung der arabischen beziehungsweise palästinensischen Friedensforderungen an Israel in Szene gesetzt worden. Der Anschlag der Gruppe sei — nach Ben-Menashe — so gesteuert worden, daß die empörte Weltmeinung sich der israelischen Auffassung, daß ein ehrlicher Frieden zwischen Israel und den Palästinensern letztlich unmöglich sei, habe anschließen müssen.«

Das sollte nicht die einzige verdeckte Aktion des Mossad sein. Von Bülow fährt auf Seite 271 fort:

»... Die Wissenschaftler, die sich am Aufbau eines irakischen Chemiewaffenprogramms beteiligten, wurden von Palästinensern ermordet, denen nicht bewußt war, daß sie im Dienste des Mossad gestanden hatten. Sie glaubten, von einer sizilianischen Mafiagröße zu deren Zwecken angeheuert worden zu sein, die ihrerseits jedoch mit dem Mossad zusammenarbeitete.«

Man muß die soeben geschilderten Zusammenhänge am besten nochmals lesen, um ihre Folgen zu begreifen: Palästinenser, die in den 1980er und 1990er Jahren Terroranschläge verübten, taten das vielleicht in gutem Glauben an ihre eigene Sache, wurden jedoch als »nützliche Idioten« mißbraucht, indem sie — ohne es zu merken — die Aufgaben des israelischen Geheimdienstes Mossad erledigten, der seine eigenen Hände währenddessen in Unschuld wusch. Angesichts solcher verdeckter Vorgehensweisen kann ich nur zu gut verstehen, daß es viele Verschwörungstheoretiker, aber auch sachlich denkende Menschen gibt, die auch den Mossad hinter den Anschlägen auf New York und das Pentagon vermuteten. Auch wenn es kaum ernstzunehmende Hinweise dafür gibt, sei diese Annahme doch einmal kurz beleuchtet.

Die meisten Menschen, die sich heutzutage nur oberflächlich mit Politik befassen, glauben, daß es freundschaftliche Beziehungen zwischen den USA und Israel gebe. Zahlreiche Vertreter der klassischen Verschwörungsszene behaupten, die beiden Nationen bildeten gar eine Einheit, um dem Rest der Welt ihre Doktrin aufzuzwingen.

Bei genauerer Betrachtung kann eine solche Behauptung aber kaum überzeugen. Ich meine, daß es sich hierbei eher um ein Zweckbündnis handeln dürfte, von dem beide Seiten profitieren. Die USA betrachten Israel nämlich als einen Vertreter ihrer Großmachtbestrebungen im Nahen und Mittleren Osten, den sie dulden, um ihren Einfluß in der dortigen Region nicht zu verlieren. Zudem besitzt Israel Atomwaffen, so daß man seitens des US-Establishments gezwungen ist, die Linie der israelischen Politik zumindest zu unterstützen, denn eine völlige Isolation des jüdischen Staates könnte zu unkontrollierbaren Entwicklungen in der Ölregion führen. Israel ist sich dieser Situation vollauf bewußt und betrachtet die Vereinigten Staaten als praktischen Verbündeten, auf den allerdings kein hundertprozentiger Verlaß ist, den man aber braucht, um die eigene aggressive Politik durchzusetzen und die durchaus vorhandenen Träume in bezug auf ein Großisrael zu realisieren. Ein Abfall der USA von Israel, aus welchen Gründen auch immer, wäre mit großer Wahrscheinlichkeit mit dem Ende des jüdischen Staatsgebildes gleichzusetzen.

Interessanterweise gab es nach der Übernahme des Präsidentenamtes durch George W. Bush in den Beziehungen zwischen den USA und Israel eine kurze, aber merkliche Abkühlung, die international allerdings kaum beachtet wurde. Bush, der übrigens in seinem Kabinett nicht einen einzigen Juden vorweisen kann (im Gegensatz zu seinem Mitbewerber um den Präsidentenposten Al Gore, der sogar einen jüdischstämmigen Vizepräsidenten aufzubieten vermochte), machte keinen Hehl daraus, daß ihn der Nahostkonflikt weniger interessierte als seine Vorgänger und daß sich Israel demzufolge intensiver als bisher um seine eigenen Angelegenheit kümmern müsse. Für die Israelis mußte das ein Alarmsignal sein.

Sah der Mossad hier einen Grund zum Handeln? Ich selbst behaupte angesichts des Fehlens überzeugender Indizien nicht, daß es einen Zusammenhang zwischen »ferngelenkten« Terroristen, den Anschlägen in den USA und dem Mossad gibt, halte aber ein solches Konstrukt nicht generell für unmöglich. Denn angesichts der Frage, wem das Ganze nützt, wird man bei der Analyse der Antwort feststellen müssen, daß die USA und Israel nach dem WTC-Desaster wieder näher zusammengerückt sind, um gemeinsam den weltweiten Terrorismus zu bekämpfen — unter den per Definition nun auch die Freiheitsbewegungen verschiedener Nationen dieser Erde fallen.

Daß man die Arbeit des Mossad im Zusammenhang mit dem Terrorismus äußerst skeptisch und genau betrachten muß, beweist der Umstand, daß sich der israelische Geheimdienst nach wie vor am Aufbau derjenigen Organisationen und Strukturen beteiligt, die er eigentlich bekämpfen müßte. So berichtete am 9. Dezember 2002 die Palästinenserbehörde in *IslamOnline*, daß Israels Geheimdienst eine Al-Qaida-Zelle in Gaza aufgebaut habe! Am Vortag, also am 8. Dezember 2002, präsentierte dazu Palästinas Minister für Planung und internationale Zusammenarbeit, Nabil Shaath, in Zusammenarbeit mit dem palästinensischen Sicherheitschef im Gazastreifen, Oberst Rashid Abu Shbak, Beweise für diesen zunächst ungeheuerlich klingenden Umstand. Nabil Shaath legte gegenüber mehreren Diplomaten entsprechende Dokumente vor, die zeigten, daß der Mossad in den letzten neun Monaten mindestens eine Al-Qaida-Zelle im Gazsatreifen geplant, aufgebaut und finanziert hatte. Das Material wurde auch den USA zur Verfügung gestellt.

Nach Angaben Oberst Shbaks hat die Palästinenserbehörde im

Länder, in denen mit hoher Wahrscheinlichkeit Al-Qaida-Gruppen existieren:

Ägypten, Albanien, Algerien, Afghanistan,
Aserbaidschan, Australien,
Bahrain, Bangladesch, Belgien, Bosnien,
Deutschland,
Eritrea,
Frankreich,
Großbritannien,
Indien, Iran, Irland, Italien,
Jemen, Jordanien,
Katar, Kenia, Kosovo,
Libanon, Libyen,
Malaysia, Mauretanien,
Niederlande,
Österreich,
Pakistan, Philippinen,
Rußland,
Saudi-Arabien, Somalia, Südafrika, Sudan, Schweiz,
Tadschikistan, Tansania, Türkei, Tunesien,
Uganda, USA, Usbekistan,
Vereinigte Arabische Emirate

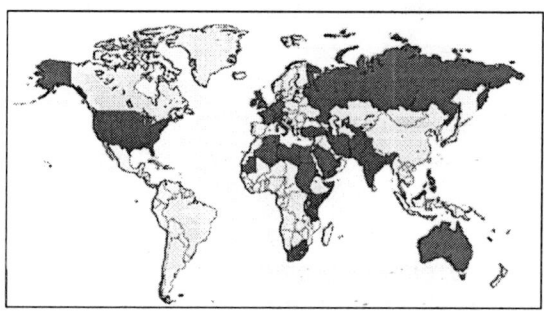

Die von Al Quida unterwanderten Nationen sind
in dieser Karte dunkel dargestellt.

Jahre 2002 mindestens acht Fälle von falschen Al-Qaida-Rekrutierungsversuchen im Gazastreifen aufdecken und somit verhindern können. Dabei wurden drei Personen verhaftet, elf weitere wieder auf freien Fuß gesetzt, nachdem sie sich freiwillig gestellt und ausgesagt hatten. Der Sicherheitsabteilung der Palästinenserbehörde sei es aufgrund der Hinweise gelungen, angeblich aus Deutschland und dem Libanon herrührende Funktelefonate sowie E-Mails zurückzuverfolgen — alle hätten ihren Ursprung in Israel gehabt. Man habe in den Telefonaten bzw. elektronischen Nachrichten verschiedentlich Palästinenser aufgefordert, der Organisation Al Quaida beizutreten; eine E-Mail war sogar mit »Osama bin Laden« unterschrieben. Die so Rekrutierten seien anschließend mit Kollaborateuren im Gazastreifen verkuppelt worden und erhielten Geld und Waffen, von denen viele nicht funktionierten.

Bemerkenswert ist, daß der Aufbau der »Al-Qaida-Terrorgruppe(n)« genau zu jenem Zeitpunkt erfolgte, als die konservativen Kräfte Israels, allen voran Scharon und Netanjahu, damit begannen, den Al-Qaida-Begriff als neues Bedrohungspotential für Israel zu etablieren. Für die israelische Staatsführung war es in diesem Falle von Vorteil, die Al Qaida und die Palästinenserorganisation miteinander in Verbindung zu bringen, um anschließend unter dem Vorwand der »Terrorismusbekämpfung« das Palästinenserproblem endgültig regeln zu können, indem man die Palästinenser z. B. nach Jordanien vertreibt, wie bekanntgewordene Pläne bereits verlauten ließen.

Ein Sprecher des israelischen Außenministeriums, dem Netanjahu vorsteht, wies die Darstellungen der Palästinenserbehörde als Propaganda zurück, mußte aber die Strategie der israelischen Staatsführung bestätigen, als er sagte:

»Israel hat es nicht nötig, derartige Dinge zu erfinden, denn Hamas, Islamic Dschihad und Hisbollah sind dasselbe wie Al Qaida.«

Genau das aber bestreiten die Vertreter führender arabischer Staaten. Selbst die *Jerusalem Post* vom 11. Dezember 2002 veröffentlichte einen Bericht, indem Irans Außenminister Kharazzi sowie ein Sprecher der Hisbollah die Behauptung, es bestünden Verbindungen zu Al Qaida, widerlegten. Es hat den Anschein, daß Israel einen Vorwand sucht, um im Rahmen der weltweiten Terrorismusbekämpfung unliebsame Organisationen zu eliminieren.

Apropos Al Qaida. Der kanadische Professor für Wirtschaftswissenschaften Michel Chossudovsky befaßt sich bereits seit längerer Zeit mit der Globalisierungsproblematik, der Rolle der USA hierin und den daraus resultierenden Folgen, und hat u. a. das vielbeachtete Buch »Global brutal« geschrieben (deutsch bei 2001, Frankfurt/M., 2002). Aufgrund seiner umfangreichen Recherchen zum Thema Globalisierung fielen ihm Verbindungen der USA zur Terrororganisation Al Qaida (!) auf. Daher nimmt es nicht wunder, wenn Chossudovsky den offiziellen Darstellungen zum 11.9. ebenfalls skeptisch gegenübersteht und statt dessen glaubt, daß das US-Establishment über einige Dinge bereits im vorhinein Bescheid gewußt habe.

Chossudovsky vergleicht die Frage dieses Vorwissens mit einem von ihm so genannten »roten Hering«, was bedeutet, daß ein irrelevantes Thema präsentiert wird, um die Aufmerksamkeit vom eigentlichen Gegenstand des Interesses abzulenken. So ließ die *New York Post* in einer ihrer Ausgaben mit der Schlagzeile »Bush knew« (»Bush wußte Bescheid«) eine scheinbare Bombe platzen, als es hieß, George W. sei über die Anschläge im vorhinein informiert gewesen. Die US-Demokraten nutzten die anschließende Diskussion, um sich selbst ins rechte Licht zu setzen. Die Erörterung des Problems um etwaige Vorkenntnisse blieb jedoch recht schnell auf der Ebene von Vermutungen wie »Ja, es gab — ganz vage – Warnungen« und »aber Präsident Bush hätte davon keinesfalls wissen können« stehen. Mit dieser Art von Darstellung waren schließlich auch die Demokraten einverstanden, indem sie sagten, Osama bin Laden sei im Krieg mit den USA, während das FBI und die Geheimdienste im Hintergrund blieben.

Schließlich unterstützen ja alle den vielbeschworenen »Krieg gegen den Terror« des Präsidenten Bush. Einige Medien kümmerten sich in der Folge nicht nur um die Frage des möglichen Vorwissens des US-Präsidenten, sondern auch um einige offensichtliche Fehler des FBI, um die Aufmerksamkeit von eigentlich interessanten Fragen und Themen abzulenken. Mit keinem einzigen Wort wurde daher beispielsweise die Rolle der CIA erwähnt, die Osama bin Ladens Al Qaida während der gesamten Ära nach dem Kalten Krieg als Teil ihrer verdeckten Operationen (be)nutzte. Die »islamischen Brigaden« sind somit, betrachtet man es genau, eine Schöpfung der CIA. Die Unterstützung terroristischer Organisationen ist, so Chossudovsky, ein integraler Bestandteil amerikanischer Außenpolitik.

Al Qaida ist auch bis zum 11. September 2001 an verdeckten Operationen der CIA in verschiedenen Teilen der Welt beteiligt gewesen, und es steht zu vermuten, daß das selbst heute noch der Fall ist. Während die Presse gerne behauptet, daß Beziehungen zwischen Osama bin Laden und der Agency schon seit Ende der 1990er Jahre passé seien, dokumentiert der US-Kongreß detailliert Gegenteiliges. So kooperierte man eifrig in Bosnien und im Kosovo, und noch wenige Monate vor dem 11. September 2001 mischten sich US-Militärberater in Mazedonien unter von Al Qaida finanzierte Mujaheddin-Söldner, wobei man gemeinsam unter dem Befehl der UCK kämpfte. Außerdem bleibe die CIA, so Chossudovsky, ihren Operateuren stets auf der Spur, so daß sie selbstverständlich auch weiß, wo sich bin Laden heute befindet.

Auch wenn das für manchen Zeitgenossen unglaublich klingen mag, so gilt doch als ziemlich gesichert, daß die CIA Osama bin Laden noch im Mai 2001 traf. Ein Bericht darüber erschien am 31. Oktober 2001 in der französischen Tageszeitung *Le Figaro*.

Darin wurde mitgeteilt, daß Dubai, eines der sieben Emirate der Föderation der Vereinigten Arabischen Emirate, nordöstlich von Abu Dhabi, Platz eines geheimen Treffens zwischen Osama bin Laden und einigen dort vor Ort stationierten CIA-Vertreter war. *Le Figaro* nannte als Quelle seiner Information einen Mann, der aus beruflichen Gründen als Partner der Direktion des amerikanischen Krankenhauses von Dubai tätig ist und so bestätigen konnte, daß Amerikas »Feind Nr. 1« vom 4. bis 14. Juli 2001 in diesem Krankenhaus war.

Vom Flughafen Quetta in Pakistan kommend, wurde Osama bin Laden sofort nach seiner Ankunft auf dem Flughafen von Dubai weitertransportiert. Dabei wurde er von seinem persönlichen Arzt und Unterführer, der der Ägypter Aymann al-Zawahari gewesen sein könnte – in diesem Punkt sind die Angaben leider nicht sehr genau –, von vier Leibwächtern sowie einem algerischen Krankenpfleger begleitet. Bin Laden wurde sofort in das amerikanische Krankenhaus, das zwischen Al-Garhud und Al Maktum Bridge liegt, aufgenommen. Jede Etage dieses Krankenhauses verfügt über zwei sogenannte »VIP«-Suiten für besonders wichtige Personen und etwa ein Dutzend Zimmer. Der saudische Milliardär wurde in die renommierte Urologie-Abteilung von Doktor Terry Callaway, einem Spezialisten für Nierensteine und männliche Unfruchtbarkeit, aufgenommen. Das hatte seinen Grund. Im März 2000 berichtete die in Hongkong herausgegebene Wochenzeitung *Asia Week* über den Gesundheitszustand von Bin Laden und sprach von schweren körperlichen Problemen, insbesondere einer bedrohlichen Niereninfektion, die sich auf die Leber ausbreite und spezialisierte Behandlungen erforderlich mache. Zuverlässigen Quellen wollten wissen, daß sich Bin Laden in seinen afghanischen Schlupfwinkel um Kandahar im Lauf des ersten Halbjahrs 2000 das gesamte Material für eine mobile Dialyse-Einrichtung hatte liefern lassen. Laut den Quellen des *Le Figaro* war die »Ortsveränderung aus Gesundheitsgründen« von Bin Laden nicht die erste ihrer Art.

Zwischen 1996 und 1998 hatte er sich aus Geschäftsgründen mehrmals nach Dubai begeben.

Am 27. September, 14 Tage nach den Attentaten auf das World Trade Center, gab die Zentralbank der Vereinigten Arabischen Emirate auf amerikanisches Ersuchen bekannt, daß sie das Einfrieren von Konten und Investitionen von 26 Personen oder Organisationen angeordnet habe, die verdächtigt würden, Kontakte mit der Organisation von Bin Laden zu unterhalten, besonders bei der *Dubai Islamic Bank. Le Figaro* weiter:

»Die Beziehungen zwischen dem Emirat und Saudi-Arabien sind immer‹ sehr eng gewesen‹, vermerken unsere Quellen, ›die Prinzen der herrschenden Familien, die das Regime der Taliban anerkannt hatten, begaben sich oft nach Afghanistan. Einer der Prinzen einer Herrscherfamilie nahm regelmäßig an Jagden auf den Ländereien von Bin Laden teil, den er seit vielen Jahren kannte und besuchte.‹«

Während seines Krankenhausaufenthalts erhielt Osama bin Laden den Besuch mehrerer Mitglieder seiner Familie und von Persönlichkeiten aus Saudi-Arabien und den Emiraten. Im Lauf dieses gleichen Aufenthalts wurde der lokale Repräsentant der CIA, den viele Leute in Dubai kennen, gesehen, als er den Hauptaufzug des Krankenhauses benutzte, um sich in das Zimmer von Osama bin Laden zu begeben.

Einige Tage später rühmte sich derselbe Mann gegenüber Freunden und Bekannten, dem saudischen Milliardär einen Besuch abgestattet zu haben. Nach autorisierten Quellen ist der Agent der CIA am 15. Juli 2001, dem Tag nach der Abreise von Bin Laden nach Quetta, von seiner Zentrale zurückgerufen worden.

Ende Juli 2001 nahmen Zöllner der Emirate am Flughafen von Dubai einen franko-algerischen islamistischen Aktivisten namens Djamel Beghal fest. Anfang August wurden die französischen und amerikanischen Behörden alarmiert. Von den örtlichen Behörden in Abu Dhabi befragt, erzählte Beghal, daß er Ende 2000 von Abu Zubeida, einem militärischen Leiter der Organisation von Bin Laden, Al Qaida, nach Afghanistan gerufen worden war. Der Auftrag für Beghal: nach seiner Rückkehr nach Frankreich die Botschaft der USA in Paris in der Avenue Gabriel in der Nähe der Place de la Concorde in die Luft zu jagen.

Nach verschiedenen arabischen diplomatischen Quellen und auch laut den französischen Nachrichtendiensten sind der CIA sehr konkrete Informationen bezüglich terroristischer Anschläge auf die amerikanischen Interessen in aller Welt einschließlich des Territoriums der USA übermittelt worden. Ein Bericht vom 7. September 2001 enthält die Gesamtheit dieser Angaben mit dem präzisen Hinweis, daß der Befehl zum Handeln aus Afghanistan kommen sollte.

Falls diese Informationen stimmen, bedeutet das, daß die CIA über wesentliche Pläne der Terrororganisation Al Qaida unterrichtet war, aber aus bestimmten Gründen, die möglicherweise dem US-Establishment (oder Teilen davon) ins Konzept paßten, keine Notwendigkeit zum Handeln sah.

Im August 2001 wurde in der Botschaft der Vereinigten Staaten in Paris eine Dringlichkeitssitzung mit dem französischen Geheimdienst DGSE und den obersten Verantwortlichen der amerikanischen Dienste einberufen. Äußerst beunruhigt, legten die letzteren ihren französischen Kollegen sehr präzise Bitten um Auskunft bezüglich der algerischen Aktivisten vor, ohne sich allerdings über den generellen Sinn ihres Vorgehens zu äußern. Auf die Frage »Was befürchten Sie in den kommenden Tagen?« reagierten die Amerikaner mit schwer begreifbarem völligem Stillschweigen.

Die Kontakte zwischen dem amerikanischen Geheimdienst CIA und Osama bin Laden gehen bis auf das Jahr 1979 zurück, als er als Vertreter des Familienunternehmens in Istanbul begann, Freiwillige aus der arabisch-moslemischen Welt für den afghanischen Widerstand gegen die Rote Armee zu rekrutieren. Bei der Untersuchung der Attentate vom August 1998 auf die amerikanischen Botschaften von Nairobi (Kenia) und Dar-es-Salaam (Tansania) hatten die Untersuchungsführer des FBI entdeckt, daß die von den Sprengladungen hinterlassenen Spuren auf einen militärischen Sprengstoff der amerikanischen Armee verwiesen und daß dieser Sprengstoff drei Jahre zuvor an arabische Afghanen, die berühmten internationalen Freiwilligenbrigaden, geliefert worden war, die während des Afghanistan-Krieges an der Seite von Osama bin Laden gegen die sowjetische Armee kämpften. Bei der Weiterführung seiner Untersuchungen entdeckte das FBI »Verbindungen«, die die CIA seit Jahren mit ihren »islamistischen Freunden« entwickelt hatte. Das Treffen von Dubai wäre also nur als Fortsetzung einer »gewissen amerikanischen Politik« zu sehen, die möglicherweise etwas im Schilde führt, von dem sich der Normalbürger keine Vorstellung machen kann.

Zurück zu Chossudovsky. Der Wirtschaftswissenschafter folgert aus all den bereits genannten Umständen, daß es am 11. September 2001 kein nachrichtendienstliches Versagen gab:

»Es gehört zur Natur einer gutgeführten Geheimdienstoperation, daß Personen und Gruppen an der Leine eines Dienstes bis zu einem gewissen Grad autonom zu operieren scheinen. Allerdings zeigt sich stets, daß ihr Handeln letztlich den Interessen der USA dient. – So läßt sich übrigens auch überall rekonstruieren, welche Politiker, Parteien, Journalisten und Medien wieweit von der CIA gelenkt werden. Scheinbar kritische Statements, die den eigentlichen Zielen kurzfristig zuwiderzulaufen scheinen, sollen ablenken und Glaubwürdigkeit aufbauen. Die entscheidende Frage ist jedoch immer, wem eine offenbar beabsichtigte Entwicklung – gesellschaftliches Klima, Parteienpräferenz, Themenpräsenz etc. – wirklich nützt. Während untere FBI-Agenten-Chargen verzweifelt versuchten, Ermittlungen gegen mutmaßliche Terroristen in

Gang zu bringen, wußten die oberen Ebenen der Behörde alles über die Beziehungen zwischen CIA und Al Qaida. Agentinnen und Agenten der unteren Ebenen sind sich dessen oft nicht bewußt, was wohl auch für Pendants einer weiteren wichtigen Behörde, der *Drug Enforcement Agency*, zutrifft, die bei Ermittlungen auf Drogenoperationen unter CIA-Beteiligung stoßen. Die Enthüllungen frustrierter FBI-Leute scheinen die Schwäche des FBI zu bestätigen, wirken jedoch auch als Nebelwerfer, was die Rolle amerikanischer Regierungen bei der Unterstützung des militanten Islamismus betrifft.«

Chossudovsky trifft mit seinen Formulierungen den Nagel auf den Kopf. Und wie jeder aufmerksame Beobachter der Vorgänge bemerken konnte, schloß die US-Regierung unter Bush jun. nicht nur von vornherein eine öffentliche Untersuchung der Vorgänge vom 11. September 2001 aus, sondern startete statt dessen zeitgleich eine unglaubliche Panikmache und Desinformationskampagne, so daß die Ereignisse des 11. September 2001 nicht mit kühler Logik, sondern mittels Emotionen bewertet wurden. So sprach US-Vizepräsident Cheney von »beinahe sicheren« weiteren Terroranschlägen auf die USA. Wann diese passieren sollen, wollte er nicht sagen, aber sein eindeutiger Tenor lautete: »Sie werden es weiter versuchen« und »wir müssen darauf natürlich vorbereitet sein«. Cheney meinte damit in Wirklichkeit, daß die US-amerikanischen geheimdienstlichen Strukturen mit ihren weltweiten Verbindungen, welche das US-Establishment geschaffen hatte, wieder losschlagen würden. Demzufolge ist anzunehmen, daß eben die Agency als erstes davon erführe. Doch so einfach ist das nicht, zumindest nicht nach außen hin, denn die CIA kontrolliert auch die »Warnungen«, die von CIA-Quellen stammen.
Für Chossudovsky sind die Ereignisse vom 11. September 2001 nichts anderes als eine sorgfältig geplante Geheimdienst-

operation, bei der die Entführer lediglich als Instrumente dienten (was ich ebenfalls vermutete). Während Al Qaida vom pakistanischen Geheimdienst *Inter Services Intelligence* (ISI) unterstützt wird, worüber gleich noch ein paar Worte zu verlieren sein werden, verdankt das ISI seine eigene Existenz wiederum der CIA. Zugleich mit den von der CIA gesteuerten verdeckten Operationen bewaffneter islamischer Fundamentalisten entwickelte sich das ISI seit den 1980er Jahren zu einer Parallelstruktur mit enormer Macht über alle Bereiche der Regierung in Pakistan und einem Apparat von ungefähr 150 000 Personen. Die Rolle des ISI bestand jahrelang u. a. darin, die Mujaheddin zu unterstützen. Der pakistanische Geheimdienst ist aber auch an vielen aktuellen Operationen der CIA beteiligt gewesen. So unterstützt und finanziert das ISI eine Anzahl von Terrorgruppen direkt, einschließlich Al Qaida. Der Kreisschluß ist eindeutig, wenn auch ungeheuerlich: CIA – ISI – Al Qaida – bzw. umgekehrt!

Selbst die amerikanische Bundespolizei FBI gab Ende September 2001 zu, daß der bei den Ereignissen vom 11. September 2001 eine große Rolle spielende Terrorist und Hauptattentäter Mohammed Atta aus (leider ungenannten) Quellen in Pakistan finanziert wurde. Die Gelder, die sich auf eine Höhe von mehr als 100 000 Dollar beliefen, wurden laut FBI-Fahndern von pakistanischen Geldhäusern an zwei Banken in Florida auf Attas Konten überwiesen. Dies bestätigte ein Vertreter des FBI in einem Interview mit den *ABC-News*.

Das *Time Magazine* setzte sogar noch eine Information drauf, als es bekanntgab, daß ein Teil des Geldes erst Tage vor den Anschlägen überwiesen wurde und direkt zu Personen zurückverfolgt werden konnte, die mit Bin Laden in Verbindung standen. Das FBI wußte demzufolge sehr genau, wer die Attentäter finanziert hatte. Um so unverständlicher (oder – je nach Betrachtungsstandpunkt – auch nicht) erscheint es, daß den Spuren, die hier ganz deutlich vorlagen, nicht weiter nachgegangen wurde.

Time of India (vom 12. Oktober 2001)

Indien hat dem FBI geholfen, Verbindungen zwischen dem ISI und Terroristen aufzudecken
Von Manoj Joshi

New Delhi: Während die Abteilung für Öffentlichkeitsarbeit des »ISI – Pakistani Inter Services« behauptet, daß der früherere ISI-Generaldirektor Generalleutnant Mahmud Ahmad um Entlassung in den Ruhestand gebeten hat, nachdem er am Montag abgelöst worden war, ist die Wahrheit weitaus schockierender. Hiesige Spitzenquellen bestätigten am Dienstag, daß der General aufgrund von »Beweisen« seinen Job verlor, die Indien mit der Absicht vorlegte, seine Verbindung zu einem der Selbstmord-Attentäter, die das World Trade Center zerstört haben, aufzuzeigen. US-amerikanische Behörden verlangten seine Entfernung aus dem Dienst, nachdem die Tatsache bestätigt worden war, daß dem WTC-Flugzeugentführer Mohammed Atta von Ahmad Umar Sheik in Vertretung von General Mahmund aus Pakistan per telegrafischer Überweisung 100 000 Dollar gezahlt wurden.

Hohe Regierungsstellen haben bestätigt, daß Indien erheblich dazu beigetragen hat, die Verbindung zwischen dem Geldtransfer und der Rolle des inzwischen entlassenen ISI-Chefs zu beweisen. Obwohl sie keine Details preisgaben, sagten sie, daß indische Daten, unter anderem Sheiks Handy-Nummer, dem FBI geholfen hätten, diese Verbindung zu verfolgen und aufzudecken. Eine direkte Verbindung zwischen dem ISI und den Angriffen auf das World Trade Center könne enorme Konsequenzen haben. Die USA müssen sich fragen, ob es nicht noch andere hochgestellte Kommandeure der pakistanischen Armee gibt, die von diesen Dingen gewußt haben. Beweise einer umfassenden Konspiration könnten das Vertrauen der USA in Pakistans Fähigkeit, an der Anti-Terrorismus-Koalition teilzunehmen, schwer erschüttern.

Indische Beamte sagen, daß sie ein vitales Interesse daran hätten, den Fall aufzudecken, weil er den ISI direkt mit der Entführung eines Indian-Airlines-Fluges von Katmandu-Delhi nach Kandahar im Dezember letzten Jahres in Verbindung bringen könnte. Ahmad Umar Sayeed Sheik ist britischer Staatsbürger und Absolvent der *London School of Economics*. Er wurde von der Polizei im Gefolge einer im Jahr 1994 gescheiterten Entführung von vier Personen westlicher Herkunft, darunter eines US-Bürgers, verhaftet.

Das Geld wurde also laut dem vorstehenden Zeitungsartikel von Generalleutnant Ahmad Umar Sheikh im Auftrag von ISI-Chef General Mahmoud Ahmad überwiesen. Ahmad besuchte wiederum von 4. bis 13. September die Vereinigten Staaten, auf die er Terroranschläge finanzieren ließ. Man nannte seine Visite eine reine Routineangelegenheit, obwohl der pakistanische Journalist Amir Mateen am 10. September von »mysteriösen Treffen« des Generals im Pentagon und beim *National Security Council* sprach. Mateen wunderte sich über die Dauer des Besuchs und meinte, offiziell sei es ein Gegenbesuch zu einem früheren Besuch von CIA-Chef Tenet in Islamabad gewesen.

Am 16. Mai 2002 wurde die Nationale Sicherheitsberaterin Condoleezza Rice wenige Stunden nach der »Bush knew«-Schlagzeile in der *New York Post* in einer Pressekonferenz von einem indischen Journalisten nach Ahmads Visite gefragt. Und zwar, ob sie sich der Berichte bewußt sei, wonach der General zu jenem Zeitpunkt in den USA war, als am 10. September 100 000 Dollar »aus jener Region« an die Attentäter überwiesen worden seien. Rice meinte nur, sie habe diesen Bericht nicht gesehen ...

Merkwürdigt bleibt, daß Rice von *einem* Bericht spricht, während der Journalist aber im Original von der Mehrzahl (»the reports«) sprach. Rice ging mit keinem Wort auf die Frage der Unterstützung der Attentäter aus Pakistan ein und darauf, mit wem Ahmad in den USA Gespräche führte. Und das, obwohl sie in ihrer Funktion den Bericht kennen mußte, in dem die indische Regierung der amerikanischen die Verbindungen von Ahmad/ISI zu den Attentätern dokumentierte.

Wie Chossudovsky bei späteren Recherchen herausfand, traf Ahmad bei seinem Besuch in den USA noch folgende einflußreiche Personen: CIA-Direktor George Tenet, Außenminister Colin Powell, Vizeaußenminister Richard Armitage, Unterstaatssekretär Marc Grossman, den demokratischen Senator Joseph Biden, der Vorsitzender des *Senate Foreign Relations Committee* ist. Nach Biden bot Ahmad die Kooperation Pakistans an. Und am Morgen des 11. September traf sich Ahmad zum Frühstück auf Capitol Hill in Washington mit dem demokratischen Senator Bob Graham, von dem die Einladung ausging, und mit Porter Goss, dem Vorsitzenden des *Senate and House Intelligence Committee*. Ebenfalls dabei war der pakistanische Botschafter in den USA, Maleeha Lodhi. Auch andere Mitglieder des Komitee waren anwesend.

Die *Washington Post* fragte in einem diese Zusammenkunft schildernden Bericht leider nicht, was General Ahmad mit seinen engen Verbindungen zu Osama bin Laden und den Taliban eigentlich gerade am Morgen des 11. September auf Capitol Hill tat und weshalb er die aufgeführten Personen traf.

Inzwischen wurde auch bekannt, daß, sehr zum Ärger von Vizepräsident Cheney, Informationen über abgefangene Nachrichten in Arabisch von der *National Security Agency* durchgesickert sind. Die Meldungen stammen aus zwei verschiedenen Gesprächen am 10. September 2001 und beinhalten Formulierungen, die die Attacken am nächsten Tag ankündigen.

Aus alledem läßt sich der Schluß ziehen, daß führende Personen im amerikanischen militärisch-geheimdienstlichen Establishment

Bescheid wußten über die ISI-Kontakte mit dem Terroristen Mohammed Atta. Für Chossudovsky deutet alles darauf hin, daß CIA-Chef Tenet und ISI-Chef Ahmad eine enge Arbeitsbeziehung aufgebaut hatten.

Bei der Frage, ob George W. Bush informiert war, muß berücksichtigt werden, daß er ein nur geringes Verständnis für Fragen der Außenpolitik besitzt. Möglicherweise wußte er Details über bestimmte Dinge, aber zu beweisen ist es nicht, denn es könnte gut sein, daß Tenet und Cheney ihn an der Nase herumführten ...

Hat es eine geheimdienstliche Verschwörung in bezug auf die Ereignisse vom 11. September 2001 in New York und Washington gegeben? Einer, der es wissen muß, behauptet: Ja! Es handelt sich dabei um den bereits von mir genannten Andreas von Bülow, der 1980 bis 1982 Bundesforschungsminister im Kabinett von Helmut Schmidt und von 1976 bis 1980 Staatssekretär im Bundesverteidigungsministerium war. Von Bülow ist Autor des Buches »Im Namen des Staates« über die Machenschaften der Geheimdienste, das jedem dringend empfohlen werden kann, der immer noch glaubt, die westlichen Demokratien stünden moralisch gesehen über allen anderen politischen Systemen. Nach Ansicht von Bülows wurde die sogenannte westliche Welt nach dem 11. September 2001 »einer Gehirnwäsche unterzogen«. Nach Ende des Warschauer Paktes ginge es darum, als neuen Gegner das Feindbild muslimischer Terrorgruppen und Regime zu propagieren. Die Idee dazu stamme vom ehemaligen US-Sicherheitsberater Zbigniew Brzezinski sowie von Samuel Huntington, beide »Vordenker« amerikanischer Geheimdienst- und Außenpolitik. Huntington schrieb das Buch »Clash of Civilisations« (»Kampf der Kulturen«).

Andreas von Bülows spricht in bezug auf die Tätigkeit von Geheimdiensten deutliche Worte: Sie seien »Manipulationsdienste«, »desinformierten« die Öffentlichkeit und beeinflußten maßgeblich die Politik. Schlimmstenfalls könnten sie Attentäter oder scheinbare Freiheitskämpfer aktivieren, die dann den Diensten zuarbeiten. Osama bin Laden, das ehemalige afghanische Taliban-Regime und das Al-Qaida-Netzwerk seien nachweislich CIA-Produkte, die Afghanistan in den 1980er Jahren destabilisieren sollten, um der Sowjetunion eine Art Vietnam zu bereiten. So besehen sei es »extrem merkwürdig«, daß die CIA von den Vorbereitungen der »logistischen Meisterleistung« vom 11. September 2001 nichts mitbekommen habe. Doch schon 48 Stunden nach den Anschlägen hätte eine Liste der Täter mit Lebensläufen und Beweisstücke vorgelegen, und Bin Laden sei als Drahtzieher der Anschläge ausgemacht gewesen. Sieben der mutmaßlichen Selbstmordattentäter seien später aber wieder lebendig aufgetaucht. Es gebe auch Spekulationen, daß die Verkehrsflugzeuge vom Boden aus ferngesteuert wurden. Und zwar mittels eines Systems, das es ermöglicht, bei Flugzeugentführungen die Maschine unabhängig vom Piloten oder den Entführern zu steuern.

Von Bülow stellte Fragen zum WTC- und Pentagon-Crash, die in dieser Form ursprünglich – zumindest in Deutschland – niemand von ihm erwartet hatte. Allerdings, und das könnte der Grund für seinen öffentlichen Vorstoß sein, er weiß genau, wovon er spricht, denn schon als Mitglied im Untersuchungsausschuß Alexander Schalck-Golodkowski hat er umfangreiche Informationen zum Funktionieren der Geheimdienste, insbesondere denen des Warschauer Pakts, erhalten. Indes, so von Bülow, sei schon damals stets abgeblockt worden, sobald es Verstrickungen westlicher Dienste zu hinterfragen galt. Dabei sei es dringend nötig, Geheimdienste einer demokratischen Kontrolle zu unterstellen, auch wenn deren Vertreter stets und ständig behaupten würden, ihre Arbeit werde überprüft. Von Bülow vertritt im übrigen auch ganz offen die Auffassung, daß die CIA den BND mißbraucht, die Bundesregierung in ihrer Politik einer gezielt »manipulierten Beweismittelvorlage« folgt und »das Geflecht nicht durchschaut«. Die BRD sei seit dem Zweiten Weltkrieg geopolitisch ohne Einfluß. Von Bülow vertritt darüber hinaus den Standpunkt, daß der israelische Geheimdienst Mossad ein Top-Drahtzieher unter den Diensten und Israels Ministerpräsident Scharon ein »Faschist« sei, der seit dem 11. September 2001 die »ethnischen Säuberungen« in den palästinensischen Gebieten ausweite. Gewiß, letztere Behauptung hat von Bülow hierzulande den Vorwurf eingetragen, er unterstütze die Propaganda von einer jüdischen Weltverschwörung. Fakt aber ist, daß Verbrechen auch dann als Verbrechen gebrandmarkt werden müssen, wenn sie von denen begangen werden, die einst selbst Unterdrückung und Vernichtung ausgesetzt waren. In diesem Zusammenhang kann und darf nicht mit zweierlei Maß gemessen werden, schon gar nicht in einer demokratischen Gesellschaft.

Genausowenig darf man den Fehler begehen, den islamischen Fundamentalismus und den daraus sprießenden Terrorismus zu unterschätzen. Das hieße nämlich, Gefahren zu verniedlichen und auf einem Auge blind zu werden. Das Problem dabei ist allerdings, wie schon angemerkt, daß keineswegs klar ist, woher z. B. diverse Terrorankündigungen und Behauptungen stammen, die in der Folge des 11. September 2002 auftauchten, zumal es, wie aufgezeigt, enge Verbindungen zwischen den US-Geheimdiensten und diversen Strukturen des Terrors gibt. Auch entspricht das, was Bin Laden nach dem 11.9. per Brief oder Video von sich gab, in zahlreichen Punkten genau den Denkmustern und Ansichten, durch die auch die amerikanische (Ultra-)Rechte charakterisiert werden kann. Mir persönlich kommt das Ganze sehr merkwürdig vor, und ich kann nur davor warnen, all das, was Osama bin Laden zugeschrieben wird, wirklich für von ihm stammend zu halten. Bin Laden scheint vielmehr nur eine Figur in einem großen, für die Öffentlichkeit schwer durchschaubaren Spiel zu sein, die von einflußreichen rechten Gruppen, die Teil des US-Establishments sind, gesteuert und benutzt wird.

Die Hauptnachrichten des US-Fernsehsenders *CBS* verbreiteten am 13. Dezember 2001 die Meldung, daß das nach den Anschlägen auf das WTC und das Pentagon aufgetauchte Videoband mit Osama bin Laden, das daraufhin vom Pentagon an zahlreiche Fernsehstationen weltweit verschickt wurde, den Beweis für die Schuld bin Ladens an den Terroranschlägen vom 11. September dokumentiere. Und US-Präsident George W. Bush hatte nichts eiligeres zu tun, als zu behaupten:

»Ich wußte, daß das Videoband ein vernichtendes Schuldeingeständnis dieses Schurken sein würde.«

Doch in zahlreichen arabischen Staaten sah man das Video keineswegs als überzeugenden Beweis an, so daß sich erhebliche Zweifel und Skepsis breit machten. Zeigte das Video tatsächlich ein Geständnis Osama bin Ladens, enthielt es unbezweifelbar Täterwissen des Al-Qaida-Führers? Die englische Übersetzung aus dem Pentagon schien zunächst eindeutig. In ihr bezichtigte sich Bin Laden der Tat und behauptete, bereits im vorhinein über den Tatablauf informiert gewesen zu sein. Doch war die offiziell verbreitete Übersetzung überhaupt korrekt? Nein, sie war es nicht! Am 20. Dezember 2001 berichtete das ARD-Politmagazin *Monitor* über das Osama-bin-Laden-Video, welches die US-Regierung eben wenige Tage zuvor mit großem Propagandaaufwand veröffentlicht hatte, und konnte aufzeigen, daß die US-Regierung mit einer Falschübersetzung arbeitete. Die Redaktion von *Monitor* hatte sich dazu vom amerikanischen Außenministerium die arabische Textversion des Videobandes besorgt und von unabhängigen und vereidigten arabischen wie deutschen Sprachwissenschaftlern und Orientalisten analysieren lassen. Und dabei zeigte sich, daß die von der US-Regierung der Weltöffentlichkeit präsentierte englische Übersetzung nicht nur teilweise manipuliert war, sondern sogar Fehler offensichtlicher Art enthielt. *Monitor* ließ die Experten wie folgt zu Wort kommen:

Dr. Abdel El M. Husseini, Arabist: »Ich habe die Übersetzung des Pentagons sorgfältig überprüft. Diese Übersetzung ist sehr problematisch. Sie ist an den wichtigsten Stellen, die die Täterschaft Bin Ladens beweisen sollten, nicht identisch mit dem arabischen Ton.«

Beispiel 1: Laut Pentagon-Übersetzung, sagt bin Laden: »Wir haben die Zahl der Toten des Feindes im voraus kalkuliert.« »Im voraus«, auf Englisch »in advance«.

Dr. Murad Alami, Diplom-Übersetzer: »›Im voraus‹ steht nicht drin. Es ist falsch. Wenn man von der Originalfassung des Arabischen ausgeht, und es gibt keine Mißverständnisse, daß man das im Grunde nicht verstehen kann.«

Darüber hinaus stimmen die Übersetzer darin überein, daß der Satz im Original keinesfalls ein vorausberechnendes Planen oder gar Kalkulieren der Zahl der Toten enthält.

Beispiel 2: Laut Pentagon-Übersetzung sagt Bin Laden: »Wir hatten eine Nachricht am vorhergehenden Donnerstag erhalten, daß das Ereignis an diesem Tag stattfinden würde.« »Vorhergehend« — »previous«.

Dr. Murad Alami, Diplom-Übersetzer: »›Vorhergehend‹ existiert nicht. Der Nachsatz, daß dieses Ereignis an dem Tag beziehungsweise an diesem Tag stattfinden würde, ist in dieser arabischen Originalfassung nicht herauszuhören.«

Zwei Beispiele von mehreren, die die Beweiskraft des Videos zweifelhaft werden lassen.

Prof. Gernot Rotter, Islamwissenschaftler und Arabist, vom Asien-Afrika-Institut an der Universität Hamburg, erklärte:

»Unabhängig davon, ob Bin Laden selbst, organisatorisch, aktiv in die Anschläge verwickelt war oder nicht: Dieses Band ist von einer so schlechten Qualität, daß es streckenweise überhaupt nicht zu verstehen ist. Und daß das, was zu verstehen ist, oft aus dem Zusammenhang gerissen ist, daß man daraus kein Beweismittel konstruieren kann. Die amerikanischen Übersetzer, die die Bänder abgehört haben und transkribiert haben, haben offensichtlich an vielen Stellen Dinge hinein geschrieben, die sie hören wollten, die aber so — auch nach mehrmaligen Anhören — nicht zu hören sind.«

Das Expertenurteil ist eindeutig: Das nach Meinung der US-Behörden von Osama bin Laden stammende Videoband ist für eine Beweisführung nicht zu gebrauchen. Man muß sich angesichts derartiger Nachprüfungen fragen, was die Verantwortlichen in den USA eigentlich mit der Veröffentlichung solcher unausgegorenen, ja sogar manipuliert erscheinenden »Beweismittel« bezwecken wollen. Glaubt man dortzulande wirklich, daß jede »Kröte«, und sei sie noch so groß, ungeprüft von der Weltöffentlichkeit geschluckt würde? Dient die Desinformation nur dazu, das eigene Unvermögen, harte Beweise zu liefern, zu kaschieren? Freilich, die USA haben — wie im Falle der »belastenden Beweise gegen den Irak« — laufend behauptet, sie wären im Besitz von eindeutigen Nachweisen für die Missetaten »der Bösen«, könnten diese auf geheimdienstlichen Wegen gewonnenen Informationen allerdings nicht herausgeben, weil sonst ihre Quellen kompromittiert würden. Auch diese Argumentation ist nicht glaubhaft, denn wenn es den USA mit der Offenlegung harter Beweise wirklich ernst wäre, hätte sie wenigstens einige ihrer Quellen aufgedeckt und diese anschliessend dem US-Zeugenschutzprogramm unterstellt. Und das um so mehr, als es aktuell im Falle des Irak gilt, die Weltgemeinschaft zu bewegen, einer militärischen Intervention gegen das Land im Mittleren Osten zuzustimmen. Doch darum geht es nicht. Die Weichen sind längst gestellt — und Beweise Nebensache.
Ein Brief, der ebenfalls von Osama bin Laden stammen soll und im November 2002 von einigen wenigen US-amerikanischen Medien aufgegriffen wurde (er war an das amerikanische Volk gerichtet), zeigt in aller Deutlichkeit, welche reaktionären politischen und gesellschaftlichen Auffassungen dieser Art des Terro-

rismus zugrunde liegen, die aber, ich muß das nochmals betonen, sowohl beim islamischen Fundamentalismus als *auch* bei ultrarechten Kreisen der USA zu finden sind. Der Brief drohte mit neuen Attacken auf Ziele in den USA, wurde aber von der US-Regierung und den mit ihr verbundenen Medien beinahe nicht beachtet. Das nimmt auch nicht Wunder, denn er kam zu einem für die Bush-Administration höchst unglücklichen Zeitpunkt, fiel er doch mitten in die Kriegsvorbereitungen gegen den Irak und immer neue Enthüllungen über Verbindungen saudischer und amerikanischer Geheimdienste zu den Flugzeugentführern vom 11.9.

Noch Ende 2001 fanden die Reden von Osama bin Laden — so sie wirklich von ihm stammen —, die er im Zusammenhang mit den Anschlägen gegen das World Trade Center in New York und das Pentagon in Washington hielt, auf fruchtbaren Boden, weil man sich davon Unterstützung für die US-Invasion in Afghanistan versprach. Ein Jahr später allerdings wünschte Washington keine Ablenkung von seiner Dämonisierung des Irak und dem Versuch, Bagdads angebliche Massenvernichtungswaffen als größte Bedrohung hinzustellen. Als Folge dieser Umorientierung verschwand der angebliche Organisator der Angriffe vom 11. September, für Bush einst »der Böse« schlechthin, den er »tot oder lebendig« haben wollte, fast völlig aus dem offiziellen Blickfeld. Der Brief von Ende 2002 ist es deshalb wert, etwas genauer betrachtet zu werden, da in ihm neue terroristische Attacken angekündigt werden, die als Vergeltung für den geplanten militärischen Angriff auf den Irak bezeichnet werden. So heißt es beispielsweise:

>»Jeder der versucht, unsere Dörfer und Städte zu zerstören, dessen Dörfer und Städte werden wir zerstören. Wer unsere Reichtümer raubt, dessen Wirtschaft müssen wir zerstören. Wer unsere Zivilisten tötet, dessen Zivilisten werden wir töten.«

Diese Zeilen dokumentieren zum einen die Vorhaben von Bin Laden und seinen Helfershelfern, dürfen aber zum anderen nicht vergessen lassen, daß gerade die US-Regierung und ihre Geheimdienste es waren, die diese Kräfte immer wieder benutzt haben, um revolutionäre Bewegungen zu terrorisieren und ihre politischen und wirtschaftlichen Ziele im Nahen Osten und in Asien durchzusetzen, getreu dem Motto: »Der Feind meines Feindes ist mein Freund.« Daß sich der »Freund« eines Tages gegen die USA richten würde, war zu erwarten.

Ein großer Teil des Briefes von Bin Laden besteht aus einer Rechtfertigung terroristischer Angriffe auf Zivilisten. Neben der Berufung auf den Willen Allahs werden die Angriffe als Racheakte für Palästinenser, die von israelischen Besatzungssoldaten auf der Westbank getötet wurden, für afghanische Opfer von US-Bomben und für Iraker, die wegen der Wirtschaftssanktionen an Hunger und Krankheit gestorben sind, bezeichnet. In diesem Kontext sagt Osama bin Laden auch, daß amerikanische Zivilisten — wie die fast 3000 Büroangestellten, Flugzeuginsassen, Feuerwehrleute und anderen Opfer des 11. September — nicht als unschuldig gelten könnten. Sie seien vielmehr für die Unterdrückung der Palästinenser, die Bombardierung Afghanistans oder die Sanktionen gegen den Irak mitverantwortlich: »Das amerikanische Volk hat seine Regierung in einer freien Willensentscheidung gewählt, weil es mit ihrer Politik übereinstimmt«, schreibt er. »Das amerikanische Volk zahlt die Steuern, von denen die Flugzeuge finanziert werden, die uns in Afghanistan bombardieren, die Panzer, die unsere Häuser in Palästina zerstören, die Armeen, die unser Land am Arabischen Golf besetzen, und die Flotten, mit denen die Blockade des Irak durchgesetzt wird … Es ist also das amerikanische Volk, das die Angriffe auf uns finanziert, und sie sind es auch, die mittels ihrer gewählten Vertreter bestimmen, wie dieses Geld eingesetzt wird.«

Bin Laden geht dabei recht undifferenziert vor. Es stört ihn wenig, daß Hunderttausende in den USA gegen die Kriegspläne der Regierung Bush demonstriert haben und viele weitere Millionen dem politischen Geschehen ganz allgemein ablehnend gegenüberstehen. Bin Laden übersieht auch, daß ein Großteil der amerikanischen Bevölkerung, die hinsichtlich der Regierungsgeschäfte und der Wirtschaft so gut wie nichts zu sagen hat, sondern von einer dünnen Schicht von Superreichen regiert wird, welche die Politiker beider großen Parteien kontrollieren und eine Innen- und Außenpolitik diktieren, die mit den Interessen der Mehrheit nichts zu tun hat.

Was seine religiös begründete Kritik der amerikanischen Gesellschaft angeht, so könnte viel davon auch aus dem Programm der christlichen Rechten der USA stammen, einem entscheidenden Teil der Basis der Republikanischen Partei. Bin Laden wettert gegen Amerika, weil dort vieles toleriert wird, was in einem islamischen Gottesstaat undenkbar wäre.

Ebenso wie die rechten Republikaner, die in den Jahren 1998 und 1999 gegen Clinton hetzten und wegen einer Affäre mit einer Praktikantin ein Amtsenthebungsverfahren gegen den Präsidenten einleiteten, fragt Bin Laden:

»Wer kann die unmoralischen Akte vergessen, die Euer Präsident Clinton im Oval Office begangen hat? Danach habt Ihr ihn noch nicht einmal zur Verantwortung gezogen. Ihm wurde nur ›ein Fehler‹ zur Last gelegt, und dann ging alles straflos weiter. Kann man sich ein schlimmeres Ereignis vorstellen, für das Euer Name in die Geschichte und den Nationen in die Erinnerung eingehen wird?«

Mit der Bezugnahme auf solche internen Probleme der USA wächst bei mir die Skepsis, ob der Brief wirklich von Bin Laden stammen kann. Das Ganze hört sich stellenweise eher so an, als hätte den Brief ein im politischen Spektrum der USA stehender Rechter verfaßt, der sich lauthals über die moralischen Zustände in seinem eigenen Land beschwert.

Bin Laden begründet seinen Vorwurf, die amerikanische Gesellschaft sei die »schlimmste in der Geschichte der Menschheit«, damit, Amerika sei »eine Nation, die, statt die Regeln der Schariah in ihrer Verfassung und Gesetzgebung zu verankern, nach ihren eigenen Wünschen und Vorstellungen Gesetze gemacht hat. Ihr trennt die Religion von Eurer Politik und verstoßt damit gegen die Natur, die dem Herrn und Eurem Schöpfer die absolute Autorität zuweist.«

Dieser Vorwurf findet ebenfalls eine Parallele in der amerikanischen Politik. Es erinnert nämlich an die ständigen Angriffe der republikanischen Rechten auf die Trennung von Staat und Kirche. Sind diese Ähnlichkeiten zwischen der (vermeintlichen) islamischen Reaktion und der Politik der amerikanischen Rechten nur ein Zufall? Kaum. Bin Laden und andere seines Kalibers hatten lange Zeit enge Kontakte mit den USA. Es ist heute allgemein bekannt, daß die Beziehungen zwischen den Familien Bin Laden und Bush viele Jahre zurückreichen. George Bush Senior vermittelte eine Reihe von profitablen Geschäften zwischen seiner Firma *Carlyle Group Investment* und der Familie des Al-Qaida-Führers. Bin Laden begann seine Karriere als Juniorpartner der CIA in ihrem verdeckten Krieg gegen das von den Sowjets gestützte Regime in Afghanistan, der im Jahre 1979 begann und ein ganzes Jahrzehnt andauerte. Die USA unterstützten die Mujaheddin mit rund 5 Mrd. Dollar an Geld und Waffen, sowohl die vor Ort Rekrutierten als auch die arabischen Freiwilligen, bei deren Anwerbung und Koordinierung Bin Laden eine führende Rolle spielte.

Zbigniew Brzezinski, der nationale Sicherheitsberater des damaligen Präsidenten Jimmy Carter, gab 1998 in einem Interview mit der französischen Zeitung *Le Nouvel Observateur* zu, daß Washington absichtlich den islamischen Fundamentalismus in Afghanistan geschürt hatte, um die Sowjetunion in den Krieg zu ziehen. Danach gefragt, ob er bedaure, eine Bewegung aufgebaut zu haben, die weltweit Terrorakte begehe, wischte Brzezinski die Frage vom Tisch und erklärte:

»Was ist wichtiger für die Weltgeschichte? Die Taliban oder der Zusammenbruch des sowjetischen Imperiums? Ein paar aufgewiegelte Moslems oder die Befreiung Zentraleuropas und das Ende des Kalten Krieges?«

Daß mehrere amerikanische Regierungen eine ganz allgemeine politische Mitverantwortung für die Ermordung Tausender amerikanischer Zivilisten durch islamisch-fundamentalistische Terroristen tragen, wird auch an den Worten von Ronald Reagan deutlich, der 1985 die Mujaheddin zum »moralischen Ebenbild unserer Gründungsväter und der tapferen Männer und Frauen der französischen Résistance« erklärte.

Als die amerikanischen Ziele erreicht, Afghanistan zerstört, 1,5 Millionen Afghanen getötet worden waren und die Russen endlich abzogen, beendete die CIA ihre Operation und ließ Bin Laden erst einmal im Regen stehen. Ab diesem Zeitpunkt wurde, so vermuten manche Beobachter, seine politische Orientierung zunehmend anti-amerikanisch. Selbst dann unterstützten Washington und seine Verbündeten weiterhin die Taliban, die Beschützer und religiös-ideologischen Gesinnungsgenossen Bin Ladens, die sie als Gegengewicht zum russischen und iranischen Einfluß in Afghanistan nutzten.

Die Beziehung zwischen dem als imperialistisch zu bezeichnenden US-Establishment und dem islamischen Fundamentalismus beschränkt sich allerdings nicht nur auf Afghanistan. Wiederholt haben die Vereinigten Staaten und ihre Unterstützer diese Elemente gefördert, um den Nationalismus und die mehr oder weniger sozialistisch eingestellte Arbeiterbewegung im ganzen Nahen Osten zu bekämpfen. Selbst jetzt, da Washington den Iran als Teil der »Achse des Bösen« ansieht, will es mit einem im iranischen Exil lebenden und vom Iran unterstützten schiitischen Ayatollah zusammenarbeiten, um im Südirak eine Revolte gegen das Regime von Saddam Hussein anzufachen.

Diese Politik der gezielten Einflußnahme, Washingtons Unterstützung für die israelische Besatzungs- und Aggressionspolitik, sein Kriegskurses gegen den Irak und sein Versuch, die ölreichen Länder am Golf militärisch zu beherrschen, all das hat im Endeffekt die Wut der Bevölkerung in der ganzen Region geschürt. Der sogenannte »Krieg gegen den Terror«, ein Deckmantel für militärische Gewalt zur Durchsetzung weltweiter strategischer Ziele der USA, wird nur noch mehr Rekruten für die islamistischen Bewegungen schaffen. Und es werden auch Strukturen entstehen, die möglicherweise nicht mehr dem Einfluß der amerikanischen CIA oder dem pakistanischen Geheimdienst ISI unterliegen. Neue Terrorakte gegen amerikanische Ziele — egal, ob provoziert oder von CIA-unabhängigen islamischen Terrorgruppen verursacht — werden unterdessen benutzt werden, um weitere US-Interventionen überall auf dem Globus zu rechtfertigen. Das augenscheinliche Desinteresse der Bush-Regierung an der Ergreifung Bin Ladens erklärt sich zu einem Gutteil durch den politischen Nutzen, den sein Terrorismus für sie hat, wie auch durch die Angst, daß die wahren Hintergründe der Anschläge vom 11. September 2001 offensichtlich werden könnten.

Faschistisches Gedankengut im amerikanischen Establishment?

»Es gibt ja in Wirklichkeit gar keinen Irak-Konflikt. Die Verei-
nigten Staaten machen sich vielmehr der größten Aggression
seit der Nazi-Zeit schuldig, in totaler Verachtung des interna-
tionalen Rechts und aller internationalen Normen. Wir haben
in den Vereinigten Staaten ein Gangster-Regime, das außer
Kontrolle geraten ist. Jeder außerhalb Amerikas weiß das.«
Norman Finkelstein, Politikwissenschaftler und Autor des
Buches »Die Holocaust-Industrie«, in einem Interview mit
der *Frankfurter Allgemeinen Zeitung* auf der
Frankfurter Buchmesse (Herbst 2002)

Lyndon LaRouche, der schon eingangs des vorhergehenden
Kapitels genannte ehemalige US-Präsidentschaftskandidat, hielt
auf der Halbjahreskonferenz des amerikanischen Schiller-Insti-
tutes in Reston, Virginia, am 16. Februar 2002 eine Rede, die in
ihrer Tiefgründigkeit kaum mehr zu überbieten ist. Meines Erachtens ist er einer der klarsten Analytiker der gegenwärtigen
Situation überhaupt. Angesichts der Wichtigkeit dessen, was
LaRouche der Welt zu sagen hat, sollen Teile seiner Rede an
dieser Stelle auszugsweise vorgestellt werden, weil hier die
wahren Hintergründe der Kriegshysterie und auch die Quelle
der amerikanischen Rechten, die im US-Establishment vertreten
ist, benannt werden. LaRouche nimmt bei seinen Analysen
keine Rücksichten auf bestehende Befindlichkeiten.
Unter der Überschrift »Die letzte Schlacht eines sterbenden Systems« schrieb LaRouche:
   »Jeder auf der Welt, der die Lage aufmerksam verfolgt,
weiß, daß sich das Finanzsystem auflöst. Die *Enron*-Krise

ist die letzte Schlacht. Anders als die anderen habe ich aber schon seit einiger Zeit vorhergesagt, daß diese Entwicklung unausweichlich ist. So wurde schon im August 1971 eine Vorhersage wahr, die ich etwa elf Jahre zuvor getroffen hatte. Ich hatte prognostiziert, daß das Weltfinanzsystem in der zweiten Hälfte der 60er Jahre eine Folge von Währungskrisen erleben würde, die, wenn man nicht angemessen darauf reagiert, zum Zusammenbruch des Nachkriegssystems von Bretton Woods führen würde. Und so geschah es Mitte August 1971: das damals existierende Weltwährungssystem brach zusammen. Als sich meine Vorhersage auf diese Weise bestätigt hatte, erklärte ich, die Vereinigten Staaten und die Welt müßten sich nun entscheiden: 1971 sei der Anfang eines Auflösungsprozesses der amerikanischen Wirtschaft und der Weltwirtschaft, und wenn man nicht bestimmte Elemente der Politik, für die die Regierung Nixon typisch war, ändere, führe dies in den Faschismus.«

Das klingt zunächst nach starkem Tobak, ist aber mit den Gesetzen der Logik vereinbar. Sollte das kapitalistische Wirtschaftssystem, und allen voran die USA, der Gefahr eines völligen Kollaps' gegenüberstehen, so ist damit zu rechnen, daß eine Clique machthungriger Elemente alles auf eine Karte setzen wird, um das System und ihre Positionen darin zu retten. Die einzige gangbare Lösung, das beweist die Geschichte des kapitalistischen Systems überdeutlich, heißt Krieg. Im Vorfeld einer solchen militärischen Auseinandersetzung, die es zu provozieren gilt, ist einerseits mit Lügen und Desinformation gegen potentielle Feinde zu rechnen, andererseits aber wird die Hemmschwelle, einen Krieg auszulösen, immer niedriger werden. Dazu gehört auch, daß die Vereinigten Staaten von Amerika nunmehr auf einen atomaren Erst- bzw. Präventivschlag pochen.
In einer Erklärung vom 10. Dezember 2002 hat das Weiße Haus

nochmals die nunmehr gültige Doktrin unterstrichen, wonach ein Ersteinsatz von Nuklearwaffen möglich ist. Schon im September 2002 hatte die neue Nationalen Sicherheitsdoktrin der USA weltweite Bestürzung ausgelöst, als bekannt wurde, daß Atomwaffen im Konzept der US-Verteidigungs- und Sicherheitsstrategie nicht mehr letztes Mittel der Vergeltung seien, sondern nun auch »vorbeugend« eingesetzt werden könnten. Die Vereinigten Staaten begründeten diese Neuorientierung mit dem Hinweis auf die gescheiterten Verträge zur Nichtweiterverbreitung von Massenvernichtungswaffen. Man wolle sich die Option offenhalten, auf Bedrohungen durch solche Waffen seitens anderer Nationen angemessen reagieren zu können.

Es versteht sich von selbst, daß diese Maßnahme die Schwelle eines möglichen Kernwaffeneinsatzes absenkt und damit ein zukünftiger Einsatz von nuklearen Systemen in einem Krieg wahrscheinlicher wird.

Damit zurück zu Lyndon LaRouche:

> »Wir stehen tatsächlich am Rande des Faschismus. Dabei gibt es drei Aspekte. Erstens gab es einen Putschversuch. Experten wissen, daß es nicht Osama bin Laden gewesen sein konnte, und auch nicht sonst irgend jemand aus jenem Teil der Welt. Das wäre technisch völlig unmöglich. Jeder, der auch nur ein bißchen Ahnung von Sicherheitssystemen hat (und ich wurde eine Art Experte in diesen Fragen, als es um die SDI ging), weiß: So etwas wäre in den Vereinigten Staaten unmöglich, wenn es nicht eine gewaltige kalkulierte Nachlässigkeit oder eine bewußte Inszenierung – oder eine Kombination von beidem – gegeben hätte ... Es gibt eine Strömung im Militär und anderen Institutionen der USA, die seit etwa 1960 sehr aktiv ist, aber schon früher einsetzte. Sie wollte die amerikanische Tradition über den Haufen werfen, eingeschlossen die Militärtradition, wie wir sie mit General Douglas MacArthur oder dem Oberkommandierenden in Europa

General Eisenhower im Zweiten Weltkrieg verbinden. Die
Entlassung MacArthurs war schon ein Schritt in Richtung
dieser neuen Konzeption der Kriegführung. Statt die Krise
in Korea zu lösen, verlängerten wir den Koreakrieg, und er
ist praktisch bis heute noch nicht beendet. Die gegenwärtige US-Regierung will ihn wiederbeleben, um eine strategische Konfrontation mit China einzuläuten. Dieser ver-
längerte Koreakrieg war dann das Vorbild für den sogenannten ›Vietnamkrieg‹. Der Krieg in Indochina war ein
bewußt in die Länge gezogener Krieg, bei dem keiner
siegte — etwas, was der traditionellen amerikanischen
Kriegsdoktrin völlig entgegengesetzt ist.«

Lyndon LaRouche verwies im folgenden darauf, daß die alten
Traditionen der Kriegsführung und Strategie, wie diese beispielsweise durch General MacArthur verkörpert wurden, heute
kaum mehr anzutreffen sind. Dafür gebe es Kräfte, die zum Teil
in den amerikanischen Streitkräften, doch besonders stark in
einigen politischen Denkfabriken vertreten seien und deren
Vorbild in der Kriegführung die Waffen-SS der Nazis sei. Das
Vorbild für die Waffen-SS, so LaRouche, war wiederum Napoleons Grande Armée. Napoleon Bonaparte war der erste moderne
Faschist. Und die Grande Armée und die Waffen-SS folgten
beide dem Vorbild der römischen Legionen: Sie wurden aus
vielen verschiedenen Ländern zusammengezogen und sollten
ganze Völker niederhalten oder sogar durch Völkermord vernichten — so ging die Waffen-SS vor, und das war auch Napoleons Plan, den er mit seinem Rußland-Feldzug 1812 verfolgte, der
dann in einem völligen Desaster endete.
LaRouche meint, daß heute eine solche Tradition besonders in
den USA vertreten sei, sie sei aber auch teilweise in Großbritannien nachweisbar. Die dahinter stehenden politisch einflußreichen Kräfte organisierten 1960/61 die Invasion in der Schweinebucht und bildeten das Umfeld für den Mord an Präsident

Kennedy. Und sie standen hinter den Mordanschlägen auf Präsident de Gaulle, hinter dem Mord an Mattei in Italien, dem Mord an Martin Luther King usw.

LaRouches Erklärung, es gebe in den USA und auch in Großbritannien faschistische Denk- und Handlungsweisen in den dortigen politischen und militärischen Establishments, ist keine Übertreibung. Sieht man sich die Geschichte der nach dem Zweiten Weltkrieg organisierten und provozierten bewaffneten Konflikte an, so muß jedem klarwerden, daß derartige Operationen, in die meist die Geheimdienste verstrickt waren, jedem demokratischen Grundverständnis zuwiderlaufen. Um so schlimmer ist es, daß die Massenmedien fernab jeglicher Wahrheitsliebe in ihrer Berichterstattung bis heute so tun, als seien die Kriegstreiber — und George W. Bush und die hinter ihm stehenden Kräfte gehören zweifellos dazu — Vertreter friedliebender, demokratischer Auffassungen. Das genaue Gegenteil ist der Fall: Es geht um Unterdrückung, Expansion und Aggression, um die Ausbeutung und Unterdrückung von schwächeren Völkern, um die dauerhafte Inbesitznahme von Bodenschätzen und Einflußsphären — und das alles im Namen von Recht und Freiheit!

Erfreulicherweise führt Lyndon LaRouche, ein Amerikaner, in bezug auf Teile des US- und britischen Establishments das Wort Faschismus im Mund. Man stelle sich vor, ich, ein Deutscher, hätte behauptet, die derzeitige (Außen-)Politik der USA wiese faschistische Züge auf. Man hätte mich unangespitzt in den Boden gerammt! Auch der einstigen deutschen Ministerin Däubler-Gmelin war ja ein solcher Vergleich zum Verhängnis geworden, hatte sie doch (angeblich) behauptet, daß es eine Ähnlichkeit zwischen den Bush'schen und den Hitler'schen Methoden in der Außenpolitik geben würde.

LaRouche blieb allerdings nicht nur bei Allgemeinplätzen. In seinem Vortrag nannte er auch die Namen von Personen und Organisationen, die sich in den USA faschistischen Denkweisen verpflichtet fühlen:

»Es gibt also in gewisser Hinsicht eine faschistische Bewegung in den USA, mit einem Schwerpunkt im Militär. Die Urheber dieser Politik sind die rassistischen Nashville-Agrarier, die 1928 von Enkeln der Ku-Klux-Gründer ins Leben gerufen wurden. Der Anführer dieser Gruppe war William Yandell Elliott, ein selbsterklärter britischer Agent, der in Harvard Regierungswesen lehrte. Elliott förderte in Harvard Leute wie Henry Kissinger, Zbigniew Brzezinski, Samuel Huntington u. a. Hinzu kommen einflußreiche Stiftungen und Institute wie die *Smith-Richardson-Stiftung*, die *Mont-Pèlerin-Gesellschaft*, die *Heritage Foundation*, das *American Enterprise Institute*, die *Olin-Stiftung* u. a. Diese Stiftungen sind mit einflußreichen Finanziersinteressen, Anwaltskanzleien und Buchhaltungsfirmen verbunden, die zum großen Teil die amerikanische Politik bestimmen. Diese Leute unterstützen die Politik, die unter den beiden aufeinanderfolgenden Nationalen Sicherheitsberatern Henry Kissinger und Zbigniew Brzezinski konsolidiert wurde.«

Schon vor einigen Jahren, als ich Bücher und Artikel aus der Hand der beiden letztgenannten Personen las, konnte ich mich des Eindrucks nicht erwehren, daß es sich um politische Extremisten handelte, die ungestraft ihre Auffassungen in der Öffentlichkeit verbreiten durften. Bis auf wenige Ausnahmen schien niemand zu bemerken, welch aggressive Zielsetzungen sowohl Kissinger als auch Brzezinski in ihren Schriften durchblicken ließen. Die deutschen Medien waren auf diesem Auge völlig blind. Hätte ein deutscher Rechtsaußen dieselben Auffassungen verbreitet, er wäre auf dem Scheiterhaufen der Medieninquisition verbrannt und hätte zuvor möglicherweise noch eine Anzeige wegen Volksverhetzung riskiert. Doch Kissinger und Brzezinski? Die wurden im allgemeinen für ihre Elaborate gelobt, kamen sie doch aus einer befreundeten Nation.

Brzezinski, ehemaliger Sicherheitsberater, schrieb ein Buch mit dem unmißverständlichen Titel »Die einzige Weltmacht — Amerikas Strategie der Vorherrschaft«. Muß ein solcher Titel bei allen Nichtamerikanern nicht geradezu provozierend wirken? Ist er nicht ein deutliches Zeichen für den amerikanischen Dünkel, andere Völker seien außerstande, ihre Probleme zu lösen? Ist er nicht ein Ausdruck von Arroganz und Überheblichkeit, genau wie die Formulierung »Am deutschen Wesen soll die Welt genesen«?!

Man kann den Medienvertretern nur empfehlen, nicht alles, was über den Großen Teich auf uns niederprasselt, ungefiltert für gut zu befinden. Faschistisches Gedankengut bleibt auch dann faschistisch, wenn es von Vertretern des amerikanischen Verbündeten verbreitet und unter dem Deckmantel von Recht, Ordnung und Demokratie präsentiert wird. LaRouche schreibt weiter:

»Was sind die Ziele dieser Leute? Nehmen wir einen Mann, der eng mit Henry Kissinger verbunden ist: Michael Ledeen. Ledeen hat in der Schweiz eine Doktorarbeit zum Thema ›Universalfaschismus‹ geschrieben. Während Hitler und Mussolini dachten, Faschismus wäre jeweils nur für eine Nation, meinten diese Leute: ›Nein, das ist nicht gut genug. Wir werden alle Nationalstaaten beseitigen und ein Weltreich des Universalfaschismus haben, das mit militärischen Mitteln nach dem Vorbild der römischen Legionen, Napoleons Grande Armée und der Waffen-SS beherrscht wird.‹ Das mit der Waffen-SS haben sie nicht laut gesagt, weil man das als ›geschmacklos‹ angesehen hätte; aber wenn man ihre Bücher liest, ihre Ziele studiert, ihre Aktivitäten betrachtet und die Politik ansieht, die Leute wie Wolfowitz, Richard Perle oder John McCain und Joe Lieberman betreiben, ergibt sich genau dieses Bild des Universalfaschismus.«

Dem muß nichts hinzugefügt werden.

»... Welche Ziele verbergen sich hinter den Anschlägen vom 11. September? ... Man fragt sich: ›Welchem Ziel dient das? Worauf läuft das hinaus?‹ Die Antwort ist jetzt offensichtlich, die Sache wird jetzt ganz offen ausgetragen: Werden die USA mit einer Legion aus Amerika und vielleicht noch anderen Ländern den Irak, Somalia, den Iran, Korea, und vielleicht auch China angreifen? Das ist Wolfowitz' Politik! Das ist die Politik von Brzezinski und anderen: der ›Kampf der Kulturen‹.

... So kam der 11. September. Warum? Eben weil das System bereits zerfiel. Denken wir daran, was dem bedauernswerten Präsidenten George W. Bush zugestoßen ist. Er war am 11. September in Florida, als es losging. Offenbar sollten auch er und andere – nicht nur die Menschen in New York City, im Pentagon und anderswo – sterben bei diesem Staatsstreich der ... Militärfraktion. Da hatte Bush eine Art Erleuchtung. Er sitzt da in Florida, er weiß, er ist der Präsident der Vereinigten Staaten, und das ist für so einen Jungen aus Texas das Allergrößte: ›Ich habe jetzt die Macht!‹ Und dann, von einem Augenblick auf den nächsten, fühlt er sich plötzlich wie ein Nichts! Er fliegt nach Louisiana; er fliegt zum Kernwaffenzentrum, dem ›Weltuntergangs-Hauptquartier‹, Offutt/Nebraska. Und während dieses Fluges nach Nebraska ruft ihn der russische Präsident an. ... Da hatte Bush seine ›Erleuchtung‹. Der Präsident der einzigen anderen ernstzunehmenden Atommacht auf diesem Planeten, Rußland, stellte sich hinter den Präsidenten der USA und half ihm aus der Patsche. Und so geschah das Unwahrscheinliche: George W. Bush begriff das. Und für den Augenblick besserte das die Dinge einigermaßen.«

LaRouche will damit sagen, daß George W. Bush, um zu überleben, den einzigen möglichen Schachzug einleitete und mit Putin kooperierte. Doch damit kam er nicht weit. Er mußte, um der Bedrohung aus dem Hintergrund Herr zu werden, entweder abtreten (was er nicht tat) oder letztlich das Heft des Handels selbst in die Hand nehmen und sich vor den Karren derjenigen Kräfte spannen lassen, die verdeckt aus dem Hintergrund operierten:

> »Doch dann spielte Bush mit – er war vor Schrecken wie gelähmt. Seine Berater drängten ihn zum Afghanistan-Krieg – den er niemals hätte anfangen dürfen! ...
> Man hat den Präsidenten dazu überredet. Seine Berater meinten, das wäre schlau gedacht: Amerika kann nicht mehr als einen Krieg auf einmal führen, also beißt man sich in Afghanistan fest. ... Damit wurde das, was die Leute hinter dem 11. September erreichen wollten, zunächst einmal hinausgeschoben. Was war die Stoßrichtung unmittelbar nach den Anschlägen? Daß die USA zusammen mit Scharon und den israelischen Streitkräften einen weltweiten Religionskrieg beginnen sollten. Dies war schon klar, bevor Scharon Ministerpräsident wurde, als er sich mit seinem ›Besuch‹ des dritthöchsten Heiligtums des Islam, den Haram Al Scharif, durchsetzte. Wenn man einen der heiligsten Orte einer der großen Weltreligionen entweiht, gleichzeitig massenweise palästinensische Araber ermordet und den Islam zur großen Bedrohung erklärt, dann entfesselt man einen weltweiten Religionskrieg wie in Europa im Mittelalter ... Die Besonderheit des Religionskrieges ist, daß er niemals wirklich aufhört ... Wer einen Religionskrieg anzettelt, steckt die Zivilisation in Brand!«

LaRouche meint, daß es genau das sei, was die Leute hinter den Anschlägen des 11. September 2001 bewirken wollen. Es existiere »eine Partnerschaft zwischen den Kräften, die hinter den Anschlägen vom 11. September stehen, denjenigen Kräften, die den 11. September für einen weiteren Vorstoß im ›Kampf der Kulturen‹ benutzten, und schließlich denjenigen in Israel, die — wie sie selbst zugeben — gegen die Palästinenser mit denselben Methoden vorgehen wie die Nazis gegen das Warschauer Ghetto«. Laut LaRouche bilden diese drei genannten Elemente nunmehr eine Einheit:

> »Die Militäroperation, der Putschversuch, ist der Zünder, der ›Kampf der Kulturen‹, der seither propagiert wird, ist die Bombe, und das dritte ist die Mitwirkung der Regierung Scharon in Israel, gegen die jetzt auch die Israelis selbst Widerstand leisten.
>
> ...
>
> Warum sind diese drei Elemente jetzt zusammengekommen? Weil die Wirtschafts- und Finanzkrise drängt. Das gegenwärtige Finanz- und Währungssystem ist todgeweiht ... 1995–1996 sagte ich voraus, daß wir in eine neue Zusammenbruchsphase des Weltwährungssystems der Zeit nach 1991 einträten. Derzeit droht — vielleicht nicht morgen, aber als anhaltender Prozeß — ein kettenreaktionsartiger Kollaps.«

LaRouches Aussagen sind an Deutlichkeit nicht mehr zu übertreffen, erklären aber auch die momentane Situation der Vereinigten Staaten von Amerika. Wirtschaftlich und finanziell durch eine enorme Verschuldung am Ende, versuchte eine Gruppe einflußreicher Personen, deren Denken im Universalfaschismus verwurzelt ist, einen Staatsstreich. George W. Bush, der plötzlich begriff, daß dieser Putsch auch gegen ihn gerichtet war, sprang auf den fahrenden Zug auf und bezog — für die Öffentlichkeit kaum merklich — eine neue (radikalere) Position.

Die ganze Situation resultiert aus schweren Fehlern, die während der Vergangenheit gemacht wurden. Eine ähnliche Situation mit einem drohenden Staatsstreich hatte es bereits zu Zeiten von Franklin D. Roosevelt Ende der 1930er, Anfang der 1940er

Jahre gegeben, die durch eine geschickte Politik gemeistert werden konnte. Nach dem Ende des Zweiten Weltkrieges waren die Vereinigten Staaten von Amerika zu einer mächtigen Nation aufgestiegen, die ihre Position — nicht zuletzt durch die Übernahme einer Vielzahl deutscher Technologieentwicklungen — weiter ausbauen konnte.

Doch dann gab es einen Kurswechsel in der amerikanischen Politik, der sich als Fehler erweisen sollte. Als Roosevelt starb, beschlossen der neue US-Präsident Truman wie auch der britische Premier Churchill, viele politische Planungen Roosevelts außer Kraft zu setzen und dafür eigene Strategien zu entwickeln. Roosevelt hatte beispielsweise erwogen, mit dem Ende des Zweiten Weltkrieges auch das noch bestehende Kolonialsystem verschiedener Nationen aufzulösen. Darüber hinaus sollten die USA mit ihrer für die damalige Zeit enormen wirtschaftlichen und finanziellen Stärke, die sie nicht zuletzt der Teilnahme am Krieg zu verdanken hatten, für den Wiederaufbau der zerstörten Volkswirtschaften Kontinentaleuropas sorgen und auch in Afrika und anderswo große Infrastrukturprogramme in Gang bringen. Die ehemaligen Kolonialvölker sollten, so die Roosevelt-Planungen, das Recht auf eine Volkswirtschaft auf dem Niveau der USA zugestanden bekommen, was auch das Recht auf gleichberechtigten Zugang zu der Technik, die sie brauchten, einschloß.

Die Geschichtsschreibung lehrt, daß es zur Verwirklichung dieser Planungen niemals kam, insbesondere, weil die Vereinigten Staaten z. B. eifersüchtig bemüht waren, technische und technologische Informationen für sich zu behalten, um ihren Vorsprung auf diesem Gebiet zu zementieren. Politisch stellte sich der neue US-Präsident Truman hinter Großbritannien, das während des Zweiten Weltkrieges massiv an Einfluß verloren hatte und nun versuchte, den Kolonialismus wieder einzuführen. Von diesem Beispiel inspiriert, versuchten auch andere Heimatländer des Kolonialismus eine Wiederherstellung ihrer Einflußsphären zu erreichen, notfalls mit Waffengewalt.

Das in der Zeit nach dem Krieg etablierte System, von Lyndon LaRouche als das »Bretton-Woods-System der festen Wechselkurse und einer Goldreserve-Politik« bezeichnet, brachte der Bevölkerung in den USA und in anderen Staaten, die daran teilhaben konnten, deutlich verbesserte Lebensbedingungen. Ab Mitte der 1960er Jahre begann jedoch ein entgegengesetzter Trend: In der amerikanischen Wirtschaft gab es seit 1971/72 kein realwirtschaftliches Nettowachstum mehr. Man hätte während dieser und der nachfolgenden Zeit noch vieles zum besseren wenden können, doch es geschah nichts. LaRouche meint dazu:

»Die schlimmste Katastrophe für Amerika war Jimmy Carter. Carter war ein Geschöpf Brzezinskis, und Brzezinski, müssen Sie wissen, ist verrückt. Carter fügte der Wirtschaft Amerikas in vier Jahren mehr Schaden zu als alle anderen Präsidenten mit noch so schlechten Absichten in der ganzen Nachkriegszeit. Die ›Deregulierung‹, die Politik der ›kontrollierten Desintegration der Weltwirtschaft‹ von (Notenbankchef) Volcker, usw. – diese gesamte Politik wurde unter Leitung Brzezinskis entworfen. Und sie ruinierte die Vereinigten Staaten. Seither geht es immer weiter bergab.

Dann kam 1989–1991 die Auflösung des sowjetischen Systems. Da beschlossen die Vertreter angloamerikanischer Interessen hinter dieser ganzen, gegen Roosevelt gerichteten Politik, ein neues Weltreich – eine ›neue Weltordnung‹ – aufzubauen. Sie wollten die Institution des Nationalstaats abschaffen und mit Freihandel, Globalisierung, Deregulierung, ›New Economy‹ und ähnlichen Betrügereien ein weltweites Imperium aufbauen, das von einer angloamerikanischen, im wesentlichen militärisch organisierten Macht, ähnlich den römischen Legionen oder der Idee der Waffen-SS bei den Nazis, beherrscht werden sollte.«

Ich hatte bereits in einem anderen Zusammenhang die von
vielen so hochgelobte Globalisierung als höchste Form des Faschismus bezeichnet, ohne daß ich seinerzeit die Thesen Lyndon
LaRouches kannte. Die Propagandisten der Globalisierung ver-
sprachen Wohlstand, Glück und Deregulierung, in Wirklichkeit
jedoch verschärften sich die ohnehin bestehenden Widersprüche noch deutlicher: die Reichen wurden noch reicher, während
die Einkommensschwachen jährlich einen realen Kaufkraftver-
lust für sich registrieren mußten. Auch sonst ist alles ins Rut-
schen geraten, was einer hochentwickelten Zivilisation wertvoll
sein sollte: Moral, Bildung, die Erziehung der Jugend — alles
verflacht zusehends, während in Politik und Wirtschaft ein Kor-
ruptionsskandal nach dem anderen aufgedeckt wird. Wer nun
glaubt, daß sich diese globale Entwicklung unter den bestehenden Finanz- und Politikverhältnissen eines Tages umkehren
lassen würde, ist ein unverbesserlicher Optimist. Solange nicht
zu einem Modell zurückgefunden wird, das funktioniert (es muß
ja nicht perfekt sein) und der breiten Masse der Menschen
Wohlstand und eine Vision bringt, besteht keinerlei Hoffnung für
eine allgemeine Besserung der Situation. Im Gegenteil, einige
Wirtschaftsstrategen behaupten, daß infolge des Globalisierungs-
trends in vielleicht zwanzig bis dreißig Jahren nur noch ein
Fünftel der beschäftigungsfähigen Bevölkerung eines Landes
Arbeit haben wird. Diese 20 Prozent werden ausreichen, um die
benötigten Waren und Dienstleistungen zu produzieren. Beinahe zwingend stellt sich die Frage, was mit dem »Rest« geschehen soll. Will man den übergroßen Teil der Menschen mit »Brot
und Spielen« ruhigstellen oder jeden Morgen zur Einnahme von
Medikamenten verpflichten, die das Leben erträglich werden
lassen? Niemand hat wirklich realisierbare Antworten auf diese
Fragen, es sei denn — und darauf werde ich in diesem Buch an
entsprechender Stelle noch eingehen — man sucht nach Mitteln
und Möglichkeiten einer gezielten »Ruhigstellung« der Massen
durch Bewußtseinskontrolle und Verhaltensbeeinflussung. Doch

ist das eine Lösung für intelligente Lebewesen? Es wird wohl die einzige Lösung sein, solange die Menschen nicht erkennen, wohin die Reise geht — um aufzubegehren. Wenn das Individuum erkannt hat, daß es belogen und betrogen wurde, wird es sich nicht mehr der öffentlichen Meinung unterwerfen, die auch LaRouche für den Weg in den Abgrund verantwortlich macht:

»… Solange das Volk sich der öffentlichen Meinung unterwirft, sind die USA zum Untergang verurteilt. Nur eine abrupte, revolutionäre Veränderung der öffentlichen Meinung kann die USA jetzt noch vor der Hölle auf Erden bewahren. Diese Hölle ist der drohende ›Krieg der Kulturen‹. Europa ist kurz davor, sich von den USA zu entfernen. Vielleicht kommt es nicht dazu, aber Europa droht mit etwas, womit es seit über 50 Jahren nicht gedroht hat: sich von der Macht der Vereinigten Staaten loszusagen. Denn Europa weiß, daß die USA zum Untergang verurteilt sind, und überlegt nun, ob es den Mut hat, sich diesem Untergang zu entziehen.«

LaRouche spricht damit ein heikles Thema an: In den letzten Monaten wurde offensichtlich, daß es nicht nur unterschiedliche Meinungen zwischen dem »alten« Europa und den USA gibt, sondern daß einige europäische Nationen, besonders Frankreich und Deutschland, bereits dabei sind, einen tiefen Graben zwischen sich und den USA zu ziehen. Das ist auch kein Wunder angesichts der Gefahren, die durch eine verfehlte Politik der Vereinigten Staaten von Amerika für Europa heraufbeschworen werden. Frankreich und Deutschland können auf lange, teils unrühmliche geschichtliche Erfahrungen zurückblicken, um einschätzen zu können, ob man sich aus dem amerikanischen Abenteuer heraushalten sollte oder nicht. Schade nur, daß eine ganze Reihe europäischer Nationen bzw. deren politische Führer nicht begriffen haben, was die Stunde geschlagen hat: Spanien, Tschechien, Polen — um nur einige zu nennen — plädieren beispielsweise für einen Krieg der USA gegen den Irak und schlagen sich somit auf die Seite einer Nation, die, wenn sie nicht geschickt agiert, in Zukunft in Bedeutungslosigkeit versinken könnte. Möglicherweise haben die USA die Zustimmung der acht europäischen Länder für ihre Interventionspolitik auch erkauft, indem sie entsprechende Gegengeschäfte nach dem Krieg angeboten haben. Man kennt eine solche Verfahrensweise ja aus dem zweiten Golfkrieg, als die Verbündeten auf Kurs gebracht werden mußten.

Was die politisch Verantwortlichen in den acht EU-Staaten nicht begreifen, ist, daß sie wirtschaftlich u. a. von den deutschen EU-Netto-Zahlungen abhängig sind, also bildlich gesprochen jene Hand schlagen, die ihnen das Geld gibt. Vielleicht sollte man einmal darüber nachdenken, einigen gar zu forsch agierenden Politikern im europäischen Ausland den Geldhahn abzudrehen. Auch so könnte man Europa auf einen Kurs bringen ...

Völlig unbegreiflich sind aber auch die Handlungsweisen einiger deutscher Politiker, vor allem aus dem CDU/CSU-Lager, die das Wort »christlich« in ihrer Parteibezeichnung führen. Man ist an die Einpeitscher erinnert, die vor den mittelalterlichen Kreuzzügen möglichst viele Freiwillige für die Befreiung Jerusalems zu rekrutieren versuchten. Ob die modernen deutschen Kreuzzügler in CDU und CSU wirklich den USA so zugetan sind, wie sie behaupten, möchte ich allerdings stark in Zweifel ziehen. Die Angst vor einem Bruch mit den USA resultiert wohl eher aus den befürchteten wirtschaftlichen Konsequenzen für Deutschland, zumal unser Land eine Exportnation ist. Gewiß, einige amerikanische Medien riefen schon dazu aus, bestimmte deutsche Produkte zu meiden, man darf aber in diesem Zusammenhang nicht vergessen, daß die Propaganda das eine ist, die USA zum anderen aber ein Außenhandelsdefizit beträchtlichen Ausmaßes vorzuweisen haben, das sie *zwingt*, bestimmte Waren im Ausland zu kaufen (eben auch qualitativ hochwertige Fahrzeuge aus deutscher Produktion). Und: Sollte der bevorstehende Irak-Krieg auf die USA zurückschlagen, dann werden die Folgen auch für die deutsche Volkswirtschaft noch viel massiver sein als das, was gegenwärtig bei einer friedlichen Regelung des Irak-Problems auf die BRD zukommen könnte. Genaugenommen heißt es, die USA vor sich selbst zu schützen, denn die Folgen eines Krieges, der auch immer ein finanzielles und menschliches Abenteuer ist, sind vielleicht nicht mehr kontrollier- und steuerbar. In ähnlicher Form äußerte sich auch Lyndon LaRouche, wenn er in bezug auf die USA und ihre Bevölkerung sagte:

»Wenn man erkennt, daß die ganze Nation sich wie die sprichwörtliche Herde Lemminge verhält, die bereit ist, über die Klippe zu springen, dann gibt man nichts mehr auf die Meinung der Lemminge. Wer sich ernsthaft Sorgen um die Lemminge macht, der muß versuchen, ihre Meinung zu ändern, und darf dabei nicht zimperlich sein, wenn ihre derzeitige Meinung zur Sprache kommt. Das ist jetzt unsere Aufgabe.«

Bezugnehmend auf die Nachkriegsgenerationen, zu denen in den USA die sogenannten »Babyboomer« oder in Deutschland die »68er« gehören, meint LaRouche, daß diese keinerlei Ahnung hätten, was in der Welt wirklich geschähe, denn andernfalls hätten sie solche Entwicklungen wie die Globalisierung niemals zugelassen:

»Wir hätten nicht zugelassen, daß jemand unsere Arbeitsplätze nach Übersee verlagert, daß die Infrastruktur zerstört wird usw. Wir hätten es einfach nicht toleriert. Aber Sie, die Jüngeren, haben es. Sie glauben, gewisse Dinge (Globalisierung usw.) seien unausweichlich, es sei nicht mehr umkehrbar, und Sie müßten sich damit abfinden.
…
Aber vor uns liegt auch eine Chance, wenn Teile der jüngeren Generation wieder zu Verstand kommen und erkennen, daß die derzeitigen politischen Parteien nichts

taugen. Es gibt ehrenwerte Leute in diesen Parteien, auch auf der Führungsebene, aber als organisierte Institutionen sind sie heute zu angepaßt ... Wenn diese Parteien in ihrem gegenwärtigen Zustand die Zukunft gestalten müßten, dann würde man zu dem Schluß kommen, dieses Land und diese Zivilisation seien nicht zu retten.«

LaRouche kritisiert aber nicht nur, sondern versucht auch Lösungswege aufzuzeigen. Er fordert für die USA eine Rückkehr zu der Doktrin von Roosevelt, der schon in den 1930er Jahren vorgesehen hatte, das brachliegende menschliche und wirtschaftliche Potential zahlreicher Nationen vor allem im asiatischen Raum zu mobilisieren. Heute wird das Ganze, ergänzt um Europa, mit dem Begriff »eurasischer Wirtschaftsraum« bezeichnet. Und tatsächlich liegen hier die größten Reserven für eine florierende Weltwirtschaft der nächsten 20 bis 30 Jahre, die allerdings nicht mit dem Prinzip des Teilens und Herrschens zu bewerkstelligen ist, sondern eine menschenwürdige Ordnung einschließt*. Bevor eine solche Ordnung errichtet werden kann und bevor der eurasische Wirtschaftsraum zu blühen beginnt, muß aber meines Erachtens darüber nachgedacht werden, ob das ganze Unternehmen nur ein Rettungsanker für die kommenden zwei bis drei Jahrzehnte sein oder ob eine langfristige Lösung für die Menschheit angestrebt werden soll. In letzterem Falle nämlich müßte prinzipiell über das unsere Zivilisation immer wieder in Krisen stürzende Geldsystem nachgedacht werden, indem der Zins eine teuflische Rolle spielt. Nur wenn er beseitigt wird, hat unsere Zivilisation eine reale Chance auf dauerhaften Frieden.

---

* Wer den vollständigen Text des Lyndon-LaRouche-Vortrages abrufen möchte, der viele weitere wichtige Informationen enthält, kann dies im Internet tun unter http://www.bueso.de/seiten/larouche/lyn0206.htm.

Lyndon LaRouche ist nicht der einzige bekannte Kritiker der gegenwärtigen amerikanischen Innen- und Außenpolitik. Auch der norwegische Friedens- und Konfliktforscher Johan Galtung geht mit den USA scharf ins Gericht. Galtung wurde 1930 in Oslo geboren und gründete 1959 in Norwegens Hauptstadt mit dem Internationalen Friedensforschungsinstitut die erste europäische Organisation dieser Art. Im Jahre 1987 wurde er mit dem Alternativen Nobelpreis ausgezeichnet. Er unterrichtete in der Vergangenheit an zahlreichen Universitäten der Welt, darunter in Deutschland an der FU Berlin. Wenn er über die US-Politik spricht, wird er deutlicher als viele andere Kritiker und nähert sich dabei oft den LaRouch'schen Positionen an. Auch er meint, daß der Krieg gegen den Terror für die US-Regierung nur ein Vorwand sei. Früher mußte der Kommunismus für Interventionen der Supermacht herhalten, jetzt soll der Terrorismus die Lücke füllen. Galtung vertritt darüber hinaus die Auffassung, daß die USA einen Riesenfehler in ihrer Propaganda begehen würden, da sie nämlich die eigentlichen Ursachen für die Gewaltspirale ignorieren, die mit dem eigenen Weltherrschaftsstreben zusammenhängen, das Galtung als geofaschistisch brandmarkt. Er hofft, daß die Europäische Union eine Mittlerrolle zwischen den USA und der arabischen Welt übernehmen könne, und begrüßt das »Nein« des Bundeskanzlers zu einem Krieg gegen Irak. In einem Interview mit der *Tageszeitung* vom 28. September 2002 legte er seine Position wie folgt dar:

»Die Regierungen der USA und Großbritanniens wollen den Krieg. Der wohl einzige Weg, ihn noch zu verhindern, wäre, wenn alle Verbündeten dazu nein sagten. Für einen totalen Alleingang hat die US-Regierung nicht den Mut, weil sie Probleme mit ihrer eigenen Bevölkerung fürchten muß. Wie viele Menschen die USA im Irak töten, spielt für diese Geofaschisten keine Rolle. Ich benutze den Ausdruck ganz bewußt: Die USA sind ein geofaschistisches Land. Es ist auf der Weltebene faschistisch, obwohl es zu Hause demokratische Züge hat. Es ist ein Fehler zu glauben, bei Demokratie im Inland gibt es keinen Faschismus. Ich sehe Faschismus als Gewaltfrage: also bereit zu sein, eine beliebige Menge von Leben zu opfern zur Erreichung politischer Ziele; zu sagen, es gibt etwas Höheres als menschliches Leben. Die Schätzungen der von den USA weltweit getöteten Menschen seit dem Zweiten Weltkrieg schwanken zwischen 12 und 16 Millionen. Schon die niedrigere Zahl reicht mir für mein Urteil. Bei allen US-Interventionen geht es darum, das eigene ökonomische System zu befördern.«

Galtung verweist im weiteren darauf, daß das Argument seitens der amerikanischen Politik, der Irak müsse in jedem Falle angegriffen und entwaffnet werden, da er friedlich viel gefährlicher sei, nicht überzeuge. Dasselbe gelte nämlich für rund 60 weitere Staaten, die auf Washingtons Liste derer stehen, die angeblich Terroristen beherbergen. Deshalb sei es ein gefährliches Argument:

> »Cheney kann immer sagen, der Geheimdienst hätte herausgefunden, daß ein Nuklearwissenschaftler aus Rußland vor zwei Monaten mit einem Koffer reiste und niemand wisse, was in dem Koffer sei. Genauso kann er immer sagen, es fehle hochangereichertes Uran irgendwo in Kasachstan. Denn bestimmt fehlt dort irgend etwas. Gerade weil das Argument immer gilt, besagt es nichts. Man muß doch klare Beweise haben, bevor man mehrere hunderttausend Iraker tötet. Beim letzten Golfkrieg starben 320 000 Iraker: 180 000 Zivilisten und 140 000 Militärs.«

Aber darum gehe es nach Meinung von Galtung letztlich nicht. Wichtiger sei die Kontrolle über Teile des Nahen und Mittleren Ostens, nachdem man jetzt bereits die Kontrolle über Teile

Europas ausübe. Galtung behauptet, daß die US-Planungs-
strategen nach der alten geopolitischen These ihres Vorbildes
McKinders verfahren würden: Wer Osteuropa beherrscht, beherrscht Zentralasien. Wer das beherrscht, beherrscht die »Welt-
insel« Eurasien. Wer Eurasien beherrscht, beherrscht die Welt
(daher haben sich die Vereinigten Staaten auch im Jugoslawien-
Krieg massiv eingemischt – Anm. d. Verf.). Der Krieg gegen den
Terrorismus sei also kaum mehr als ein Alibi. Vordergründig
gehe es jetzt erst einmal darum, die Ölfelder in einem »arabischen Protektorat« zu kontrollieren, wie dies Großbritannien
während seiner Kolonialzeit im Jahre 1898 mit Kuwait vorge-
macht habe. Das Ziel eines Mannes wie Wolfowitz, des stellver-
tretenden Verteidigungsministers der USA, sei ein Regimewechsel
in allen 22 arabischen Ländern.

Johann Galtung wurde auch zu den Folgen eines Angriffs der
USA auf den Irak befragt, insbesondere zu den möglichen Auswirkungen auf Israel und die Palästinenser. Während er eine
Vergeltung des Irak gegen Israel für eher unwahrscheinlich hält,
glaubt er aber, daß den Palästinensern in einem solchen Konflikt
die Deportation droht:

> »Der Plan ist, daß Scharon zwei Millionen Palästinenser
> über den Jordan abschiebt, also eine mögliche Verwirrung
> durch den Irak-Krieg ausnutzt, um die Palästinenser loszu-
> werden. Das dürfte mit Washington abgesprochen sein.
> Irak möchte die arabische Nation sein, die noch dagegen-
> hält.«

Galtung hält in diesem Zusammenhang Israel übrigens für die
Nation, die als »kleiner Satan« (im Vergleich zur USA) besonders
beobachtet werden müsse. Alles, was George W. Bush in seiner
Rede vor der UNO gesagt habe, treffe zehnmal mehr auf Israel
als auf den Irak zu. Besonders sei dabei an Massenvernichtungswaffen aller Art zu erinnern. Diese Ungleichbehandlung beschä-
dige die UNO, deren Resolutionen gegen Israel bisher wirkungs-

los verpufft seien. Galtung wörtlich: »Ich bin gegen den Fundamentalismus, zu glauben, daß man auserwählt ist. Der einzige Weg ist Gleichbehandlung.«

Zur Ablehnung einer deutschen Beteiligung an einem Irak-Krieg, selbst im Falle eines Mandats der UNO, äußerte Galtung ebenfalls eine klare Position:

»Das ist wunderbar. Schröder hat gesagt, und ich hatte das auch schon mal geschrieben: Ein Freund ist derjenige, der dir sagt, wenn du auf Abwegen bist. Ein Feind ist derjenige, der zu allem applaudiert, auch zu völlig irrsinnigen Sachen. Bush hat zwei merkwürdige Freunde: Aznar und Berlusconi. Die kommen beide von faschistischen Zweigen ihrer Parteien mit alten faschistischen Traditionen. Ich warne vor solchen Freunden und sage: Kanzler Schröder ist der einzige Proamerikaner in dieser Bande. Ich hätte seine Äußerungen aber auch gern von seinem Außenminister Joschka Fischer gehört.«

Soweit Johan Galtung, der — wie man unschwer erkennen kann — in diesen schweren Zeiten keinen Hehl aus seinen Überzeugungen macht. Obwohl mit ihm in weiten Teilen übereinstimmend, sehe ich mich dennoch veranlaßt, eine seiner Aussagen zu kommentieren bzw. zu ergänzen — und zwar in bezug auf den deutschen Bundeskanzler Gerhard Schröder. Galtung hat unzweifelhaft recht, wenn er sagt, Schröder sei ein Proamerikaner. Besonders deutlich wurde das unmittelbar nach den Geschehnissen vom 11. September 2001, als der deutsche Bundeskanzler den USA uneingeschränkte Solidarität und Unterstützung im Kampf gegen den Terrorismus zugestand, womit er äußerst voreilig war, denn er reagierte damit rein gefühlsmäßig und nicht auf Basis von Fakten. Die Logik, die für einen Staatsmann charakterisierend sein sollte, blieb dabei auf der Strecke, denn Schröder war nicht im Besitz von Beweisen, die darüber hätten Auskunft geben können, ob es wirklich Terroristen waren, die das WTC und das Pentagon angegriffen hatten — oder ganz jemand anders. Um so mehr erstaunte mich, daß angesichts dieses perfekten Schulterschlusses dann vor den Bundestagswahlen die plötzliche Kehrtwende kam: Schröder erklärte auf einer Wahlkampfveranstaltung, Deutschland werde sich weitestgehend aus einem möglichen Irak-Krieg heraushalten! Die Amerikaner waren wie vom Donner gerührt, denn eine solche Aussage von einem ihrer treuesten Verbündeten hatten sie nicht erwartet. Schließlich waren die deutschen Politiker doch stets auf der Seite der USA gewesen, so daß mancher Beobachter den Eindruck hatte, daß die BRD der fehlende Stern auf dem Sternenbanner der USA sei ... Schröder verstieß darüber hinaus gegen die guten Sitten und plautze mit seiner Meinung einfach so heraus — ohne die sonst üblichen vorherigen Konsultationen oder diplomatischen Gepflogenheiten. Gewiß, viele haben später behauptet, diese Aussage, Deutschland werde nicht mit in den Krieg ziehen, sei aus wahlkampftaktischen Gründen erfolgt. Daran mag sicherlich ein Körnchen Wahrheit sein. Doch war es auch der wirkliche Auslöser für diesen Meinungsumschwung? — Nein, das war es nicht. Die wirklichen Gründe für den Schwenk liegen andernorts und sind bis heute öffentlich nicht bekannt geworden. Ich will dazu nur soviel wissen lassen: Bereits einige Monate, *bevor* der Kanzler die amerikanischen Verbündeten brüskierte, erhielt ich eine Information, daß das Verhältnis zwischen USA und Deutschland bald einer Belastungsprobe ausgesetzt werde. Ich konnte mir damals noch keinen rechten Reim darauf machen, mußte aber kurz vor der Bundestagswahl erkennen, daß meine Quellen über scheinbar prophetische Gaben verfügten, hatten sie doch mitgeteilt, daß bald öffentlich bekanntgegeben würde, daß Deutschland sich zumindest truppenmäßig nicht am Irak-Konflikt beteiligen werde, denn in Berlin seien Vertreter des deutschen Adels vorstellig geworden und hätten dort mit der Faust auf den Tisch geschlagen. Wer immer diese Herren (und Damen?) auch gewesen sein mögen, es bleibt festzuhalten, daß mitunter hinter politischen Entscheidungen 1) ganz andere Kräfte stecken als die, die immer nur offensichtlich sind, und 2) daß diese Gruppierungen genau das tun, was richtig ist: Deutschland aus dem Krieg gegen den Irak herauszuhalten, denn unsere Nation hat schließlich zwei Weltkriege verloren und sollte sich davor hüten, in weitere Konflikte hineingezogen zu werden, vor allem solche, mit denen die Bundesrepublik rein interessensmäßig nichts oder nur wenig zu tun hat.

Die führenden amerikanischen Politiker waren aber auch noch aus einem anderen Grund über das deutsche Verhalten erschrocken. Die Äußerungen Gerhard Schröders in bezug auf das »Nein« zum Irak-Krieg sorgten dafür, daß Rot-Grün nochmals an die Ruder der Macht gelangte. Und genau das war nicht geplant. Wie geplant? werden Sie jetzt fragen, immer darauf hoffend, daß bei den letzten Bundestagswahlen alles mit rechten Dingen zugegangen sei. Es ist schnell erklärt: In einem Interview mit dem Nachrichtensender N24, das am 5. März 2003 live gesendet worden war, rutschte Donald Rumsfeld, seines Zeichens Verteidigungsminister der USA, bezüglich der Probleme mit Deutschland die Bemerkung heraus, daß ja eigentlich ein anderer Kanzler abgesprochen gewesen sei ... Ich dachte zunächst, mich verhört zu haben, doch auch andere hatten diesen Satz vernommen und mich tags darauf angerufen. In mir verfestigt sich mehr und mehr der Eindruck, daß gewisse Kräfte in den Vereinigten Staaten — um mit Franklin D. Roosevelt zu sprechen — wirklich alles von langer Hand vorzubereiten versuchen!

Unabhängig davon kann ich die Position Gerhard Schröders in der Irak-Frage nur unterstützen — auch wenn ich sonst wenig von rot-grüner Politik halte. Es ist ohnehin schon schlimm genug, daß deutsche Truppen in den letzten Jahren bei verschiedenen Konfliktherden als verlängerter Arm fremder Mächte agieren mußten, wobei man weder über die militärisch-logistische Eignung dafür verfügt, noch rein historisch betrachtet dazu geeignet ist. Zudem ist es noch gar nicht so lange her, daß die Gegner von einst und Verbündeten von heute uns als »Krauts« und »Nazis« verunglimpften. Deutschland muß angesichts der Lehren aus seiner jüngeren Vergangenheit — ob man will oder nicht — in der Frage militärischer Auseinandersetzungen eine Sonderrolle einnehmen, solange es nicht selbst angegriffen wird. Wer das nicht begreift — und US-Verteidigungsminister Rumsfeld gehört zu denen, die rein gar nichts begreifen wollen oder können — soll sich bitteschön freiwillig beim nächsten Kriegseinsatz melden und an vorderster Front kämpfen, um persönlich zu erleben, was es heißt, Krieg zu führen. Noch besser wäre es, wenn Rumsfeld dabei auf der Seite der Verlierer kämpfen müßte, denn vielleicht würde ihm dann klarwerden, daß Deutschland zu recht eine Sonderrolle einnehmen muß.

Wer ist George W. Bush wirklich?
Geheimorden, Elitedenken, verdeckte Finanz-, Wirtschafts- und Bevölkerungspolitik und der Griff nach der Weltherrschaft

»Die US-Wirtschaft wird große und ansteigende Erdölmengen aus dem Ausland benötigen, vor allen Dingen aus den unterentwickelten Ländern. Durch diese Tatsache ergeben sich erhöhte Interessen der USA an der politischen, wirtschaftlichen und sozialen Stabilität der (das Erdöl) besitzenden Staaten. Wo immer eine Verminderung der Bevölkerung die Aussichten auf solch eine Stabilität erhöhen kann, wird die Bevölkerungspolitik in bezug auf Ressourcen, Bodenschätze und wirtschaftliches US-Interesse relevant.«

Henry Kissinger
(*The National Security Council.* NSSM 200 — »Implications of Worldwide Population Growth for US-Security and Overseas Interests«, Washington D. C., The White House, 10/12/1974)

Wer sich nicht intensiv mit der US-amerikanischen Politik auseinandersetzt, hat möglicherweise bis heute nicht begriffen, daß die Ambitionen eines George W. Bush die direkte Fortsetzung einer aggressiven imperialen Politik sind, die beinahe alle früheren US-Präsidenten und ihrer Hintermänner vertreten haben — wenn auch nicht immer in so offener Form, wie das der heutige Präsident der Vereinigten Staaten tut.

Das Zitat Henry Kissingers dokumentiert aber überdeutlich, daß bereits vor beinahe 30 Jahren unmißverständliche Ziele formuliert wurden, die eine Sicherstellung der weltweiten US-Interessen betrafen und die — man mag es kaum glauben — sogar Pläne beinhalteten, notfalls bevölkerungsreduzierende Maßnahmen zu ergreifen, wenn es galt, die globalen Ziele der Vereinigten Staaten zu garantieren.

Das Ganze sieht so aus, als stecke hinter den momentanen Entwicklungen ein Plan, dessen einzelne Punkte bereits vor langer Zeit beschlossen wurden. Diese Vermutung erfährt eine Bestätigung, wenn man sich die Familiengeschichte des Bush-Clans ansieht, wobei an dieser Stelle nur auf einige besonders merkwürdig erscheinende Aspekte eingegangen werden soll. Dabei muß betont werden, daß von der Bush-Administration nicht nur außenpolitisch ein Konfrontationskurs verfolgt wird, sondern daß auch innenpolitisch zahlreiche Änderungen forciert wurden, die zu Lasten der Sozialleistungen oder des Umweltschutzes gingen.

Ganz allgemein ist seit einigen Jahrzehnten eine Entwicklung in den USA zu beobachten, die darauf hindeutet, daß das außenpolitische Expansionsstreben innenpolitisch von Maßnahmen begleitet wird, die unter gewissen Umständen die demokratischen Freiheiten und Rechte der Bevölkerung massiv beschneiden können. Darauf wird an entsprechender Stelle noch einzugehen sein.

Getreu dem Sprichwort »An ihren Früchten sollt ihr sie erkennen« kann man durch eine Aufzählung derjenigen innenpolitischen Maßnahmen, die George W. Bush nach seinem Amtsantritt als US-Präsident inszenierte, deutlich seine Intentionen erkennen. Dr. David A. Sprintzen, Professor für Philosophie und Co-Direktor des *Institute for Substainable Development* an der *Long Island University*, hat sich ausführlich mit dieser Problematik befaßt und eine beeindruckende Aufstellung der Bush-Entscheidungen präsentiert, die hier allein schon aus Platzgründen nur auszugsweise vorgestellt werden kann. Diese Auflistung zeigt überdeutlich, daß Bush zahlreiche staatliche Vorhaben bzw. Unterstützungsmaßnahmen, Sozialleistungen, die Entwicklung neuer Energietechnologien, Umweltschutz und dergleichen mehr deutlich zurückschraubte, indem er die entsprechenden finanziellen Mittel kürzte, die unter seinen Vorgängern beschlossen worden waren. Im Gegenzug vereinfachte er zahlreiche Bestimmungen für Entwicklungen, von denen in erster Linie die (Erdöl-)Industrie profitiert und die von vielen als äußerst bedenklich angesehen werden. Hier einige Beispiele:

- Deutliche Vereinfachung der Feldversuchskontrollen für genetisch manipuliertes Getreide.
- Reduzierung der Finanzmittel für erneuerbare Energiequellen um 50 %.
- Außerkraftsetzung von gesetzlichen Bestimmungen, welche es bisher der Regierung ermöglichten, Verträge mit Firmen abzulehnen, die bei ihrer Arbeit Regelungen zur Sicherheit am Arbeitsplatz, über Umweltschutz bzw. andere Bundesgesetze verletzen.
- Bush brach eines seiner Wahlversprechen, 100 Millionen Dollar für die Erhaltung des Regenwaldes freizugeben.
- Die USA stiegen unter Bushs Führung aus dem Kyoto-Klimaschutzabkommen aus, das im Jahre 1997 verfaßt und auch von den Vereinigten Staaten gebilligt worden war. Gleichzeitig wurde das Budget der Umweltschutzbehörde um eine halbe Milliarde Dollar gekürzt.
- Bush ernannte John Negroponte für den Posten des Botschafters der USA bei den Vereinten Nationen. Negroponte war nachweislich in die Iran-Contra-Affäre verwickelt, wurde aber seinerzeit nicht angeklagt. Ähnlich dubiose Personen, die durch dieselbe Affäre bekanntgeworden waren, wurden ebenfalls mit Posten bedacht, so beispielsweise Otto Reich, der Stellvertretender Außenminister für Interamerikanische Angelegenheiten wurde.
- Bush versprach eine Steuersenkung in Höhe von rund zwei Billiarden US-Dollar. Das Problem dabei: 43 % dieser Summe werden ausschließlich dem reichsten einen Prozent der Amerikaner zugute kommen.
- George W. drängt darauf, kleine Nuklearwaffen zu entwik-

keln, die es gestatten, tief unter der Erde liegende künstliche Bauten zu vernichten. Damit verstößt er bewußt gegen den bestehenden Vertrag zum Nuklearwaffentestverbot, den auch die USA ratifiziert haben.

- Bush ernannte Michael McConnell zum Bundesrichter. McConnell gilt als glühender Verfechter der Aufhebung der Trennung von Kirche und Staat in den USA. Terrence Boyle wurde ebenfalls für den Posten eines Bundesrichter nominiert. Von ihm ist bekannt, daß er ein leidenschaftlicher Gegner der Bürgerrechte ist.

- Unter Bushs Präsidentschaft wurde das Budget des Hilfsprogramms für Haushalte und Kleinverdiener um 40 % reduziert, welches es bisher erlaubte, in Schwierigkeiten geratene Amerikaner z. B. bei der Begleichung ihrer Stromrechnungen zu unterstützen.

Man könnte diese Aufzählung um zahlreiche weitere Beispiele fortsetzen, die alle für sich selbst sprechen. Diese Maßnahmen gilt es zu beachten, wenn heutzutage beispielsweise deutsche Politiker eilfertig vom »Vorbild USA« sprechen, womit sie bei genauer Betrachtung entweder ihre Unkenntnis der tatsächlichen Sachlage dokumentieren oder aber den Kurs von George W. Bush vollauf unterstützen, der z. B. in bezug auf Sozialleistungen drastische Einschnitte vorgenommen hat.

Menschen allein anhand ihrer Worte charakterisieren zu wollen, ist ein uneffektives Verfahren, insbesondere wenn sie Politiker sind, handeln sie doch oft nach dem Motto »Was interessiert mich mein Geschwätz von gestern«. Taten sprechen da schon eher für sich. Wenn man George W. Bush und die hinter ihm stehenden Machtstrukturen allerdings vollends begreifen will, so muß man nicht nur wissen, daß er vor seinem US-Präsidentenamt stark mit der Ölwirtschaft seines Landes verbunden war (die ihm jetzt in Form einer starken Lobby im Nacken sitzt), sondern daß er auch durch die Zugehörigkeit zu einer speziellen Organisation dokumentiert, wessen Kind er ist und welche Ziele er als Präsident verfolgt.

Die Organisation, die ich meine, heißt *Skull & Bones* (zu deutsch: Schädel und Knochen). Sie gehört zu jenen — mehr oder weniger geheimen, mehr oder weniger durchschaubaren — Strukturen, die meist das Licht der Öffentlichkeit scheuen und in der allgemeinen öffentlichen Diskussion als Geheimgesellschaften bezeichnet werden. Man kann über das Wesen solcher Organisationen denken, was man will, Fakt ist jedoch, daß sie in der Geschichte der menschlichen Zivilisation stets und ständig darum bemüht waren, ihren Einfluß zu nutzen, um a) ein bestehendes (Staats-)System zu festigen, wobei oft genug Methoden zum Einsatz gelangten, die von den bekannten Systemdoktrinen abwichen, oder b) ein existierendes (Staats-)System zu unterminieren oder zu stürzen, um dafür ein anderes, den Mitgliedern der Geheimorganisationen passendes zu installieren.

Schon der Volksmund sagt »Heimlichkeiten sind Schlechtigkeiten«. Wozu muß man überhaupt Organisationen ins Leben rufen, deren Mitglieder unter sich bleiben (wollen), wenn die Ziele, die sie verfolgen, angeblich so hehren Charakter haben?! Müßte dann nicht Öffentlichkeit das Ziel sein? Genau das ist es nicht, denn diese Organisationen entziehen sich nicht nur der öffentlichen Betrachtung, sondern auch — in den heutigen Demokratien des Westens — jeglicher parlamentarischen Kontrolle. Daß zahlreiche Politiker, Wirtschaftsvertreter und hochrangige Militärs Mitglieder solcher Geheimorganisationen sind, macht die Situation noch vertrackter und führt jedes Demokratieverständnis ad absurdum. Erfolgen hier die Absprachen, die öffentlich in den Parlamenten nicht zu treffen sind? Werden hier die Eliten gebildet, die man aufgrund des demokratischen Gleichheitsgrundsatzes öffentlich nicht zugeben bzw. diskutierten will?

Zurück zu *Scull & Bones*. Diese Organisation, die von Insidern der Materie auch als *Brotherhood of Death* (Bruderschaft des Todes) bezeichnet wird, hat ihren Sitz auf dem Universitäts-Campus von Yale. Sie zeichnet sich durch eine durchaus auch manchmal öffentlich zur Schau gestellte konservative, um nicht zu sagen rechtslastige Gesinnung aus und favorisiert die weiße Rasse und das Christentum. Der amerikanische Historiker A. Sutton behauptet von *Scull & Bones* zwar, sie decke ideologisch gesehen alle Bereiche ab (links wie rechts also), ich persönlich meine aber, daß man sie dem rechten Spektrum zuordnen sollte. Sutton und ich gehen aber in der Auffassung konform, daß es sich bei dieser Gesellschaft um die auf jeden Fall gefährlichste und einflußreichste Organisation in den Vereinigten Staaten von Amerika handelt. Es ist sicherlich auch kein Zufall, wenn George W. Bush und viele andere einflußreiche Politiker in ihr aktive Mitglieder sind.

Um die Geschichte, den Aufbau und die Verknüpfungen der *Skull & Bones*-Bruderschaft nur einigermaßen zu verstehen, muß man weit zurückgehen — konkret bis zur Gründung der Yale-Universität. Die damals existierende *Collegiate School* in Connecticut wurde nach einer Reihe von Spenden einer Person namens Elihu Yale im Jahr 1718 in *Yale College* umbenannt.

Zwischen Yale und dem US-Geheimdienst besteht übrigens seit Nathan Hale eine gewisse traditionelle Verbundenheit: Nathan Hale war Yale-Absolvent und ein Mitglied des von George Washington gegründeten *Culper Rings,* der ein Vorläufer des amerikanischen Geheimdienstes war. Hale, einer der historischen Helden der USA, wurde im September 1776 von den Briten gehängt. Grund: Spionage.

Seit dieser Zeit ist ein enger Kontakt zwischen Yale und dem CIA nachweisbar und üblich. (Sowohl auf dem alten Campus der Yale-Universität als auch vor dem CIA-Hauptquartier in Virginia steht eine Statue von Nathan Hale.) Ein Umstand, der den Einflußbereich von *Skull & Bones* enorm begünstigt.

Im Jahre 1832, nach anderen Quellen 1833, wird die Bruderschaft offiziell auf dem Yale College in New Haven, Connecticut aus der Taufe gehoben. Die Gründungsmitglieder sind Alphonso

Taft (amerikanischer Kriegsminister in den Jahren 1876–1880; sein Enkel war der spätere Ex-Präsident Howard Taft), General William H. Russell und dreizehn weitere Personen. Ursprünglich war vorgesehen, diese damals supergeheime Organisation als Sammelbecken für die Elite des amerikanischen Wall-Street-Establishments aufzubauen.

Skull & Bones ist die älteste und wichtigste Bruderschaft von Yale. Daneben existieren noch *Scroll and Key*, *Book and Snake*, *Wolf's Head*, *Eliahu* und *Berzelius*. Im Unterschied zu den in den in den Vereinigten Staaten sonst üblichen sogenannten »Griechischen Bruderschaften« auf den Universitäten existiert *Skull & Bones* als Bruderschaft nur auf dem Yale-Campus. Außerhalb des Universitätsgeländes wird der Orden von Firmen wie der *Russell Trust Company* vertreten.

Die Philosophie hinter *Skull & Bones* lehnt sich — laut dem oben bereits genannten Historiker Sutton — stark an die Lehre der historischen Dialektik Hegels an. Das Prinzip: These und Antithese benutzen, um eine Synthese zu erreichen. William H. Russell, also eines der Gründungsmitglieder, weilte in den Jahren 1831 und 1832 in Deutschland und nahm viele Ideen Hegels in den *Skull & Bones*-Orden auf, der ein Jahr später in Yale gegründet wurde. Manche Historiker nehmen sogar an, daß *Scull & Bones* der amerikanische Ableger einer deutschen Bruderschaft sein könnte.

Um Mitglied des Ordens zu werden, reicht es nicht aus, einen schriftlichen Antrag zu stellen. Diese Form des Erwerbs der Mitgliedschaft ist nicht möglich. Man muß sich vielmehr einem Initiationsritus unterziehen, der in gewisser Weise jenen gleicht, die bei den Freimaurern (vor allem in Großbritannien und Deutschland) üblich sind. Und das wichtigste: Man wird zum »Bonesman« bestimmt. Jedes Jahr werden 15 sogenannte »Juniors« von den »Seniors«, die den Abschlußjahrgang in Yale präsentieren, ernannt, um zwölf Monate später die *Skull & Bones*-Fraktion zu bilden. Angeblich werden den Anwärtern je 15 000 Dollar und eine »Taschenuhr« übergeben. Die Aufzunehmenden erhalten neue Namen. Jedes Mitglied verpflichtet sich zur Verschwiegenheit. Und ein nicht unwesentliches Detail des Geheimordens: Jeder Bruder bestreitet seine Mitgliedschaft gegenüber Außenstehenden, sollte er hierzu befragt werden.

Der Initiationsritus und auch die Zusammenkünfte der Bonesmen wurden kurz nach Gründung des Ordens zunächst in größeren Hallen veranstaltet, die man zu diesem Zweck angemietet hatte. Im Jahr 1856 wurde dann schließlich die »Tomb« errichtet, bei der es sich um eine fensterlose Steinhalle handelt, die von Reben überwuchert ist. Sie gilt als die Heimat der Bruderschaft. Jeden Donnerstag und Sonntag werden dort seltsame okkulte Bräuche gepflegt (und vielleicht auch die Weltpolitik entschieden?).

Man wüßte wenig über die Ausstattung der Tomb, hätten nicht am 29. September 1876 einige Personen, die sich selbst *The Order of File and Claw* nannten, in die Tomb eingebrochen. Sie fanden in den einzelnen Räumen, die allesamt eine Nummer trugen, für sie seltsame Dinge, die — bei genauer Betrachtung — deutliche Zusammenhänge mit der Freimaurerei vermuten lassen. Raum 324 beispielsweise war komplett mit schwarzer Seide verhüllt. Alle Wände im Raum 322, dem Inner-Sanctum des Tempels, waren mit roter Seide ausgestattet. An einer Stelle befand sich ein Pentagramm. In der Halle hingen Bilder von den Gründern der *Skull & Bones*-Organisation in den USA und angeblich auch Bilder von Angehörigen desselben Ordens in Deutschland (über diesen deutschen Orden ist im Zusammenhang mit *Skull & Bones* bis heute nichts bekanntgeworden; hat er eventuell mit einer der zahllosen Freimaurer-Vereinigungen zu tun oder handelt es sich dabei um einen speziellen Ableger, die »Illuminaten«?).

Im einem als »Salon« bezeichneten Zimmer neben Raum 322 hingen weitere Bilder. Eines davon zeigte eine Steinplatte mit Inschrift und der Darstellung einer Gruft. Auf einer Platte ruhten vier Totenköpfe. Daneben lagen eine Narrenmütze, ein Zepter, ein offenes Buch, mehrere mathematische Instrumente, eine Bettlerurkunde und eine Königskrone. Darunter stand die seltsame Formulierung: »Wer War Der Thor, Wer Weiser, Wer Bettler Oder, Kaiser?« — »Ob Arm, Ob Reich, Im Tode Gleich.«

Was den Initiationsritus selbst angeht, so ist dieser ebenfalls in gewisser Weise mit der Freimaurerei zu vergleichen. So legen sich die Rekruten nackt in einen offenen Sarg und gestehen dann ihre privatesten sexuellen Geheimnisse und Erlebnisse, angeblich, um sich für den Orden zu öffnen. Während der Initiationszeremonien spielt ein menschlicher Totenkopf (die Bruderschaft ist offiziell im Besitz des Schädels des Apachenhäuptlings Geronimo) eine wichtige Rolle. Durch die Zeremonie tritt eine Art Reinigungsprozeß ein: Der Kandidat wird sozusagen im Orden als Ritter wiedergeboren. Dies alles findet im Sanctum der Tomb, dem berühmten Raum 322, statt. Nach der Auferstehung wird der neue Bonesman mit den Kleidern des Ordens ausgestattet. Der Kandidat stirbt quasi in diesem Augenblick für die Welt. Ab diesem Zeitpunkt ist er niemand anderem gegenüber mehr verantwortlich. Weder Staat, Schwur noch Gesetz gelten — die Bruderschaft des Todes ist nun die höchste und einzige Instanz. Genau das verlangt auch die Freimaurerei von ihren Mitgliedern.

Ron Rosenbaum, selbst Absolvent der Yale-Universität, verriet 1977 im Magazin *Esquire* einige Fakten über *Scull & Bones*. So existiert eine Vorschrift, nach der jeder Bonesman den Raum verlassen muß, sobald der Name seines Ordens auch nur angesprochen wird. Genau das tat einmal George Bush sen.: Er verließ eine Pressekonferenz im *Oval Office*, als ein Journalist ihn fragte, ob er ein Bonesman sei.

Die *Washington Post* berichtete im Februar 2000 erstmals in offizieller Form, daß George W. Bush ein *Skull & Bones*-Mitglied sei. Als recherchierende Journalisten dieser renommierten Zeitung daraufhin einige weitere bekannte Bonesmen anriefen, um genauere Informationen zu erhalten, wurde ihnen teils unverhohlen gedroht. Der amerikanische Autor Christopher Buckley, dessen Mitgliedschaft bei *Scull & Bones* in den USA wohlbekannt ist, sagte wörtlich: »Don't quote me, or I shall have to come and kill you, burn down your house and rape your dog!« Auch David Boren, Präsident der Oklahoma-Universität, reagierte ähnlich: »Make sure you say that when you asked me about this, I gasped and threw the telephone on the floor.«

In den letzten 150 Jahren wurden ungefähr 2500 Yale-Absolventen Mitglieder von *Skull & Bones*. Laut dem Historiker Antony Sutton sind davon derzeit mindestens 600 aktiv. Es gibt aber Hinweise, daß diese Zahl weitaus höher liegt.

Die Mitglieds-Liste von *Scull & Bones* ist beeindruckend. In ihr findet man viele Namen der High Society der amerikanischen Gesellschaft, von denen die bedeutendsten sind: Vanderbilt, Prescott Bush, George Bush, George W. Bush jun., Kellogg, Rockefeller und Goodyear.

Hier eine unvollständige Übersicht weiterer einflußreicher Familien, die in den Ordensannalen verzeichnet sind:

- Whitney (Watertown, Mass.)
- Perkins (Boston, Mass.)
- Phelps (Dorchester, Mass.)
- Bundy (Boston, Mass.)
- Taft (Braintree, Mass.)
- Wadsworth (Newton, Mass.)
- Lord (Cambridge, Mass.)
- Gilman (Hingham, Mass.)
- Harriman (Fa. *Railroads*)
- Payne (Fa. *Standard Oil*)
- Davison (*J. P. Morgan*)

Besonders wichtig in Hinblick auf eine der tragenden Stützen der heutigen US-amerikanischen Gesellschaft ist die Hochfinanz. Auch deren Vertreter waren und sind in erstaunlicher Zahl

und mit schöner Regelmäßigkeit im Orden *Skull & Bones* vertreten:
- Harold Stanley (Eintritt: 1908)
- W. Murray Crane (1904)
- Harry P. Whitney (1894)
- W. Averall Harriman (1913)
- Knight Wooley (1917)
- Frank P. Shepard (1917)
- Joseph R. Swan (1902)
- Thomas Cochrane (1894)
- Percy Rockefeller (1900)

Interessant ist, daß sich ein Großteil der Bankiers, die sich in *Scull & Bones* versammelten, später auch in diversen großen Banken- und Firmenvereinigungen, sogenannten Trusts, wiederfanden, um den amerikanischen Markt zu »bereinigen«. Diese Großgesellschaften wiederum hatten ausgezeichnete Beziehungen zu anderen Vertretern des Finanzkapitals, die beispielsweise in den USA oder Europa tätig waren, jedoch keine Mitglieder des *Scull & Bones*-Orden werden konnten oder wollten. Statt dessen wurden intensive Kontakte über eine vom Orden gegründete Gesellschaft gepflegt, die die Bezeichnung *Union Banking Corporation* trug. Folgende prominente Personen waren hierin involviert:
- E. Roland Harriman (Scull & Bones-Mitglied seit 1917), Vize-Präsident von *W. A. Harriman & Co.*, New York
- Knight Wooley (1917) Direktor des *Guaranty Trusts*, New York und Direktor der *Federal Reserve Bank of New York*
- Ellery Sedgewick James (1917) *Partner Brown Brothers & Co.*, New York
- Prescott Sheldon Bush (1917) *Partner Brown Bros*, Harriman, Vater von Ex-Präsident George Bush und Großvater des amtierenden Präsidenten George W. Bush
- H. J. Kouwenhoven, Nazi-Bankier, NSDAP-Mitglied, Geschäfts-

partner der *August Thyssen Bank* und der *Bank Voor Handel Scheepvaart N. V.* (diese war eine Art Transferbank für den Thyssen-Konzern)

- Johann Groninger, NSDAP-Mitglied, Direktor der *Bank Voor Handel en Scheepvaart N. V.* und der *Vereinigten Stahlwerke*, die zu Thyssens Einflußbereich gehörten.
- J. L. Guinter, Direktor der *Union Banking Corp.*
- Cornelius Lievense, Präsident der *Union Banking Corp.* und Direktor der *Holland American Investment Corp.*, die als Gesellschaft 1924 gegründet wurde durch *W. A. Harriman & Co.*, wobei es sich genaugenommen um eine Walker/Thyssen/Harriman-Aktion handelte. Die Gründungspartner waren nämlich George Herbert Walker (Großvater väterlicherseits von George Herbert Walker Bush, also dem Ex-Präsidenten), William Averill Harriman und Fritz Thyssen, dem der deutsche Stahlkonzern gehörte. Das Büro der *Union Banking Corp.* war gleichzeitig das New Yorker Büro des deutschen Stahlriesen!

Wem jetzt noch nicht klar wird, welches Spiel hier gespielt wurde, dem sei etwas unter die Arme gegriffen: Hier haben wir sie nämlich, die Finanziers Hitlers – und auch die der UdSSR. Ein dichter Filz aus Hochfinanz, Wirtschaft, Politik – und einer Geheimorganisation! Dabei gilt es natürlich zu unterscheiden zwischen denen, die die Verschwörung aussheckten und denen, die – wie im Falle von Thyssen, der das Spiel aufgrund der damit verbundenen Riesengewinne freudig mitmachte – nur Mittel zum Zweck waren.

Mancher glaubt vielleicht, daß das alles nur Zufall sei und daß die amerikanischen Beteiligten unmöglich wissen konnten, was z. B. ein Hitler im Schilde führte. Wer das glaubt, übersieht geflissentlich die Tatsache, daß Adolf Hitler in seinem Buch »Mein Kampf« überdeutlich seine politischen Ziele dargelegt hatte, so daß im Falle seines Aufstieges kaum an nachfolgenden Aktionen und Operationen zu zweifeln war.

Zudem fällt auf — sieht man sich die aktuelle politische Lage an —, daß auch spätere Konflikte, in die die USA verstrickt waren bzw. sind, nach demselben Muster verliefen respektive verlaufen: Im Falle des Irak beispielsweise war Saddam Hussein jahrelang eine wichtige Figur im strategischen Poker der Vereinigten Staaten, solange nämlich, als er den Iran in Schach hielt. Nun ist er zum »gefährlichsten Menschen der Welt« avanciert, der die Achse des Bösen anführt. Die aus diesen Zusammenhängen resultierende Frage stellt sich beinahe von allein: Baut das US-Establishment durch die unheilvolle Verstrickung von Hochfinanz, Wirtschaft, Militär und Politik seine Feinde selbst auf, um anschließend im Falle einer eigenen wirtschaftlichen Krise (man kennt ja schließlich die Schwächen eines auf Zins und Zinseszins basierenden Finanzsystems) einen neuen Rüstungswettlauf, wenn nicht gar einen Krieg herbeiführen zu können?

Ich möchte an dieser Stelle auf die Präsentation weiterer Namen von Personen, Organisationen und Konzernen verzichten, die mit *Scull & Bones* verbunden sind. Dazu müßte ich nämlich seitenweise weitere, teils bekannte, teils unbekannte Persönlichkeiten aufführen, die aus Wirtschaft, Finanz, Militär, Kultur, Medizin, Medienwelt, Regierungsorganisationen und und und stammen. Es muß davon ausgegangen werden, daß der Orden seine Mitglieder in allen wichtigen Positionen der amerikanischen Nation untergebracht hat und demzufolge über alle Möglichkeiten der Beeinflussung direkter und indirekter Art verfügt. Ich persönlich halte *Scull & Bones* für wesentlich effektiver als alle anderen in der Literatur oft genannten Organisationen, die im Laufe der Zeit bekanntgeworden sind und auch oft von Verschwörungstheoretikern gehandelt werden, als da beispielsweise sind: *Komitee der 300, Trilaterale Kommission, Bilderberger* oder *Council on Foreign Relations*. (Mit dem Verweis auf diese vier Zusammenschlüsse beweisen indes die meisten Verschwörungstheoretiker nur, daß sie wenig wissen. Es existieren Strukturen, die Macht und Kontrolle ausüben und die selbst Spezialisten unter denjenigen, die sich für verdeckte Operationen, Regierungsverschwörungen und dergleichen mehr interessieren, nicht einmal ansatzweise namentlich bekannt sind. Eine dieser Organisationen hat ihren Sitz beispielsweise an der Ostküste der USA und in Israel.)

Die Existenz von *Scull & Bones* sowie die aufgezeigten Verflechtungen zeigen überdeutlich, daß die vielgeschmähten Verschwörungen tatsächlich existieren und daß sie manchmal so große Ausmaße erreichen, daß sie der uninformierte Normalbürger nicht sehen will — getreu der sprichwörtlichen Erfahrung, daß man manchmal den Wald vor lauter Bäumen nicht sieht. Die meisten Menschen wollen im naiven Glauben daran, daß sich das Gute in der Welt durchsetzt, einfach nicht begreifen, daß es andere Menschen geben könnte, die ohne Rücksicht auf Menschenleben ihre Pläne und Ziele durchzusetzen bereit sind. Ich sage es nochmals: Kriege sind keine Zufälle! Zur Aufrechterhaltung der Macht einzelner werden nötigenfalls Millionen geopfert, egal, wieviel menschliches Leid damit verbunden ist. Und sagte nicht schon der bereits mehrfach in diesem Buch genannte amerikanische Präsident Franklin D. Roosevelt, daß in der Politik nichts dem Zufall überlassen werde? Und daß alles, was geschehe, von langer Hand vorbereitet worden sei?!

Nach diesem kurzen Exkurs wieder zurück zu *Scull & Bones* und dem Einfluß der Bruderschaft. Es gibt eine ganze Liste interessanter Hinweise auf Verquickungen mit Ereignissen, die insbesondere nach dem Ende des Zweiten Weltkrieges zu verzeichnen waren. Diese Verquickungen betreffen sowohl die Arbeit von Geheimdiensten als auch das Kennedy-Attentat.

1947 wurde der amerikanische Auslands-Geheimdienst CIA (*Central Intelligence Agency*) gegründet. Hierzu schrieb Gaddis Smith, Geschichtsprofessorin in Yale: »Yale hat die CIA mehr beeinflußt als jede andere Universität. Man hat hier schon fast das Gefühl eines Klassentreffens von CIA-Mitgliedern.« Tatsächlich fallen in bezug auf die CIA auch bekannte Namen auf: unter den Bonesmen, die der Agency besonders nahestehen, befinden sich Senator David Boren, Senator John Kerry und natürlich George Herbert Walker Bush.

In seinem Buch mit dem Titel »Defrauding America« erwähnt der amerikanische Autor Rodney Stich einen CIA-Offizier für Spezialaufgaben, der von sich behauptet, einer sogenannten Gegen-Informationseinheit mit dem Namen *Pegasus* angehört zu haben. Diese Einheit war im Besitz von Tonbandaufnahmen, die mit der Ermordung des Präsidenten John F. Kennedy zu tun hatten.

Wie kam *Pegasus* zu den Aufnahmen? Man hatte das Telefon von J. Edgar Hoover angezapft. Hoover war zu dieser Zeit Chef des FBI. Auf besagter Tonbandaufnahme waren angeblich Nelson Rockefeller, Allen Dulles, Lyndon Johnson, George Bush und J. Edgar Hoover zu hören. — Sollte George Bush sen. tatsächlich in die Ermordung Kennedys involviert sein? 1963 arbeitete er als Präsident der *Zapata-Offshore-Oil-Company*. Er bestritt die Existenz eines Briefes, der an einen »Mr. George Bush von der CIA« gerichtet war. Absender: J. Edgar Hoover. Daraufhin recherchierten einige Reporter und fanden heraus, daß es einen zweiten George Bush gab, der allerdings nur für allgemeinen und eher unwichtigen Papierkram bei der CIA zuständig war.

Viele behaupten, daß George Bush sen. zu dieser Zeit bereits einen hohen Rang in der CIA innehatte. Sowohl bei der Iran-Contra-Affäre als auch beim Fall Felix Rodriguez (er war für die Hinrichtung Che Guevaras verantwortlich) schien immer zuerst das Büro von Bush informiert worden zu sein. Bush selbst bestreitet bis heute jede Verbindung mit der CIA vor seiner offiziellen Ernennung zum Direktor des Geheimdienstes, die im Jahre 1976 erfolgte.

James S. Downard schreibt in seinem Buch »Sorcery, Sex, Assassination and the Science of Symbolism« über die Ermordung Kennedys. Seiner Meinung nach handelte es sich bei dem

Attentat in Texas um ein öffentlich vollzogenes okkultes Ritual namens »The Killing Of The King«. Kennedys Ermordung war demnach eine gezielte Operation, um ein Massentrauma bei der Bevölkerung hervorzurufen. Eine Art Mind-Control-Anschlag gegen den eigenen Staat — ein Massentrauma, das Amerikas Identität und Einigkeit beeinflussen sollte. Und um die Überlegenheit der Attentäter und die Nichtigkeit des Volkes aufzuzeigen. (Kommt uns das in bezug auf die Ereignisse des 11. Septembers 2001, in deren Folge u. a. die Zwillingstürme des World Trade Center in New York in sich zusammenstürzten, nicht irgendwie bekannt vor?) Tatsächlich belegen wissenschaftliche Studien zwischenzeitlich, daß seit der Ermordung Kennedys die Gewalt, die Rassenprobleme und das Mißtrauen gegenüber der Regierung angestiegen sind. Downard macht für die Ermordung Kennedys dubiose Hintergrundmächte verantwortlich, die er in den eigenen Reihen sucht.

Lassen Sie mich an dieser Stelle das Thema etwas ausführlicher erörtern. Daß diese Mächte existieren, kann nicht ernsthaft bestritten werden, und daß sie ihre Finger auch bei der Beseitigung Kennedys im Spiel hatten, scheint fast sicher. Leider ist es im Zusammenhang mit dem Kennedy-Mord nie gelungen, diese Schattenleute an das Licht der Öffentlichkeit zu ziehen, obwohl klar ist, daß sie für zahlreiche Morde, Anschläge und plötzliche Kurskorrekturen in der Politik der USA verantwortlich zeichnen müssen.

Der Mord an John F. Kennedy versetzte Amerika in einen ähnlichen Schockzustand wie die Attacken auf das World Trade Center und das Pentagon. Damals wie heute stellt sich die Frage nach »Schurken-Elementen« im eigenen Lager. Gewiß, bis heute wird offiziellerseits gern behauptet, der Mord an Kennedy sei die Tat eines einzelnen, nicht zurechnungsfähigen Mannes gewesen, obwohl es vielen Recherchen im Laufe der Jahre gelungen ist, Beweise für ein gegen den US-Präsidenten gerichtetes Komplott aufzuzeigen. Diese Verschwörung hatte sogar bilateralen Charakter und wurde in bezug auf ihre Hintergründe — meines Erachtens überzeugend — in einem 1994 veröffentlichten Aufsatz des amerikanische Historikers Anthony Chaitkin aufgezeigt. Chaitkin erklärte, wie und warum wichtige Erkenntnisse, die nicht nur der Chef des FBI, Jay Edgar Hoover, sondern auch hochrangige britische Kreise belasteten, systematisch unterdrückt wurden. Anthony Chaitkin begann seinen Artikel (abgedruckt in *Neue Solidarität*, Nr. 48/1994):

»Am 22. November 1963 wurde der amerikanische Präsident John F. Kennedy im texanischen Dallas ermordet. Zahlreiche Bücher, wie jene des kürzlich verstorbenen Bezirksstaatsanwalts von New Orleans, Jim Garrison, der sich die Lösung des Mordfalls zur Lebensaufgabe gemacht hatte, und der berühmte Film *JFK* weisen nach, daß der angebliche Attentäter Lee Harvey Oswald nur ein sorgfältig ausgesuchter ›Sündenbock‹ war. Garrison beschuldigte die Firma *Permindex* unter Führung eines gewissen Majors Louis Mortimer Bloomfield, den Mord an John F. Kennedy organisiert zu haben. Dennoch blieb die Rolle des britischen Geheimdienstes in diesem professionell ausgeklügelten Komplott bisher im Dunkeln. Zwei Anhaltspunkte sind hier besonders aufschlußreich: Erstens hat das Nachrichtenmagazin *Executive Intelligence Review* vor kurzem eine Mitgliederliste des *1001 Club* veröffentlicht, eines Vereins einflußreicher Aristokraten und Milliardäre, worin der Name des verstorbenen Majors Louis Mortimer Bloomfield auftaucht. Major Bloomfield, geboren in Kanada und Offizier des britischen Geheimdienstes SOE (*Special Operations Executive*), war Gründungsmitglied des exklusiven Clubs, der die Aktivitäten des *Worldwide Fund for Nature International* (WWF) finanziert. Internationaler WWF-Präsident ist seit 1981 Prinz Philip, Herzog von Edinburgh. Die Mitglieder des *1001 Club/Nature Trust* werden handverlesen von Prinz Philip und Clubgründer

Prinz Bernhard der Niederlande. Nach weiteren Informationen war Bloomfield schon vor seiner Verwicklung in die Verschwörung gegen Kennedy Leiter des WWF-Kanada.«

Zweitens, so die *Neue Solidarität*, tauchten zwei Fotografien aus einer Wochenzeitung des Kreises New Orleans aus dem Jahr 1963 auf, die David Ferrie und Clay Shaw zusammen auf einer Party zeigen. Ferrie und Shaw waren nach Angaben Garrisons die beiden Hauptfiguren im Mordkomplott gegen Kennedy. Shaw saß im Vorstand von Bloomfields *Permindex*.

»Beide Beweisstücke zusammengenommen stellen also erstmals eine Verbindung zwischen den bekannten Figuren des Mordkomplotts vor Ort in New Orleans und den höchsten Rängen des britischen Königshauses und dessen Geheimdiensten her.«

Chaitkin legte hier eine Verbindung offen, die in dieser Form bis dato niemals beachtet worden war.

1967 erhob der Bezirksstaatsanwalt von New Orleans, Jim Garrison, gegen Clay Shaw, Leiter des *International Trade Mart* in New Orleans, Anklage wegen Beteiligung an der Verschwörung zur Ermordung des Präsidenten. Garrisons Ermittler entdeckten, daß Clay Shaw mit einer geheimdienstlichen Operation im Büro des früheren FBI-Beamten Guy Bannister, New Orleans, in Verbindung stand. Das ganze Jahr 1963 über gingen Shaw, David Ferrie, Lee Harvey Oswald und andere mit den Ereignissen vom 22. November in Zusammenhang stehende Personen in diesem Büro aus und ein.

Bei dem Prozeß zwei Jahre später erklärte Richter Garrity, Shaws Aussage vor der Polizei, er stehe mit Ferrie — dem Mann, der Lee Harvey Oswald zehn Jahre vor Kennedys Ermordung für den US-Geheimdienst angeworben hatte — in Verbindung, sei für das Hohe Gericht nicht verwertbar. Der Prozeß entschied sich schließlich an der strittigen Frage, ob Shaw und Ferrie einander kannten oder nicht. Shaw schwor im Zeugenstand den Meineid, er habe Ferrie niemals im Leben getroffen.

Das konnte aber unmöglich stimmen, denn in einer kleinen ortsansässigen Zeitung waren Aufnahmen erschienen, die Ferrie und Shaw zeigten, als sie bei einer Party waren. Diese Fotos fanden als entscheidende Beweisstücke aber nie den Weg in die Hände der Geschworenen.

Auf Anweisung Richter Garritys entschied die Jury, daß die Beweise nicht ausreichten, Shaw zu verurteilen, weil in der Frage der Zusammenarbeit zwischen Shaw und Ferrie lediglich ein »begründeter Verdacht« bestand. Später erklärten sowohl Garrity als auch die meisten Geschworenen, sie glaubten an eine Verschwörung zur Ermordung des Präsidenten. Auf dem Sterbebett bekannte Garrity einem Freund gegenüber, er sei von der Schuld Shaws überzeugt und persönlich bestürzt gewesen, als die Jury auf »nicht schuldig« erkannt habe.

Clay Shaw war Vorstandsmitglied von Major Bloomfields Tarnorganisation *Permindex*. Wäre das Foto aus der Lokalzeitung bei der Verhandlung als Beweisstück vorgelegt worden, so hätte man Shaw mit absoluter Sicherheit verurteilt. Weitere Recherchen hätten dann gezeigt, daß er Kontakte zu *Permindex* hatte, was wiederum die Ermittler auf eine Spur gebracht hätte, die nach London führte:

»Schon vor 1967 war Bloomfields *Permindex* aus Italien, Frankreich und der Schweiz ausgewiesen worden, weil französische Behörden herausgefunden hatten, daß die Organisation Attentatsversuche auf Präsident Charles de Gaulle finanziert hatte. Eine *Permindex*-Gründung in New Orleans, die *Karibische Antikommunistische Liga*, hatte an Mitglieder der OAS in Frankreich mehrere hunderttausend Dollar für die Ermordung de Gaulles gezahlt.«

Bemerkenswert war auch der Umstand, daß Bloomfield seit dem Zweiten Weltkrieg Kontaktmann zwischen dem Geheimdienst

der britischen Krone und der amerikanischen Bundespolizei
war. Aufgrund von Absprachen zwischen dem britischen Premierminister Winston Churchill und dem US-Präsidenten Franklin D. Roosevelt wurde Bloomfield persönlicher Berater J. Edgar
Hoovers für den Gegenspionagedienst des FBI, der unter der
Bezeichnung *Abteilung 5* bekannt wurde. Durch seine frühe
Mitgliedschaft in Prinz Philips WWF und dem *1001 Club* kam
dann ein noch engerer Kontakt zwischen dem kanadischen
Spion bzw. Anwalt und dem britischen Königshaus zustande.
Der WWF, nach außen hin eine Gesellschaft, die sich dem Schutz
der Umwelt und bedrohter Arten verschrieben hat und bis heute
erfolgreich agiert, wurde im Jahre 1961 von Prinz Philip und
Prinz Bernhard gegründet, um damit eine übergreifende Organi-
sationsplattform für mehrere einflußreiche Netzwerke der europäischen Oligarchie zu vereinigen. Ziel war es dabei – und das
stützt die in diese Richtung gehenden Aussagen von Lyndon
LaRouche – die Unabhängigkeitstendenzen ehemaliger Koloni-
en zu stoppen bzw. umzukehren und langfristig eine Weltregie-
rung zu installieren, die unter angloamerikanischer Leitung/
Kontrolle stand. Kennedys Politik widersprach diesen Vorhaben
auf das deutlichste. Chaitkin äußert sich dazu wie folgt:
>»Wie vorher bereits die Präsidenten Lincoln, Garfield und
McKinley wurde John F. Kennedy ermordet, weil seine
Politik in wachsenden Gegensatz zu den Interessen der
britischen Geopolitik geriet. In seiner Innen- und Außenpolitik überraschte Kennedy die Welt immer wieder mit
seinem idealistischen Patriotismus, der auch für jene früher ermordeten Präsidenten typisch gewesen war ...
Kennedys Steuerbegünstigung industrieller Entwicklung;
sein erfolgreicher Kampf gegen J. P. Morgans Stahlpreis-
erhöhung; seine Anweisung an das Schatzamt, die Lan-
deswährung außerhalb der *Federal Reserve* zu drucken;
das Apollo-Mondlandeprogramm; sein Festhalten an einer
technischen und militärischen Überlegenheit Amerikas

beim gleichzeitigen Willen, in Zusammenarbeit mit den Sowjets die Dritte Welt zu entwickeln, statt dort im Namen des ›Mächtegleichgewichts‹ Kriege zu führen; sein Entschluß, den Rat General Douglas MacArthurs zu befolgen und aus der Vietnam-Falle auszusteigen – all dies brachte für die britische Seite das Faß zum Überlaufen.«

Der unbedarfte Leser wird zunächst kaum glauben können, daß neben amerikanischen Strukturen auch britische Kräfte hinter dem Kennedy-Attentat stehen sollen. Offiziell erweckt Großbritannien seit dem Ende des Zweiten Weltkrieges doch den Eindruck, an Einfluß in der Welt verloren zu haben – und zwar in dem Maße, wie es seine Kolonien und damit den Status des Empires einbüßte. Ich persönlich halte Anthony Chaitkins Erkenntnisse allerdings für nachvollziehbar und überzeugend, erklären sie doch auch das Verhalten des britischen Establishments der letzten zehn, fünfzehn Jahre, in beinahe vorauseilendem Gehorsam sich immer dann an die Seite der Amerikaner zu schlagen, wenn Militärschläge größeren Ausmaßes in aller Welt zu führen sind (Golfkrieg II, Jugoslawien). Und obwohl auch jetzt große Teile der britischen Bevölkerung gegen die Teilnahme eigener Truppen im anstehenden Irak-Konflikt sind, rückt Tony Blair keinen Millimeter von seiner Überzeugung ab, Großbritannien an vorderster Front beim Kampf gegen das Böse zu beteiligen.

Bisher war nie so richtig klar, warum die »Insel« an einer bewaffneten Auseinandersetzung interessiert sein sollte. Böse Zungen behaupteten, die Briten gingen immer andere Wege (gemäß dem Spruch der Trinkfilm-Figur Obelix: »Die spinnen, die Briten«), aber das allein kann keine überzeugende Erklärung sein. Vielmehr ist zu vermuten, daß konservative Kreise Großbritanniens dem ehemaligen Empire nachtrauern und nun das aggressive Verhalten des US-Establishments, sozusagen als unsichtbaren verlängerten Arm ihrer Politik ansehen, um wieder zu einer

Weltmacht aufzusteigen. Im Hintergrund der offiziellen Politik bestehen mit hoher Wahrscheinlichkeit Verbindungen bilateraler Art, die bis dato nur hin und wieder offensichtlich geworden sind, doch dann kaum Beachtung fanden.

Betrachtet man das bisher Geschriebene im Zusammenhang, wird nicht nur klar, wer hinter der Kriegstreiberei steckt, sondern daß es — wenn auch oft belächelt — tatsächlich um die Errichtung einer Weltherrschaft unter Federführung der USA geht, wobei Großbritannien eine besondere Rolle spielt. Der gemeinsame Traum vom Empire dürfte nunmehr in greifbare Nähe gerückt sein.

Wer weiter denkt, wird aber nunmehr auch erkennen, warum die beiden reichen Nationen USA und Großbritannien zu keiner Zeit ein Interesse hatten, die in den Ländern der Dritten und Vierten Welt bestehenden Probleme wirkungsvoll aufzugreifen und zu lösen. Es war seitens der beiden genannten Staaten zu keiner Zeit vorgesehen, in Asien, Lateinamerika oder Afrika eine wesentliche Verbesserung der Umstände der dort lebenden Menschen zu erzielen, waren diese Regionen doch in den Augen des britischen und amerikanischen Establishments nichts anderes als Kolonien. Diese wiederum sind allerdings nur dann rentabel, wenn zumindest große Teile der Einwohnerschaft am Existenzminimum dahinvegetieren, denn nur so kann ihre Arbeitskraft billigst ausgebeutet werden. Diese Denkweise läßt auch nachvollziehbar werden, weshalb man in der Vergangenheit alles tat, um mißliebige fortschrittliche Regierungen, die sich für soziale Verbesserungen in den armen Nationen einsetzten, zu beseitigen. Da kam die Bedrohung, die vom Kommunismus ausging, gerade recht.

Was die Gesamtzielstellung des Ordens *Scull & Bones* anbetrifft, so dürfte diese durchaus in die eben beschriebene Richtung gehen. Ein Ziel der Geheimgesellschaft ist mit Sicherheit der Aufbau eines Macht-Netzwerkes, um die Errichtung eines Empires

voranzutreiben. Selbstverständlich werden die genauen Zielsetzungen geheimgehalten, während ständig unterschiedliche Signale bezüglich bestimmter politischer Themen ausgesandt werden. Diese Methode verbreitet natürlich Konfusion bei Freund
und Feind. Kritiker nennen sie das »Double-Cross-System«, das
symbolisch durch die gekreuzten Knochen auf dem *Scull &
Bones*-Emblem repräsentiert werden soll. Nach der Ordens-
Philosophie ist jeder Nicht-Eingeweihte automatisch minder-
wertig. Und kann daher manipuliert, belogen und betrogen
werden.

Ich wies bereits darauf hin, daß Antony Sutton, dem Geheimdo-
kumente des Ordens zugespielt wurden, behauptet, daß *Scull &
Bones* politisch weder als links noch als rechts einzuordnen
noch weltlich oder religiös orientiert sei. Der Orden decke vielmehr alle Bereiche ab. Durch die Aufnahme und das Propagieren
von sowohl linken als auch rechten Ideen werde eine Art »Globale Neue Weltordnung« angestrebt. Nach Sutton ist es daher
auch relativ gleichgültig, ob der Bonesman und Republikaner
Bush ins Weiße Haus einzieht, oder der Demokrat Gore, der ein
»Global Government«-Projekt anstrebt. Beide arbeiten indirekt
für dieselben Interessen.

Diese Einschätzung mag prinzipiell richtig sein. Versucht man
eine Wertung innerhalb der Schubladen-Kategorisierung, die
heute allgemein üblich ist und die vor allem deutsche Massenmedien und Politiker hochhalten, dann muß man das Wirken
von *Scull & Bones* anhand der von George W. Bush vertretenen
Regierungspolitik allerdings als rechtsgerichtet bezeichnen. Freilich kann auch das nur ein Hilfskonstrukt sein, denn die Grenzen
zwischen den ideologischen Positionen sind oft fließend. Irgend
jemand äußerte in diesem Zusammenhang einmal, daß die Einteilung in politisch links und politisch rechts irreführend sei,
denn es gebe doch eigentlich nur ein oben und unten.

Wie dem auch sei, wenn Sutton behauptet, *Scull & Bones* sei
ideologiemäßig nicht einzuordnen, so mag das vielleicht sogar

stimmen — wenn man die in die Zukunft weisenden US-Weltherrschaftspläne näher betrachtet. Wenn alle Nationen unseres Planeten unter einem politischen Modell vereint sein sollten, was ich persönlich für einen nicht realisierbaren Zukunfts(alp)traum halte, dann dürfte die Einteilung »rechts« und »links« tatsächlich keine Rolle mehr spielen. Es gibt dann schließlich nur noch eine »Wahrheit«.

Interessant ist auch, was der Historiker Sutton über die Geschichtsschreibung im allgemeinen und in bezug auf die USA im besonderen denkt, nachdem er die Fakten zu *Scull & Bones* recherchiert hat. Er kommt nämlich zu dem Schluß, daß der Einfluß von Geheimgesellschaften in den offiziellen Geschichtswerken bisher völlig unterschätzt worden ist und daß man, insbesondere was die US-Historie betrifft, wahrscheinlich über kurz oder lang gezwungen ist, die letzten 200 Jahre neu zu bewerten und die Geschichte demzufolge umzuschreiben!

Besonders bemerkenswert ist, daß Sutton, der anläßlich eines Interviews zu diesem Thema im Jahre 2000 befragt wurde, beinahe visionäre Fähigkeiten bewies, erklärte er doch, daß er für die Zukunft »Chaos, Konfusion und einen ultimativen Kampf zwischen dem Individuum und dem Staat« sehe (wir stehen jetzt mit hoher Wahrscheinlichkeit am Anfang dieser allgemeinen Konfusion — Anm. d. Verf.). Das Individuum, so der amerikanische Historiker, sei in diesem Kampf allerdings das stärkere Element, denn die von Staats wegen verordnete Kontrolle der Persönlichkeit sei nicht mehr als eine Fiktion. Früher oder später würden die Menschen aufwachen. Zuerst müsse jedoch erkannt werden, daß es kein »links« und »rechts« gebe, denn es handele sich dabei um ein Prinzip, das lediglich ein anderes, nämlich das zu teilen und zu herrschen, unterstütze. Es gehe letztlich nur um die Frage »sie« oder »wir«!

Ich hoffe, daß Sutton recht behält und die Masse nicht so träge ist, sich endgültig einlullen zu lassen.

Über die politischen Intentionen eines George W. Bushs als US-Präsident machten sich schon relativ früh, das heißt unmittelbar nach seinem Amtsantritt, zahlreiche Menschen auch in den Vereinigten Staaten Gedanken. In erstaunlicher Offenheit schrieben sie an Bush persönlich, um Auskunft über diverse Zusammenhänge, von denen sie erfahren hatten, zu erbitten. Stellvertretend für viele andere Schreiben, die den amtierenden US-Präsidenten erreichten, soll an dieser Stelle der offene Brief Robert Ledermans in voller Länge wiedergegeben werden. Ledermann ist Präsident der amerikanischen Künstlerorganisation *A.R.T.I.S.T.* und beschäftigte sich eingehend mit der Vergangenheit des US-Präsidenten, die ihn — wie seinem Schreiben an Bush zu entnehmen ist — höchst befremdete, ja wohl sogar erschreckte. Sein Schreiben ist insofern wertvoll, als es wesentliche Erkenntnisse, die den Bush-Clan betreffen, zusammenfaßt und überdies zeigt, daß auch zahlreiche amerikanische Bürger kritische Fragen in bezug auf Bush und die US-Politik stellen und keineswegs in blindem Gehorsam dem Präsidenten und seiner Administration folgen.

Offener Brief an Präsident G. W. Bush

02.02.2001

Sehr geehrter Präsident Bush,

als jüdischer Sohn eines US-Veteranen, dessen Vater im Zweiten Weltkrieg in Nazi-Deutschland gekämpft hat, bin ich über Ihre Verbindungen zum Dritten Reich, zum Anti-Semitismus und zur Eugenik tief beunruhigt. In zahlreichen Büchern, Zeitungsartikeln und auf Tausenden von Webseiten wird auf diese Verbindungen Bezug genommen.

Ich selbst habe zwei Jahre lang recherchiert und mich so davon überzeugen können, daß diese Anschuldigungen gegen drei Generationen Ihrer Familie ernstzunehmen sind. Unter den bekannten Autoren, welche die Bush-Familie in eine direkte Verbindung zu Nazi-Deutschland bringen, ist der frühere Ankläger der Abteilung des US-Justizministeriums zur Verfolgung von Nazi-Kriegsverbrechen, John Loftus, heute Präsident des *Florida Holocaust Museums.*

Obwohl ich Sie nicht gewählt habe, und obwohl die Präsidentenwahlen des Jahres 2000 von ihrer Legitimität her fragwürdig waren, erkenne ich Sie als Präsidenten der Vereinigten Staaten an. Daher ist es wichtig, daß Sie selbst auf diese Thematik eingehen.

Während des Wahlkampfs war auf Ihrer Seite eine konzertierte öffentliche Anstrengung zu beobachten, solchen Gruppen wie den Afro-Amerikanern und den Behinderten die Hände zu reichen — eben denen, die von Ihrer Familie in der Vergangenheit zum Ziel von Vernichtungs- und Sterilisationsbemühungen gemacht worden waren. Ich möchte gern glauben, daß diese Anstrengung Ausdruck einer tiefgehenden inneren Veränderung Ihrerseits und nicht nur zynische Wahlwerbung gewesen ist, mit der Sie die Menschen Ihre Familiengeschichte vergessen lassen wollten, oder — schlimmer noch — eine Taktik zur Verschleierung von noch mehr Schrecklichem in der Zukunft. Sie geben häufig an, ein Mann des Glaubens zu sein, ein wiedergeborener Christ. Sowohl das Alte als auch das Neue Testament, aus dem Sie täglich lesen, legen großen Wert auf Reue und Vergebung. In diesem Zusammenhang wäre es angemessen, daß Sie Stellung zu diesen Anschuldigungen beziehen, entweder indem Sie diese zurückweisen oder sie anerkennen, und falls sie zutreffen sollten, sollten sie diese dem Volk gegenüber öffentlich vertreten. Dies könnte eher noch als leere Rhetorik und politische

Selbstdarstellung die Heilung hervorbringen, die Sie an-
streben.

Zum Zwecke der Klarheit werde ich einige Einzelheiten
der vier hier hauptsächlichen Anschuldigungen auflisten
und kurz zusammenfassen, und ich bitte Sie, auf diese
Anschuldigungen einzeln zu antworten. Quellenangaben
aus Büchern, Zeitungen und Webseiten von Denkfabriken
und Stiftungen, die sich mit Ihnen befassen und welche
die einzelnen Anschuldigungen belegen, können auf der
Webseite und in den Texten gefunden werden, die am
Ende dieser Nachricht aufgeführt sind.

1. DIE BUSH-FAMILIE FINANZIERTE HITLER

Ihr Großvater Prescott Bush (dessen Portrait nun im *Oval
Office* des Weißen Hauses hängt) und sein Schwiegerva-
ter, George Herbert Walker (nach dem Sie benannt sind),
waren geschäftsführende Direktoren, Anteilseigner und
Vorstandsmitglieder von *Brown Brothers Harriman*, einst
das bedeutendste private Bankhaus Amerikas. In dieser
Eigenschaft leiteten sie persönlich einen Verband inein-
ander verflochtener Unternehmen, einschließlich der *Ham-
burg-Amerika Shipping Line* und der *Union Banking Corporation*. Im Jahre 1942 wurde eine Anzahl dieser Unternehmen zu Frontunternehmen der Nazis erklärt. Dies geschah durch die Aufsichtsbehörde für ausländisches Eigentum, welche die Einhaltung des Gesetzes über den
Handel mit dem Feind überwachte. Dieses Gesetz war
zuvor vom Kongreß der Vereinigten Staaten verabschiedet
worden.

Diese Unternehmen fungierten als Kanäle, über die Hunderte Millionen von Dollar an Bargeld und in Form von
strategisch bedeutender Kriegsausrüstung nach Nazi-
Deutschland und zu IG Farben geschleust wurden, einem
Öl-, Chemie- und Munitionskartell, das sich zur Hälfte im

Besitz von John D. Rockefellers Unternehmen *Standard Oil* befand. Diese selbe IG Farben baute und betrieb Auschwitz sowie 40 weitere Sklavenarbeits- bzw. Vernichtungslager.

Leider wurde diese beschämende Zusammenarbeit nach dem Zweiten Weltkrieg fortgesetzt. Viele der Unternehmen, wie General Motors, Alcoa, Monsanto, sowie die verschiedenen Ölfirmen, welche durch die von Ihnen ernannten Kabinettsmitglieder so überreichlich repräsentiert sind, waren ebenfalls enthusiastische Unterstützer Nazi-Deutschlands, und in einer Anzahl von Fällen waren sie direkt in den Betrieb der Sklavenarbeits- bzw. Vernichtungslager der IG Farben sowie den Holocaust und Eugenikmaßnahmen verwickelt. Der Ursprung Ihres Familienvermögens und Ihrer weitreichenden politischen und geschäftlichen Verbindungen kann geradezu direkt auf das Dritte Reich zurückgeführt werden.

2. DIE BUSH-FAMILIE REPRÄSENTIERT DREI GENERATIONEN VON EUGENIKERN

Während Ihre öffentlichen Erklärungen viele Amerikaner dazu gebracht haben zu glauben, Sie seien prinzipiell gegen Abtreibung und strikt für gleiche Rechte der Minderheiten sowie der körperlich oder geistig Behinderten, so liefert eine nur kurze Recherche Ihres familiären Hintergrundes ein völlig anderes Bild. In enger Zusammenarbeit mit den Familien Rockefeller und Harriman — eine Verbindung, die mit der Finanzierung Hitlers begonnen hat — stand Ihre Familie beinahe 70 Jahre lang an vorderster Front der amerikanischen Eugenikbewegung.

Ihr Vater und Ihr Großvater waren beide prominent in die Organisation *Planned Parenthood* (Elternschaftsplanung) verwickelt, dies noch zu einer Zeit, als die Organisation höchst fragwürdig war. Heute gilt *Planned Parenthood* als

Fürsprecherin des Rechtes der Frauen zur freien Wahl. Als Ihr Vater und Ihr Großvater aber in diese Organisation verwickelt waren, stand sie noch in vorderster Linie einer landesweiten Bewegung für die Sterilisierung von Angehörigen der Minderheiten sowie körperlich oder geistig behinderter Menschen. Die Gründerin dieser Organisation, Margaret Sanger, hat in den dreißiger Jahren Hitlers Rassegesetze begeistert unterstützt und sich bemüht, diese Gesetze überall in den Vereinigten Staaten einzuführen. Beide, Ihr Vater und Ihr Großvater, haben viele Jahre lang versucht, die Vermehrung der Menschen in der Dritten Welt zu begrenzen, weil sie diese Vermehrung als eine Bedrohung für die amerikanische Vorherrschaft ansahen. Zu Zeiten, als Ihr Vater Abgeordneter im US-Kongreß war, wurde ihm von dessen Kollegen der Spitzname Präser verliehen, weil er wie besessen für eine Begrenzung der Geburtenrate für Minderheiten eintrat.

Wie auch Sie selber sowie viele Ihrer Berater, so haben auch Ihr Vater und Ihr Großvater dem *Pioneer Fund* (Pionier-Stiftung) angehört, einer privaten Eugenik-Stiftung mit Sitz in New York, die von Wycliffe Draper gegründet worden war.

Draper und weitere Angehörige des *Pioneer Fund* halfen bei der Abfassung von Hitlers Rassegesetzen sowie von amerikanischen Gesetzen zur gerichtlich angeordneten Zwangssterilisierung, die einstmals in 30 US-Bundesstaaten rechtsgültig waren. Von eben diesen Gesetzen waren Hitlers Rassegesetze — die dann zum Holocaust führen sollten — inspiriert.

William H. Draper III., ein Verwandter des *Pioneer Fund*-Gründers Wycliffe Draper und Zweiter Vorsitzender des Komitees für Spendensammlungen für den Bush-Präsidentschaftswahlkampf im Jahre 1980, war gleichfalls ein führender Vertreter der weltweiten Eugenikbewegung.

Dessen Vater, William H. Draper junior, war Direktor der *German Credit and Investment Corporation* (Deutsche Kredit- und Aufbauanstalt), eines Nazi-Frontunternehmens, mit dem Ihr Großvater Prescott Bush in Verbindung stand. Ihr Vater arbeitete als UN-Botschafter zusammen mit William H. Draper III und John D. Rockefeller III an der Ausweitung der Aktivitäten des *Office of Population Control at the US Agency for International Development* (USAID) (Amt für Bevölkerungskontrolle bei der US-Behörde für internationale Entwicklung). Im Vorwort zu dem 1973 erschienenen Buch »World Population Crisis: The United States Response« (»Weltbevölkerungskrise: die Antwort der Vereinigten Staaten«), lobte Ihr Vater die lebenslangen Bemühungen Rockefellers und Drapers um Eugenik.

Mittlerweile glauben zahlreiche Forscher, die afrikanische AIDS-Epidemie sei auf eine der vielen verdeckten Bevölkerungskontrolltechniken zurückzuführen, die von USAID eingeführt worden sind.

Als Vorsitzender der *Task Force on Earth Resources and Population* (Aktionsausschuß für Erdressourcen und Bevölkerung) der Republikanischen Partei ließ Ihr Vater den bekannten Rasse-Wissenschaftler William Shockley vor dem US-Kongreß sprechen, damit Shockley für seinen Bonus Sterilization Plan werben konnte.

Dieser Plan sah vor, Afroamerikanern, Drogensüchtigen und Behinderten finanzielle Anreize zu bieten, wenn sie sich freiwillig sterilisieren lassen würden, um damit Ausgaben für Wohlfahrtsunterstützung, Sozialleistungen und Kriminalität einzusparen.

3. MITFÜHLENDER KONSERVATISMUS ALS NEUE EUGENIK-POLITIK

Die meisten Amerikaner wissen, daß Sie als Gouverneur von Texas mehr Hinrichtungen verantwortet haben als irgendein anderer US-Gouverneur oder führender Politiker in der Welt. Hingerichtet wurden auch Frauen sowie geisteskranke und intelligenz-retardierte Häftlinge. Gleichzeitig wies das von Ihnen regierte Texas die im US-Vergleich schlechteste Statistik in bezug auf Rechtshilfe für Untersuchungshäftlinge auf. Ihr Guiness-Rekord für Hinrichtungen paßt zu den auf Eugenik ausgerichteten Bemühungen Ihres Vaters und Großvaters.

Eine Vielzahl der Mitglieder Ihres Stabs und Kabinetts waren entweder Lobredner Charles Murrays oder sie haben in direkter Verbindung zu diesem gestanden. Charles Murray ist Autor von »Bell Curve« (»Glockenkurve«), einem klassischen Eugeniktext, der beweisen will, daß Afroamerikaner genetisch unterwertig sind und also den geringsten Intelligenzquotienten aller Rassen aufweisen würden. Diese schlammige Theorie wird von Murray dann zur Rechtfertigung der Streichung von Wohlfahrtsunterstützung, von affirmative action, von Sozialprogrammen und zum Bau von noch mehr Gefängnissen genutzt — alles Vorstellungen, denen Sie eng verbunden sind. Fast alle Quellenangaben in »Bell Curve« lassen sich direkt auf den *Pioneer Fund* zurückführen, einer Eugenik-Organisation mit langjährigen Verbindungen zu Ihrer Familie.

Zu Ihren Kabinettsvorschlägen und Beratern, die eine entweder organisatorische oder persönliche Verbindung zur »Bell Curve« haben, gehören Stephen Goldsmith, Tommy Thompson, Elaine Chou, Myron Magnet, Marvin Olasky, Linda Chavez, Karl Rove, Floyd Flake, Spencer Abraham und John Ashcroft. Selbst Ihre Berater in Fragen der Minderheiten besitzen Verbindung zur »Bell Curve«.

Ihr Minister für *Health and Human Services* (Gesundheit und Dienstleistungen am Menschen), Thommy Thompson, stützte als Gouverneur von Wisconsin seine Wohlfahrtsreformen auf Murrays Buch und stellte Murray als Berater an. Ihr Chefberater für Innenpolitik, Stephen Goldsmith, schreibt Murray zu, die gesamte Wohlfahrts-Reformbewegung in den USA aufgebaut zu haben, und bei einem Wohlfahrtsseminar am Manhattan Institute stellte er ihn kürzlich als großen Gelehrten vor. Myron Magnet, Autor eines Buches, das Sie angeblich nach der Bibel am stärksten beeinflußt haben soll, findet in beinahe jedem seiner Artikel lobende Erwähnung für Murray.

Murrays rassistisch belastete Vorstellungen werden auf den Webseiten der *Heritage Foundation*, der *Federalist Society* und des *Manhattan Institutes* ausführlich zitiert und verschwenderisch gepriesen — hier handelt es sich um rechtslastige Denkfabriken, die mit Ihnen und durchgehend allen Ihrer Kabinettsernennungen eng verbunden sind. Auf einigen dieser Webseiten wird Murray Hunderte von Malen erwähnt, und dies immer als visionärer und brillanter Denker. Die soeben genannten Organisationen haben in bedeutender und vielfältiger Weise zu Ihrer Präsidentschaft beigetragen, und einige der Obersten Bundesrichter, die zu Ihrem Vorteil entschieden haben, sind dort Mitglieder.

Die »Bell Curve« ist am *Manhattan Institute* entstanden, eben jener Denkfabrik, der sie öffentlich attestiert haben, die Quelle Ihrer politischen Ideen zu sein. Bis auf den heutigen Tag hin steht Murray gemeinsam mit einigen Ihrer engsten Berater auf denselben Rednerlisten.

Den beiden Altmitgliedern des *Manhattan Institute*, John J. DiIulio Jr. und Stephen Goldsmith, haben Sie soeben die Leitung einer viele Millionen Dollar schweren faith based initiative (von Glauben gestützter Initiative) übertragen, durch welche Sozialleistungen ersetzt werden sollen. Es paßt zu den vielen hier in diesem Brief gemachten Angaben, daß der frühere CIA-Direktor William Casey — ein enger Verbündeter Ihres Vaters — Gründer des *Manhattan*

Institute war, und daß dies derselbe William Casey ist, der in den Jahren nach Ende des Zweiten Weltkrieges damit beschäftigt gewesen ist, Hunderte von in Eugenik verwikkelte ehemalige Nazis in die USA zu bringen.

4. IHRE HOFFNUNG, DAS CHRISTENTUM ZUR DE FACTO OFFIZIELLEN RELIGION DER USA ZU MACHEN

Sowohl als Gouverneur von Texas als auch als US-Präsident haben sie zahlreiche öffentliche Erklärungen abgegeben, aus denen hervorgeht, das Christentum sei die offizielle Religion dieser Nation, ein Standpunkt, der offensichtlich auch von Ihrem Stab, Ihren Kabinettsmitgliedern und Ihren Beratern geteilt wird. Als Gouverneur führten Sie in Texas einen staatlichen Feiertag ein, den Jesustag. Es läßt sich nicht erkennen, daß sie jemals daran gedacht hätten, auch einen Mosestag, einen Buddhatag oder Mohammedtag einzurichten, obwohl doch viele Bürger Ihres Staates dem entsprechenden Glaubensgemeinschaften angehören.

Anders als andere US-Präsidenten in der Vergangenheit, haben Sie nicht einen einzigen Angehörigen jüdischen Glaubens in Ihr ansonsten vielfältig zusammengesetztes Kabinett geholt, in dem sich lediglich ein Araboamerikaner, ein Sinoamerikaner, ein Japanamerikaner, ein Afroamerikaner und ein Kubaamerikaner finden lassen. Während Ihrer Präsidentschaftskampagne haben Sie öffentlich erklärt, daß nur diejenigen in den Himmel gelangen könnten, die Christus annehmen, was auch bedeutet, daß Angehörige anderer Religionen — speziell Juden — zur Hölle verdammt seien. Genau diese Behauptung hat über Jahrhunderte hinweg dazu gedient, Anti-Semitismus, religiöse Zwangskonversionen und Völkermord zu rechtfertigen. In Frage stehen hier nicht Ihre Glaubensansichten, sondern daß Sie meinten, diese herausstellen zu sollen, als Sie sich um das höchste Amt im Staate beworben haben, und obwohl Sie aus der Geschichte wissen, daß dies ein Mittel ist, den Anti-Semitismus zu fördern.

Während des Präsidentschaftswahlkampfes Ihres Vaters im Jahre 1988 wurde von einer jüdischen Zeitung bekanntgemacht, daß mindestens zehn ehemalige Nazis, darunter einige direkt in den Holocaust verwickelte SS-Vertreter, führende Positionen im Wahlkampfteam Ihres Vaters besetzt haben. Durch öffentlichen Druck wurden sie zum Rücktritt gezwungen, nahmen später jedoch die Zusammenarbeit mit Ihrem Vater wieder auf.

Wie auch bekannt ist, ist Ihr Vater ein enger Freund, langjähriger Verbündeter und Geschäftspartner der königlichen Familie Saudi-Arabiens.

Dasselbe gilt für Ihren Vizepräsidenten Dick Cheney. Diese korrupte, heftigst antisemitische Dynastie der Sauds, die in den zwanziger Jahren von Wallstreet-Partnern aus dem Ölgeschäft Ihres Vaters an die Macht gebracht worden ist, hat zu den begeistertsten Unterstützern Hitlers gezählt.

Der sogenannte Guru Ihrer Faith-based Initiative, Marvin Olasky, wechselte vom jüdischen zum christlichen Glauben über und versucht aktiv, auch andere Juden zum Glaubenswechsel zu bewegen. Im Unterschied zu einigen der Beteiligten in Ihrer Faith-based Initiative, ist Herr Olasky jedoch ehrlich genug zuzugeben, daß es im Rahmen von sozialen Aktivitäten, die durch Steueraufkommen finanziert sind, zu Bekehrungsbemühungen kommen soll.

Im Lichte dieser Fakten sowie der jahrelangen finanziellen Bemühungen Ihrer Familie um Nazi-Deutschland ist es nur fair zu fragen, ob Sie Antisemit sind?

Herr Präsident, ich habe Verständnis, daß Sie viele wichtige Aufgaben zu erledigen haben. Dennoch erscheint es mir von wesentlicher Wichtigkeit, daß Sie diese Fragen kurzfristig und bis ins einzelne vollständig beantworten.

Wiederholt haben Sie gesagt, Sie seien einer, der Verbindendes, und nicht einer, der Trennendes sucht; was könnte dann besser helfen, die anhaltenden Zweifel von Millionen von Amerikanern bezüglich Ihrer Person, Ihres Kabinetts und Ihrer Präsidentschaft zu zerstreuen, als eine schnelle Beantwortung der hier von mir gestellten Fragen? Das amerikanische Volk wäre erleichtert, herauszufinden, daß all diese Anklagen falsch sind, und daß Sie tatsächlich der bescheidene Familienvater und wiedergeborene Christ sind, den uns Ihre Helfer und die Medienunternehmen so nachdrücklich bemüht sind zu zeigen.

Berichte mit detaillierten Quellenangaben und Links zu weiteren Informationsquellen zu obigen Fragen finden sich auf http://Baltech.org/lederman/spray/ sowie — neben zahlreichen anderen — auch in den folgenden Büchern und Artikeln: »The Secret War Against the Jews« by John Loftus and Mark Aarons, St. Martin's Press; »Trading with the Enemy« by Charles Higham, 1983; »The Splendid Blond Beast: Money Law and Genocide in the Twentieth Century« by Christopher Simpson, 1993; »Blowback« by Christopher Simpson, Weidenfeld & Nicolson 1988; »OLD NAZIS, THE NEW RIGHT, AND THE REPUBLICAN PARTY« by Russ Bellant; *Philadelphia Inquirer* article by David Lee Preston, Fired Bush Backer One of Several with Possible Nazi Links, 9/10/88; Author links Bush family to Nazis, *Sarasota Herald-Tribune*, 11/11/2000
http://www.newscoast.com/headlinesstory2.cfm?ID=35115

Herr Präsident, in Erwartung Ihrer Antwort verbleibe ich

hochachtungsvoll

Robert Lederman,
President of *A.R.T.I.S.T.*
(*Artists Response To Illegal State Tactics*)

Dieser Brief ist eine beeindruckende Auflistung dessen, was George W. Bush sowie sein Vater und Großvater an untilgbaren Spuren ihrer Tätigkeit hinterlassen haben. Das Ganze spricht Bände und gegen die oft von europäischen Schreiberlingen vertretene Auffassung, es handle sich bei den Bushs um eine der multikulturellen Entwicklung der USA zugetane Familie, die darüber hinaus als Verfechter der Demokratie angesehen werden muß. Doch das genaue Gegenteil scheint der Fall: Wenn der Bush-Clan sowohl das Christentum als auch die weiße Rasse für die dominierenden Elemente der heutigen und vor allem zukünftigen Gesellschaft halten (George W. Bushs Mitgliedschaft in der Eliteorganisation *Scull & Bones* läßt im übrigen gar keinen anderen Schluß zu, wie auch die Maßnahmen, die Bush jun. als Präsident unmittelbar nach seinem Amtsantritt einleitete, siehe oben), dann spricht das Ganze für eine Art Rassismus, wenn nicht gar für Schlimmeres. Nun wird auch vollkommen verständlich, warum Präsident Bush den bewaffneten Konflikt sucht: Nach den Ereignissen vom 11. September 2001, die ihm klar vor Augen führten, daß es ganz andere Machtstrukturen gibt, vor deren Karren er sich nunmehr freiwillig spannte, konnte er nur noch die Politik der Hardliner vertreten. Und die woll(t)en Krieg. Natürlich kann man diese Zusammenhänge in der Öffentlichkeit so nicht aufzeigen, daher gibt sich Bush öffentlich lieber als Hüter des wahren Glaubens und als Verteidiger christlicher Werte aus, womit er in den USA offene Türen einrennt. Das impliziert selbstverständlich die Überlegenheit der weißen Rasse, bedeutet aber auch, daß andere Glaubensrichtungen und Kulturen sich dem Führungsanspruch der christlichen unterzuordnen haben — was zwangsläufig zum Kampf der Kulturen (oder besser Religionen) führen muß, der zwangsläufig in einer Katastrophe enden muß und wird. Bisher sind schließlich alle Versuche, einen Führungsanspruch aufgrund von Rassenzugehörigkeit oder Glauben durchsetzen zu wollen (»Wir sind das auserwählte Volk«, »Am deutschen Wesen soll die Welt genesen« etc.), von denen, die im Vergleich dazu »unterprivilegiert« waren, zerschlagen worden.

Glücklicherweise hat wiederum ein US-amerikanischer Staatsbürger, nämlich Robert Lederman, die Frage nach dem weltanschaulich-ideologischen Hintergrund des Bush-Clans gestellt. Nicht auszudenken, wenn ein Deutscher in aller Öffentlichkeit gewagt hätte zu behaupten, daß es in den Handlungsweisen der Bush-Familienmitglieder allerdeutlichste Hinweise auf eine rassistische bzw. faschistoide Einstellung geben würde, auch wenn die dahingehenden Zeichen überdeutlich sind.

Tatsächlich findet man im Internet z. B. eine Vielzahl von Hinweisen auf unheilvolle Verstrickungen des Bush-Clans in Fragestellungen der Eugenik. Ob der Bush-Clan deshalb dem ultrarechten oder gar faschistischen Spektrum zuzuordnen ist — diese Frage wird jeder für sich selbst beantworten müssen. Bevor man aber in der Beurteilung der Dinge vorschnell ein Urteil fällt, gebe ich zu bedenken, daß das Thema der Eugenik vor allem in Deutschland — aufgrund entsprechender Gesetze und Exzesse in der Zeit des Dritten Reiches — kaum mehr objektiv betrachtet werden kann. Andere Nationen gehen damit anders um, eben auch die Amerikaner. Ohne um Verständnis für die Bush-Position in diesen Fragen werben zu wollen, denn das liegt mir fern, muß jedoch bedacht werden, daß die Verantwortlichen der heutigen Supermacht USA mit hoher Wahrscheinlichkeit über Informationen verfügen, die überdeutlich zeigen, daß das Problem des unkontrollierten Bevölkerungswachstums die *alles entscheidende* Frage der zukünftigen Entwicklung der Menschheit ist. Sollte sich der Homo sapiens sapiens weiter so schnell vermehren wie bisher, wird es zur Katastrophe kommen *müssen*, denn die Erde kann nur eine begrenzte Zahl von Menschen ernähren. Schon heute ist es — wenn auch aus anderen Gründen, die mit der Verteilung der Reichtümer auf unserem Planeten und der Politik zu tun haben — unmöglich, allen Menschen ein wirklich akzeptables Dasein zu garantieren. Große

Teile unserer Zivilisation sind in Armut und Agonie versunken, und die Chance, daß diese Situation sich innerhalb der kommenden Jahre und Jahrzehnte bessern wird, liegt bei Null — trotz allen Geschwätzes von Politikern, die gern in ihren Sonntagsreden behaupten, die Dritte und die Vierte Welt hätten eine Chance, die momentanen Bedingungen zu verbessern. Genau das soll ja verhindert werden.

Wächst die Menschheit weiter so rasant wie bisher, werden die Ressourcen der Erde noch schneller geplündert werden. Zu glauben, man werde dann möglicherweise Rohstoffe im Weltall abbauen und auf der Erde verarbeiten, ist reiner Zweckoptimismus. Es ist nirgends zu erkennen, daß die entsprechenden Technologien in ausreichender Zahl vorhanden wären bzw. entwickelt würden. Und selbst wenn das der Fall wäre, dürfte die Nutzung von Mond- oder Mars-Rohstoffvorkommen kaum umfangreich genug sein, um acht bis zehn, ja vielleicht sogar fünfzehn Milliarden Menschen auf Dauer zu versorgen.

Selbst heute tauchen bereits düstere Vorzeichen am Firmament auf: Experten warnen vor einer drohenden Süßwasserknappheit, selbst die Erste-Welt-Staaten werden mittelfristig nicht mehr in der Lage sein, ihren Bürgern hochwertiges Trinkwasser zur Verfügung zu stellen. Auf diese und andere Probleme im Zusammenhang mit der Bevölkerungsexplosion wies schon vor vielen Jahren Hoimar von Dithfurth hin, der diese als den Hauptgrund für die Umweltverschmutzung charakterisierte, auch wenn er dafür herbe Kritik erntete. Wie man es auch drehen und wenden mag: Die Zahl der auf der Erde lebenden Menschen muß innerhalb der kommenden Jahre begrenzt, am besten vielleicht sogar auf einem niedrigeren Level als heute stabilisiert werden.

Doch stellen Sie sich einmal vor, ein Politiker würde heute an die Öffentlichkeit treten und die Reduktion der auf der Erde lebenden Köpfe verlangen. Ein Sturm der Entrüstung wäre die Folge, getragen von all jenen, die, aus welchen Gründen auch immer, die Meinung vertreten, die Menschheit könne sich unbegrenzt und in friedlichem Einvernehmen weiterentwickeln. Nicht nur Menschenrechtsorganisationen würden Alarm schlagen, sondern auch zahlreiche Religionsvertreter (»Seid fruchtbar und mehret Euch«) würden gegen solcherlei Pläne ins Feld ziehen, die als menschenfeindlich, rassistisch und faschistoid gebrandmarkt werden würden. Allein: Unbegrenztes Wachstum auf einem mit begrenzten Ressourcen ausgestatteten Planeten ist, egal unter welchen wirtschaftlichen und machtpolitischen Verhältnissen auch immer, einfach unmöglich. Der Widerspruch ist offensichtlich: Wenn wir nicht handeln, wird es zur Katastrophe kommen, wobei diese genaugenommen schon tagtäglich stattfindet, denken wir nur an die ca. 30 000 Kinder, die alle 24 Stunden auf der Erde verhungern. Doch bisher hat niemand, zumindest *offensichtlich* werdend, irgend etwas gegen die drohende Katastrophe unternommen. Zu groß ist die Angst, der Inhumanität bezichtigt und mit dem nationalsozialistischen System des Dritten Reiches gleichgestellt zu werden. (Möglicherweise hat man innerhalb verdeckter Operationen schon zu entsprechenden »Korrekturmaßnahmen« gegriffen, siehe die Verbreitung des AIDS-Virus, das zuerst bei Homosexuellen auftrat. Aus gewöhnlich gut unterrichteten Quellen war zu erfahren, daß das Aids-Thema von einigen Vertretern mancher Denkschulen — in den USA gern als »think tanks« bezeichnet — durchaus nicht als Problem angesehen wird. Vielmehr hofft man so, z. B. daß »Problem Afrika« in etwa zwanzig Jahren end»gelöst« zu haben.) Die Menschheit steht vor der Option, entweder den Dingen ihren Lauf zu lassen oder verantwortungsbewußt zu handeln. Letzteres ist die einzige Möglichkeit, die Zwangsläufigkeit der Geschehnisse abzuwenden. Setzt die bisherige Politik ihre Taktik fort, vor den Problemen der Welt die Augen zu verschließen oder klammheimliche Methoden zur Begrenzung der Zahl der Menschen auf dem Planeten zu betreiben (was seit langem unabhängig von den von mir vemuteten verdeckten Operationen auch offensichtlich in Form von Kriegen, Seuchen, Hungersnöten etc. erfolgt), dann wird und muß es früher oder später zu einem Kampf kommen, den man als Kampf der Kulturen oder aber auch als Kampf der Unterprivilegierten gegen die Privilegierten bezeichnen kann.

Ein offen ausgetragener Kampf der Kulturen hätte fatale Folgen, denn niemand könnte mehr sicher sein, in Kürze noch gesund und munter unter den Lebenden zu weilen. Würde diese Auseinandersetzung in vollem Umfang ausgetragen werden, so wäre dies eine Art Endkampf um die Vorherrschaft auf dem blauen Planeten, die nicht unbedingt durch jene gewonnen werden muß, die über die ausgefeilteren Vernichtungstechnologien verfügen. Es ist ein Irrglaube, daß in einer totalen Konfrontation allein der Stand der Technik über Sieg und Niederlage entscheidet. Das wissen auch die Vertreter derjenigen Nationen, die derzeit einem Krieg gegen den Irak das Wort reden, weshalb sie versuchen, eine »Lösung« durch Herbeiführung eines »begrenzten Konflikts« zu ermöglichen. Ob das allerdings gelingen wird, weiß zur Zeit niemand wirklich.

Der Riese wankt
Der drohende Kollaps des US-Finanz- und Wirtschaftssystems als Ursache aggressiver Politik

»Die Führung der USA weiß nicht mehr, wohin sie will. Sie weiß, daß sie auf das Geld der übrigen Welt angewiesen ist, und verspürt Angst, zu nichts mehr zu taugen. Es gibt keine Nazis und Kommunisten mehr. Während eine sich demographisch, demokratisch und bildungspolitisch stabilisierende Welt begreift, daß sie immer weniger auf Amerika angewiesen ist, entdeckt Amerika, wie sehr es auf die Welt angewiesen ist. Deshalb stürzt es sich in militärische Aktionen und Abenteuer.«
Emmanuel Todd, Historiker und Politologe am nationalen *Institut für Demographie*, Paris, in einem Interview mit der Zeitung *NZZ am Sonntag*, 2. Februar 2003

Selbst jenen, die sich nur oberflächlich mit Weltpolitik befassen, ist aufgefallen, daß seit dem Amtsantritt George W. Bushs eine massive Veränderung vor allem der US-Außenpolitik eingetreten ist, die immer aggressivere Züge annimmt. Die Ursache hierfür sind im Inneren des amerikanischen Finanz- und Wirtschaftssystems zu suchen, denn die allgemeine Wirtschaftslage der USA zum Zeitpunkt des Amtsantritts von George W. Bush war durchaus als desolat zu bezeichnen. Eine enorme Verschuldung, das riesige Handelsbilanzdefizit, die Energiekrise Kaliforniens und die untauglichen Mittel, womit die neue Administration von George W. Bush dagegen vorzugehen begann, sind die hervorstechenden Merkmalen der Wirtschafts- und Finanzsituation der Vereinigten Staaten. Wie immer in solchen Fällen, wurde seitens des US-Establishments darüber nachgedacht, auch unkonventionelle Mittel zur Krisenbewältigung einzusetzen. In diesem Zusammenhang sei an den mehrfach perfektionierten Notstandsapparat der USA und an diverse »Kriegsspiele« des *Council on Foreign Relations* im Herbst 1999 und im Januar 2000 erinnert, bei denen die Auswirkungen einer globalen finanziellen Kernschmelze auf die amerikanische Sicherheit simuliert wurden.

Das Problem für das US-Establishment besteht seit jeher darin, das eigene System mächtig, überlegen und unfehlbar erscheinen zu lassen, um seine möglichen Gegner von vornherein abzuschrecken. Dabei ist man sich durchaus der Tatsache bewußt, daß das auf Zins basierende Geldsystem in regelmäßigen Abständen zu einer gigantischen Aufblähung der Schuldenblase führt, die irgendwann zu platzen droht und selbst den wirtschaftlich-finanziellen Riesen USA zu Fall bringen kann. Aus diesem Grunde ist man stets bereit gewesen, die wahren Ursachen für eine Krise, die man in vielen Fällen mit einem Krieg zu meistern versucht, zu verschleiern und statt dessen Ursachen zu erfinden bzw. zu provozieren. Es ist, betrachtet man die Zusammenhänge näher, schon merkwürdig, daß die Anschläge auf das World Trade Center in New York und auf das Pentagon in Washington genau zu einem Zeitpunkt eintrafen, als eine unkonventionelle Lösung der amerikanischen Finanzkrise durchaus sinnvoll erschien und man einen »Grund« benötigte.

Vielleicht erinnert sich meine Leserschaft noch, was im September 2000, zwei Monate bevor George W. Bush auf merkwürdige Art und Weise in das amerikanische Präsidentenamt gehievt wurde, das Bild war, das inner- und außerhalb der Vereinigten Staaten von der amerikanischen Wirtschaft gezeichnet wurde? Damals hieß es unisono, die US-Wirtschaft befinde sich im längsten und robustesten Wirtschaftsboom aller Zeiten. In den USA seien mit dem erfolgreichen Übergang zur New Economy die Probleme und die Krisenanfälligkeit der alten Wirtschaft des Industriezeitalters überwunden worden. Ein beispielloses Wirtschaftswachstum und nie gekannte Produktivitätszuwächse seien nun selbstverständlich. Inflation sei kein ernsthaftes Problem mehr. Das Vertrauen der Welt in das amerikanische Wirtschaftswunder bezeugten der starke Dollar und die hohen ausländischen Kapitalzuflüsse, während der dahinschwächelnde Euro demonstriere, wie rückständig und unbeweglich die europäische Wirtschaft sei. Solche und ähnliche Behauptungen wurden aufgestellt, obwohl längst klar war, daß die nächste Krise, wenn nicht gar Depression, vor der Tür stand.

Nur wenige Wirtschafts- und Finanzfachleute, wie z. B. in Deutschland der Autor des Buches »Börsenkrach und Weltwirtschaftskrise — Der Weg in den 3. Weltkrieg«, Gunter Hannich, erkannten die Schwäche des Systems und warnten vor der weiteren Entwicklung.

Tatsache ist nämlich, daß das sogenannte amerikanische Wirtschaftswunder niemals existiert hat, denn das dafür gehaltene Gebilde wurde in erster Linie durch eine beispiellose Verschuldung der privaten Haushalte, der Banken, der Unternehmen und der Volkswirtschaft verursacht. Damit stehen die USA nicht allein da, auch zahlreiche andere Nationen befinden sich in derselben Situation.

Merkwürdigerweise waren bis zum dann wirklich eintretenden Börsenkrach die meisten Wirtschafts- und Finanzexperten wie das Heil predigende Wanderpriester bereit, den Darstellungen des US-Establishments zu folgen, während man die Rufer in der Wüste nicht hörte bzw. nicht hören wollte. Angesichts der Tatsache, daß bis dahin die meisten Börsianer, Ökonomen und Finanzmanager die bevorstehende rasante Abwärtsentwicklung nicht sehen wollten, muß man sich fragen, ob diese Leute überhaupt ihr Handwerk verstehen oder einer Tätigkeit nachgehen, die in gewisser Weise staatlich sanktionierter Betrug ist.

In den USA prognostizierte Lyndon LaRouche, daß nach den Präsidentschaftswahlen am 7. November 2000 die wirtschaftlichen Tatsachen schnell und deutlich sichtbar werden würden. Den Vereinigten Staaten stünde demnach künftig eine systembedingte Großkrise bevor, die das Schicksal der Bush-Administration entscheidend bestimmen werde. Dabei würden, so LaRouche, letztlich nicht die wirtschaftspolitischen Absichten und Pläne der Bush-Administration ausschlaggebend sein, vielmehr würde die Realität der Krise das politische Verhalten der Verantwortlichen bestimmen.

LaRouche sollte recht behalten. Die nachfolgenden Zahlen (alle Angaben nach der *EIRNA*-Studie »Hyperinflation und Weltfinanzkrise«, 2. erweiterte Auflage, Februar 2001) sollen dokumentieren, auf welche Katastrophe die Vereinigten Staaten von Amerika zusteuern, die mit herkömmlichen, sprich friedlichen Mitteln kaum zu meistern sein wird. Auch wenn die Zahlen nicht das Jahr 2002 berücksichtigen, so machen sie doch den Trend deutlich, der sich bis zum heutigen Tag sogar noch deutlich verschärft hat.

Nach Angaben der *Federal Reserve Bank* wuchsen die Schulden in den Vereinigten Staaten in den 1990er Jahren dreimal so schnell wie das Bruttoinlandsprodukt (BIP): Ende 1999 lag das amerikanische BIP bei rund 9,5 Billionen Dollar, während sich die Gesamtverschuldung auf 25,6 Billionen Dollar belief. In den 1990er Jahren stieg das BIP um 3,9 Billionen Dollar, während sich die Schulden um 12,8 Billionen Dollar vermehrten.

Die Schulden der nicht im Finanzsektor tätigen Unternehmen stiegen in den letzten fünf Jahren (bis 2000 − Anm. d. Verf.) um 67 Prozent auf 4,5 Billionen Dollar, während die Schulden der Haushalte sich um 60 Prozent auf 6,5 Billionen Dollar vermehrten. Im Durchschnitt hat jeder amerikanische Haushalt inzwischen dreizehn Kreditkarten und 7500 Dollar an Kreditkartenschulden − gegenüber 3000 Dollar im Jahr 1990. Die Schulden der Privathaushalte belaufen sich jetzt auf 101 Prozent ihres Einkommens (1990: 84 Prozent).

Die Schulden der US-amerikanischen Unternehmen belaufen sich auf 46 Prozent des amerikanischen Bruttoinlandproduktes. Das ist der höchste Stand, der jemals erreicht wurde.

»Die Verschuldung des amerikanischen Finanzsektors wird vom ehemaligen Chefvolkswirt der Dresdner Bank, Kurt Richebächer, sogar auf rund 25 Billionen Dollar geschätzt (mittlerweile sind es über 30 Billionen Dollar – Anm. d. Verf.), was deutlich über den in den USA zirkulierenden Schätzungen liegt. Aber auch amerikanische Zahlen belegen, daß die Schulden der Finanzunternehmen die am schnellsten wachsende Kategorie der Schulden darstellen: Seit 1993 wuchsen sie immerhin um satte 132 Prozent! In den heutigen USA fällt die dramatische Kreditausweitung mit einem vollständigen Zusammenbruch der privaten Ersparnisbildung zusammen. Wie refinanzieren sich also die amerikanischen Banken? In immer stärkerem Maße dadurch, daß sie sich selbst, im Inland wie im Ausland, verschulden. Im Jahre 1999 erreichte die jährliche Neuverschuldung des US-Finanzsektors bereits den schwindelerregenden Wert von 1087 Milliarden Dollar.« *(EIRNA*-Studie »Hyperinflation und Weltfinanzkrise«, 2. erweiterte Auflage, Februar 2001)

Nach den in der Studie genannten Zahlen veröffentlichte die *Federal Reserve* 1998 eine Statistik, nach der die amerikanischen Familien 53,9 Prozent ihres Geldvermögens in Aktien angelegt hatten, fast doppelt so viel wie 1989! Analytisch betrachtet, handelt es sich dabei um eine katastrophale Entwicklung, denn das Einkommen fast der Hälfte aller US-Haushalte hängt von Aktiengewinnen ab, die es – nach aktueller Lage der Dinge – auf lange Sicht nicht geben wird, denn die vor kurzem zu registrierenden Kurseinbrüche vieler Aktien, gerade in der sogenannten IT-Branche, haben nur Verluste hinterlassen – und damit Geld in großen Mengen vernichtet.

Das scheinbare Wachstum der US-Wirtschaft seit 1995, das so viele »Wirtschaftsfachleute« zu wahren Lobeshymnen über die amerikanische Konjunktur und Leistungsfähigkeit hinriß, beruh-

te in Wirklichkeit hauptsächlich darauf, daß steigende Aktien-
preise einen sogenannten »nominellen Wohlstandseffekt« er-
zeugten, der wiederum zu zunehmenden Konsumausgaben, und
damit höheren Konsumentenschulden, führte. Diese steigenden
Konsumausgaben wären unter normalen Umständen positiv zu
bewerten, wenn sie denn durch eine entsprechende Steigerung
der Industrieproduktion innerhalb der der amerikanischen Wirtschaft gedeckt wären. Das ist aber nicht der Fall. In Wirklichkeit
produziert die US-Wirtschaft nicht mehr, sondern importiert
immer mehr aus dem Ausland. Und das führt zum nach wie vor
wachsenden Handelsbilanzdefizit der USA. Mittlerweile impor-
tieren die Vereinigten Staaten etwa zweieinhalb mal mehr, als
sie exportieren — ein Zeichen dafür, daß die Wirtschaft keineswegs so funktioniert, wie sie funktionieren müßte. Freilich, bis
vor kurzem konnte man diese Umstände noch einigermaßen
kaschieren, denn die amerikanische Währung, der Dollar, galt
als stabil und sicher. In der Vergangenheit legten deshalb vor
allem viele ausländische Investoren ihr Geld in den USA an. Man
schätzt, daß im Jahre 1999 täglich etwa eine Milliarde Dollar in
die Vereinigten Staaten flossen, im Jahr 2000 sollen es sogar
rund 1,9 Milliarden gewesen sein.
Zwischenzeitlich ist jedoch ein gefährlicher Trend zu beobachten. Entgegen allen Gewohnheiten fällt diesmal der Wert des
Dollars vor einem Krieg. Der Grund dafür ist schnell erklärt: Da
die US-Währung immer als sicher galt und die wirtschaftlichen
und politischen Verhältnisse in den Vereinigten Staaten als
stabil bezeichnet wurden, investieren auch arabische Unternehmen und Privatleute in Nordamerika. Man schätzt, daß seit Mitte
der 1990er Jahre ca. 1300 Milliarden Dollar in die US-Wirtschaft
flossen. Davon sind aber in letzter Zeit 300 Milliarden Dollar
wieder abgezogen und nach Europa umgeschichtet worden. Die
arabischen Unternehmer und Privatpersonen fürchten nämlich
nicht zu unrecht, daß im Falle der Eskalation des Irak-Konfliktes
ihre Guthaben in den USA eingefroren werden könnten. Daher

investieren sie nun lieber in die europäische Wirtschaft, was für
die USA fatal ist, verlangt doch das aufgezeigte amerikanische
Handelsbilanzdefizit den Zufluß von täglich 1,5 Milliarden Dollar
aus dem Ausland ...

In diesem Zusammenhang stellt sich die Frage, ob die Vereinigten Staaten bei einem weiter anhaltenden Kapitalabfluß überhaupt in der Lage sein werden, die langfristige Terrorismus-
Bekämpfung zu bewerkstelligen, steht doch auch die eigene
Wirtschaft, wie ich bereits feststellte, auf höchst wackeligen
Füßen. Genaugenommen taumelt sie schon seit einigen Jahren,
was sogar renommierten US-Wirtschaftsfachleuten Anlaß gab,
sich Gedanken über das kapitalistische Wirtschaftssystem der
Vereinigten Staaten zu machen, das in den letzten Jahren mit
solchen Begriffen wie Shareholder Value und New Economy
operierte. Der Finanz- und Wirtschaftsinformationsdienst *Riche-
baecher Letter*, benannt nach seinem Herausgeber Richebächer,
der schon den Niedergang der Börse und der IT-Branche richtig
vorausgesagt hatte, fragte angesichts der ins Trudeln geratenen
US-Wirtschaft:

»Welchen Kapitalismus haben wir also tatsächlich in den
Vereinigten Staaten? Unsere Antwort lautet: Statt eines
neuen und effizienteren Kapitalismus haben wir es mit
einem ›niedergehenden und degenerierten‹ Kapitalismus
zu tun. Die Substanz des klassischen Kapitalismus war
langfristig orientierte Kapitalbildung aus Ersparnisbildung
mit einem starken Bewußtsein der Verantwortung für künftige Generationen. Und was ist der Kern des ›neu-ameri-
kanischen‹ Modells des Kapitalismus der 90er Jahre? Es ist
die hektische Jagd der Firmenbosse nach dem schnellen
und leichten Profit auf dem Aktienmarkt. Das geschieht
durch Finanzgeschäfte und Aktienrückkäufe und wird ermöglicht durch eine Öffentlichkeit, die aufgehört hat zu
sparen, während im Finanzsystem eine zügellose Kredit-
schöpfung stattfindet. Dabei zielt alles auf Konsum und

Spekulation. Die Verantwortung der Firmenchefs in diesem ›Neuen Kapitalismus‹ beginnt und endet mit dem kurzfristigen Aktienkurs. Das ist niedergehender und degenerierter Kapitalismus, in dem Sinne, daß Ersparnisbildung und Kapitalakkumulation, die Wesenszüge einer kapitalistischen Wirtschaft, völlig verschwunden sind. ... Tatsächlich geht es hier um ungezügelten Überkonsum auf Kosten der künftigen Generationen, die einen ausgelaugten Kapitalstock, einen Berg von Auslandsschulden und jede Menge wertloses Papier (Aktien und Anleihen) erben werden ...«

Das Schlimme an diesem US-Kapitalismus-Modell ist der Umstand, daß es nunmehr *globale Gültigkeit* hat und als das Non-Plus-Ultra angesehen wird. Erfolgt kein Kurswechsel, so steuern die Nationen der Welt in den sicheren Untergang, allen voran aber die USA.

Richebächer betont besonders, daß die wirtschaftlichen Ungleichgewichte und die finanziellen Exzesse nie dagewesenen Ausmaßes, wie sie sich in den letzten Jahren ereignet haben, die US-Wirtschaft »verwundbar wie noch nie« gemacht haben. Ohne Übertreibung kann also davon gesprochen werden, daß das Finanz- und Wirtschaftssystem der Vereinigten Staaten der sogenannten »Kernschmelze« zum Opfer fallen wird, wenn nicht neue Ressourcen, neue Märkte und große Mengen Geld den taumelnden Riesen stabilisieren können. Es versteht sich von selbst, daß diese notwendigen Faktoren nur mittels Krieg und Expansion schnellstmöglich zu »beschaffen« sind. Selbstverständlich kann auch das den Zusammenbruch des Systems nur hinauszögern, nicht aber verhindern.

Natürlich konnte niemand ahnen, daß der Niedergang der US-Wirtschaft ausgerechnet dann eine kritische Phase erreichen würde, als George W. Bush ins Präsidentenamt gehievt wurde. Bush war auch ohne den wirtschaftlichen Druck bereit, aggressive innen- und außenpolitische Zielsetzungen zu verfolgen. Doch als dann noch die schlechten wirtschaftlichen Nachrichten eintrafen und die Anschläge auf das World Trade Center und das Pentagon die Lage anheizten, kulminierten die Bemühungen, die anstehenden Probleme auf unkonventionelle Weise zu lösen. Wie angeschlagen die amerikanische Wirtschaft ist, konnte man im Jahre 2001 erkennen, als am 16. Januar der kalifornische Gouverneur Gray Davis den Energie-Notstand verhängte, weil die beiden führenden Stromversorger Kaliforniens, *Pacific Gas & Electric* (PG&E) und *South California Edison* (SCE), vor dem Bankrott standen und die Stromversorgung zusammenzubrechen drohte. Für westeuropäische Beobachter, die von diesen Vorgängen in oft nur bruchstückhafter Form erfuhren, schien das Ganze unbegreiflich zu sein. Wie konnte es dazu kommen, daß im wohlhabensten US-Bundesstaat zeitweise »die Lichter ausgingen«?

1996 hatte das kalifornische Parlament ein Gesetz zur sogenannten »Deregulierung der Stromversorgung« verabschiedet. Damit wurde die unter Präsident Franklin D. Roosevelt eingeführte Strommarktordnung aufgehoben, in deren Rahmen die privaten Versorger seit den 1930er Jahren zuverlässig und zu stabilen Preisen Strom in stets ausreichender Menge geliefert hatten. Nunmehr aber wurde die bis dahin eine wirkungsvolle Einheit bildende Stromerzeugung und -verteilung aufgesplittet, was zur Folge hatte, daß die integrierten Stromversorger ihre eigenen Kraftwerke an meist in anderen US-Bundesstaaten ansässige »unabhängige« Stromproduzenten verkaufen mußten. Begründet wurde diese Deregulierung seitens ihrer Befürworter mit der Argumentation, daß die Verbraucher von einer solchen Maßnahme erheblich profitieren würden. Würden nämlich die privaten Stromversorger durch wettbewerbliche Maßnahmen gezwungen, den Strom von miteinander konkurrierenden Stromgroßhändlern einzukaufen, würden die Preise mittelfristig fallen (hierzulande wurden ähnliche Weisheiten verbreitet, die Stromkosten fielen aber nur kurze Zeit, um anschließend auf das ursprüngliche Niveau bzw. darüber hinaus zu klettern). Doch das genaue Gegenteil war der Fall. Der Deregulierungsprozeß führte zu einem fast völligen Baustopp neuer Kraftwerke, weil die Auffassung kursierte, es gäbe aus den verschiedensten Gründen ein Überangebot von überteuertem Strom, was zusammen mit anderen Gründen, die an dieser Stelle nicht näher beleuchtet werden können, im Laufe der letzten Jahre zu einer immer größer werdenden Lücke zwischen Nachfrage und Lieferkapazität bei Strom in Kalifornien führte. Die ursprünglich beschworenen Selbstheilungskräfte des Marktes, auf die man auch in Kalifornien baute, sorgten allerdings nicht dafür, daß sich etwas zum besseren wendete. Im Gegenteil: Investitionen in neue Kraftwerke kamen kaum mehr zustande, wohl aber gab es einen stetig wachsenden Preisdruck bei Strom, der — weil billiger geworden — mehr verbraucht wurde. So entstand schließlich ein Stromdefizit, das Anfang des Jahres 2001 bei etwa 15 Prozent des Gesamtverbrauchs in Kalifornien lag.

Logischerweise hatte die kalifornische Stromkrise nicht unerhebliche Auswirkungen auf die US-Wirtschaft, besonders aber auf das amerikanische Finanzsystem. Mehrere Großbanken, u. a. die *Bank of America* drohten in den Strudel der Ereignisse hineingerissen zu werden. Am 27. Dezember 2000 war der kalifornische Gouverneur Davis zu Notstandssitzungen mit Notenbankchef Alan Greenspan, Finanzminister Larry Summers, Präsident Clinton und George W. Bush nach Washington geflogen. Die Tatsache, daß Greenspan persönlich involviert werden mußte, zeigte damals überdeutlich auf, daß die Auswirkungen der kalifornischen Stromkrise massive Auswirkungen auf das gesamte Finanzsystem der Vereinigten Staaten hatte.

Das Hauptproblem des taumelnden Wirtschaftsriesen USA ist, daß er — um im Bilde zu bleiben — bei seinem Zusammenbruch zahlreiche andere Volkswirtschaften der westlichen und östlichen Hemisphäre mit sich in den Untergang ziehen wird. Seit Mitte der 1990er Jahre hatte die US-Wirtschaft die Rolle eines Magneten für die Weltwirtschaft übernommen: ständig steigende Mengen von Waren und Gütern wurden in die Vereinigten Staaten importiert. Das wiederum war nur deshalb möglich, weil die einst leistungsfähige und exportorientierte US-Industrie immer mehr an Bedeutung verlor, als man in den 1970er Jahren damit begann, die sogenannte nachindustrielle Gesellschaft zu proklamieren. Das hatte zur Folge, daß teils bedeutende Industriezweige verkleinert, in Billiglohnländer verlagert oder ganz aufgegeben wurden. Genaugenommen beraubten sich die Vereinigten Staaten selbst ihrer wirtschaftlichen Leistungsfähigkeit, ja, sie begaben sich sogar in Abhängigkeit von anderen Nationen. Diese Situation verschärfte sich dann noch in den 1990er Jahren, als großsprecherisch und leichtfertig von der »Informations- und Dienstleistungsgesellschaft« geredet wurde, die sich nunmehr immer häufiger als wirtschaftliches und finanzielles Desaster entpuppt. Die Vereinigten Staaten sind heute *gezwungen*, zahlreiche wichtige Waren aus dem Ausland zu beschaffen, was in der Folge zu einem immer größer werdenden Handelsbilanzdefizit und dem Auftürmen enormer Schulden geführt hat.

Es versteht sich von selbst, daß immer größer werdende US-Importe dazu führen müssen, daß anderswo in der Welt immer mehr Güter für den Export produziert werden. Die vielgepriesene Globalisierung hat dafür gesorgt, daß in den letzten Jahren ganze Volkswirtschaften auf den Export von Gütern in die USA umgestellt worden sind. Das betrifft heute nicht nur viele Nationen in Europa, sondern auch in Asien. Aufgrund der weltweiten Verflechtungen des Handels würde ein GAU der US-Wirtschaft auch zu katastrophalen Konsequenzen in anderen Teilen der Welt führen, und es darf bezweifelt werden, daß die nationalen Wirtschaftsstrategen für einen solchen Fall der Fälle Vorbereitungen getroffen haben. Allein angesichts der Drohung dieser Gefahr sollte jedem vernünftigen Menschen klar werden, daß das Wohl der Zivilisation nicht in einer Globalisierung, sondern nur in einer Regionalisierung zu suchen ist.

Das hier Dargelegte hat selbstverständlich auch die Bush-Administration begriffen und eine Reihe von Maßnahmen innerhalb eines Krisenmanagements versucht, um den Kopf aus der Schlinge zu ziehen. Doch Zinssenkungen, eine Erhöhung der Staatsverschuldung und eine neue Spirale der Rüstung sind untaugliche Mittel, um den bevorstehenden Bankrott zu verhindern.

Die größte Angst der Verantwortlichen resultiert allerdings aus der Unkalkulierbarkeit der Reaktionen seitens des amerikanischen Volkes, wenn die Tatsachen offensichtlich werden sollten. Auch deshalb ist man bemüht, »Lösungen« in Form eines Krieges im Ausland zu arrangieren, denn die waffenbesitzenden Amerikaner sind eine Gefahr besonderer Art. Dabei versteht es sich von selbst, daß die Bush-Regierung auch in bezug auf zu erwartende innenpolitische Schwierigkeiten Vorsorge trifft, indem immer mehr Nostandsgesetze und Notverordnungen durchgesetzt werden, die — oh Wunder! — aufgrund der Terrorismusdrohung auch klaglos den Kongreß passieren.

In den Vereinigten Staaten besteht seit 1979 ein zwischenzeitlich mehrfach verbesserter Apparat für ein Notstandsregime in Gestalt der *Federal Emergency Management Agency* (FEMA), auf die ich an anderer Stelle meines Buches noch ausführlich eingehen werde. Ihre Aufgabe besteht darin, unterhalb des Niveaus eines offiziell ausgerufenen nationalen Notstandes oder des Verteidigungsfalls zu agieren, wobei der FEMA dann alle Regierungsorgane unterstehen. Ursprünglich als Katastrophenschutzbehörde ausgewiesen, war die FEMA in dieser Beziehung auffallend untätig, was nicht nur Verschwörungstheoretiker in der Vermutung bestärkte, sie habe eine besondere, eine geheime Aufgabe. Als ich vor einigen Jahren das Thema FEMA in einem anderen Zusammenhang näher beleuchtete, fiel mir auf, daß sie so organisiert und strukturiert wurde, daß sie vorwiegend durch repressive Maßnahmen nach innen wirken kann.

Damals schien das noch unverständlich angesichts der immer wieder postulierten starken Demokratie in den USA. Heute müssen die Zusammenhänge in einem anderen Licht gesehen werden: Die FEMA ist eine Art geheimer Militärregierung, die dann in Aktion treten wird, wenn Aufstände und Unruhen aufgrund eines aus den Fugen geratenen Finanz- und Wirtschaftssystems zu erwarten sind. Das bedeutet, daß die USA nicht nur im außenpolitischen Bereich aggressives Verhalten an den Tag legen, sondern daß das Establishment auch für den Fall vorgesorgt hat, daß die innere Lage außer Kontrolle geraten sollte.

Und tatsächlich: Im Rahmen der Arbeit der FEMA hat es in den letzten Jahren eine Vielzahl von »Übungen« gegeben, deren Schwerpunkt eine schwere Finanz- und/oder Wirtschaftskrise waren. Über die FEMA-Übung *Rex 84 Alpha*, die im Jahre 1984 absolviert wurde, sind einige Informationen bekanntgeworden. Hierbei spielten Krisenmanagement und Notstandsmaßnahmen angesichts einer weltweiten Finanzkrise mit nachfolgenden schweren Wirtschaftserschütterungen und sozialen Unruhen inner- und außerhalb der Vereinigten Staaten die Hauptrolle.

Doch nicht nur die FEMA realisierte solche Übungen, auch der *Council on Foreign Relations* (CFR) exerzierte mehrfach solche Szenarien durch. In einem Fall wurde ein Szenario durchgespielt, das von einen Kollaps der wichtigsten Aktienmärkte ausging, der in kürzester Zeit für Unruhen sorgt. Dabei wurde davon ausgegangen, daß der Dow-Jones-Index von 10 000 auf 7100 Punkte fiele, der Ölpreis auf 36 Dollar pro Barrel ansteige und der Kurs des Dollar gegenüber Euro verfalle. Kommen uns diese Zahlen nicht im Hinblick auf aktuelle Ereignisse irgendwie bekannt vor?

Wie noch zu zeigen sein wird, sind solche Szenarien alles andere als reine Theoriemodelle. Die FEMA scheint auch praktischerseits auf eine solche finanzielle und wirtschaftliche Kernschmelze vorbereitet zu sein — und auf die damit zu erwartenden Unruhen. Und wem die Möglichkeit eines Notstandsregimes unter Bedingungen einer Großkrise in Wirtschaft und Finanzen als nicht ernstzunehmende Übertreibung oder gar Verschwörung erscheint, der sollte bedenken, daß ja bereits die Installierung der Bush-Administration jenseits jeder Wahl-Normalität erfolgte. Durch eine politische Entscheidung der Mehrheit des Obersten Gerichtes wurde George W. Bush zum Präsidenten gemacht. Diese Entscheidung beruhte auf der Begründung, daß die Wahlkrise, die von Anfang November bis Mitte Dezember 2001 andauerte, eine nicht länger hinnehmbare faktische Notstandssituation geschaffen hatte, die sofort durch die Installierung Bushs als Präsidenten beendet werden müßte, was dann auch geschah.

Die Wirtschafts- und Finanzkrise in den Vereinigten Staaten existiert selbstverständlich nicht für sich allein, sondern kann nur im Zusammenhang mit politischen und strategischen Faktoren gesehen werden. Das Deutschland der 1920er und 1930er Jahre zeigte unmißverständlich, was geschehen kann, wenn die desaströse finanzielle und wirtschaftliche Lage eines Volkes die politisch Verantwortlichen zu Entscheidungen zwingt. Nun muß zugegebenermaßen nicht immer eine Entwicklung in Richtung extremer politischer Regime erfolgen, wenn die Wirtschaft kollabiert, doch die Warnzeichen, die in diese Richtung gehen, sind ernst zu nehmen. Selbst die USA standen zeitgleich mit Deutschland vor dem politischen Scheideweg, wurden aber durch ihren Präsidenten Franklin D. Roosevelt wieder auf Kurs gebracht, der dann aus dem Kampf gegen den Nationalsozialismus für die USA wirtschaftlichen und politischen Nutzen zog. Dabei darf nicht übersehen werden, daß Roosevelt einer massiven Bedrohung seitens der amerikanischen Rechten ausgesetzt war, die ihn durch einen Putsch beseitigen wollte, um ein quasi-faschistisches System in den Vereinigten Staaten zu errichten. Auch wollen die Gerüchte nicht verstummen, daß die US-Rechte dann doch noch zum Ziel gelangte — wenn auch in abgeschwächter Form —, indem sie Roosevelt, der offiziell am 12. April 1945 friedlich entschlief, an diesem Tag mit Gewalt aus dem Weg räumte, um dem politisch gesehen weiter rechts stehenden Harry Truman und seinen Hintermännern Platz zu machen. Merkwürdigerweise fiel Roosevelts Tod genau in jenen Zeitraum, als amerikanische Einheiten Thüringen eroberten und hier mit hoher Wahrscheinlichkeit etwas erbeuteten, das den US-Hardlinern neue Dimensionen eröffnete: die deutsche Atombombe ...

Unabhängig von dieser Diskussion muß man sich in bezug auf die heutigen Ereignisse fragen, was etwa geschähe, wenn es in naher Zukunft bei einer dramatischen Verschlechterung der wirtschaftlichen und sozialen Lage in den USA zu weiteren inszenierten oder echten Terroranschlägen käme. Würde dann die FEMA die neue Macht im Staate werden? Möglicherweise ja, doch wohl nur als allerletztes Mittel. Solange das Platzen der Finanzblase, beispielsweise durch einen Konflikt wie dem im Irak und einem sich daran anschließenden langfristigen militärischen Kampf gegen den Terror — mit den allgemein bekannten positiven Aspekten für die Ankurbelung der Wirtschaft — verhindert werden kann, dürfte das US-Establishments nichts tun, um seine letzten Optionen erkennbar werden zu lassen, von denen es sicherlich noch einige hat, die gegenwärtig noch nirgends erörtert worden sind.

Im Namen von Recht und Freiheit — US-Interventionen im 20. Jahrhundert

»Wenn es nach den Nürnberger Gesetzen gegangen wäre, dann hätte man seitdem jeden US-Präsidenten gehenkt.«
Noam Chomsky, Linguist und politischer Autor

In den vorhergehenden Kapiteln wurden die wahren Hintergründe für die aggressive US-Außenpolitik dargelegt. Die unheilige Verquickung von wirtschaftlichen und finanziellen Zwängen, Rüstungsunternehmen, Geheimdiensten und hinter der Bühne agierenden Orden wie *Scull & Bones* mit ihren rassistisch geprägten Zielsetzungen läßt deutlich werden, warum die unter US-Oberhoheit gegenwärtig sich darstellende Lage auf unserem Planeten so ist, wie sie ist. Gleichzeitig dürfte erkennbar geworden sein, daß kriegerische Handlungen ein unumgängliches Prinzip der US-Außenpolitik sind, um die mehr oder weniger verdeckt erscheinenden Ziele in die Tat umzusetzen.
Schon seit der Wende des 19. zum 20. Jahrhundert haben die Vereinigten Staaten von Amerika, versehen mit ihrer militärischen Stärke, versucht, ihre Macht über große Territorien auszudehnen. Eine Gruppe von bekannten US-Historikern diskutierte die Folgen dieses frühen expansionistischen Eifers in dem Buch »A People and a Nation«, das 1982 im Bostoner Verlag Houghton Mifflin erschien. Die Autoren schreiben darin:
»Der amerikanische Expansionismus führte zum Imperialismus: die Erlangung der Kontrolle über andere Völker, denen die Freiheit zu eigenen Entscheidungen verwehrt, und deren souveräne Unabhängigkeit untergraben wurde.

Der Imperialismus nahm eine Vielfalt von Erscheinungs-
formen an, sowohl formale (Annexion, Kolonialismus oder
militärische Okkupation) als auch informelle (die Androhung einer Intervention oder ökonomische Manipulation).
Manchmal nahmen sich die Vereinigten Staaten Gebiete;
manchmal kontrollierten sie die ökonomischen Beziehungen anderer in einem solchen Ausmaß, daß diese ihre
Souveränität verloren; manchmal griffen amerikanische
Truppen ein, sorgten für Ordnung und blieben, um zu
herrschen ... Der dauerhafte amerikanische Glaube, andere Menschen könnten ihre Probleme nicht lösen, und nur
das amerikanische Regierungsmodell würde funktionieren, führte zu dem, was der Historiker William Appleman
Williams ›die Tragödie der amerikanischen Diplomatie‹
nannte.«

Einen besondere Anteil an den Weltmachtbestrebungen der
USA hatte Präsident Harry Truman. Er hatte geholfen, die NATO-
Allianz zu schaffen. Er hatte aber auch den *National Security Act*
im Kongreß durchgedrückt, auf dessen Grundlage das *National
Security Council* und die CIA gebildet wurden; und er hatte
überdies das Land ohne Billigung des Kongresses in den Korea-
Krieg getrieben. Truman tat im übrigen viel dafür, die Ängste
des Kalten Krieges anzuheizen, indem er kaum eine Gelegenheit
ausließ, von der »kommunistischen Bedrohung« zu sprechen –
auch dort, wo sie real überhaupt nicht vorhanden war.
In den 1950er Jahren hatte Trumans wachsende Geheimdienst-
gemeinde begonnen, ihr ursprüngliches Mandat ernsthaft zu
überschreiten, indem sie sich in verdeckten Operationen enga-
gierte, die auf den Sturz »unfreundlicher« Regierungen gerichtet
waren, und, wie es ein hoher amerikanischer Offizieller ausdrückte, »im Lager des Feindes« durch eine »Abteilung für schmut-
zige Tricks« ökonomisches Chaos auszulösen. Die sogenannte
Truman-Doktrin gab dem US-Militär faktisch die Macht, an je-

dem Ort in der Welt unter Verletzung der nationalen Souveränität anderer Länder einzugreifen, um »freie Menschen, die der
versuchten Unterdrückung durch bewaffnete Minderheiten oder
äußerem Druck widerstehen«, zu unterstützen. Dafür nahm man
in Kauf, »unfreie« Menschen, selbst wenn sie zum eigenen Hoheitsgebiet gehörten, zu mißbrauchen und – im schlimmsten Fall
– zu töten.
Das beste Beispiel für eine solche Vorgehensweise ist Puerto
Rico. Das Gebiet war genaugenommen immer nur wenig mehr
als eine Operationsbasis für das amerikanische Militär und die
Geheimdienste. In den 1960er Jahren diente die Insel als Übungs-
gelände für fanatische Castro-Gegner, die von der CIA unterstützt wurden. Jahre davor, 1931, wurden Berichten zufolge
zahlreiche Puertoricaner durch das *Rockefeller Institute* als
menschliche Versuchskaninchen mißbraucht und mit Krebs infi-
ziert. Dreizehn Personen starben schließlich an den Folgen.
Die Autoren Jonathan Vankin und John Whalen berichten in
ihrem 1995 erschienenen Buch »50 Greatest Conspiracies of All
Time« (Citadel Press, New York 1995), daß der Chefpathologe
Cornelius Rhoades, der Direktor der »Studie«, nichts bereute und
erklärte:

> »Die Portoricaner sind die schmutzigste, faulste, degene-
> rierteste und diebischste Menschenrasse, die jemals den
> Globus bewohnte ... Ich habe mein bestes getan, den
> Prozeß der Ausrottung zu befördern, indem ich acht von
> ihnen tötete und in einige andere Krebs verpflanzte ...
> Alle Ärzte haben Vergnügen daran, diese unglückseligen
> Subjekte zu mißbrauchen und zu quälen.«

Rhoades wurde öffentlich zwar als »geistig krank« hingestellt.
Aber die US-Regierung sah das offenbar anders. Sie machte
Rhoades in den 1940er Jahren zum Verantwortlichen für zwei
große Projekte der chemischen Kriegführung, zum Mitglied der
Atomenergie-Kommission und verlieh ihm sogar die *Legion of*

Merit (eine Art Verdienstmedaille – Anm. d. Verf). Das bedeutet, nüchtern betrachtet, daß das US-Establishment den offenen Rassismus von Rhoades teilte.

Wie ich bereits feststellte, begannen die Bestrebungen der USA, die Weltmacht Nummer 1 zu werden, unmittelbar nach dem Zweiten Weltkrieg unter Präsident Truman für jedermann offensichtlich zu werden. Vorher hatte es heimliche Bemühungen gegeben, zur beherrschenden Macht aufzusteigen, die jedoch unter Präsident Roosevelt nur zum Teil erfolgreich waren. Obwohl die USA in den Zweiten Weltkrieg eingetreten waren, schien bis zuletzt der Ausgang des Unternehmens nicht klar zu sein: Roosevelt plante sogar, die amerikanischen Truppen vom europäischen Kriegsschauplatz wegen der Drohung neuer deutscher Geheimwaffen und der Überlegenheit der Russen zurückzunehmen. Die meisten Historiker behaupten zwar, der Kriegseintritt der USA habe diese gewaltigste militärische Auseinandersetzung aller Zeiten beendet, aber es existieren Dokumente, die genau das Gegenteil aufzeigen. Eines davon soll an dieser Stelle präsentiert werden, denn es beweist, daß selbst noch Anfang 1945 die Gesamtlage auf dem Kriegsschauplatz sehr undurchsichtig war und daß der amerikanische Präsident Roosevelt sogar darüber nachdachte, dem Bolschewismus Stalins Europa zu überlassen, um sich statt dessen zukünftig in Asien und anderen Teilen der Welt zu engagieren. Auch geht daraus hervor, daß Deutschland noch über eine Reihe von Geheimwaffen verfügte, die man fürchten mußte und die dem Dritten Reich einen Vorsprung verschafften, der zeitlich gesehen bei einem halben Jahr lag.

Diese Angaben stehen freilich in einem erheblichen Gegensatz zu den Behauptungen der offiziellen Geschichtsschreibung, doch es mehren sich ohnehin die Indizien, daß vieles, was von den Historikern zum Verlauf des Zweiten Weltkrieges, insbesondere zur Endphase des Krieges, veröffentlicht wurde, schwerlich mit den Tatsachen in Übereinstimmung zu bringen ist, sondern reine

Propaganda und Siegergeschichtsschreibung darstellt. Neuerdings wird beispielsweise gar behauptet, daß Deutschland eine eigene Atomwaffe und ein dazugehöriges Trägermittel entwickelte, was den Kriegsverlauf eventuell hätte noch ändern können. Die dafür vorgelegten Indizien sind durchaus überzeugend, zumal sie mit dem nachfolgenden Dokument (Bericht Nr. 28/44, Bestand Reichssicherheitshauptamt R 58-114, heute Bundesarchiv Potsdam) in Übereinstimmung zu bringen sind. In der Einleitung zu diesem Bericht heißt es erklärend:

»VI B 4   O. U., den 6.2.1945

Geheim!

1. Vermerk

Ein bisher als zuverlässig bekannter Gewährsmann meldet:
Am 31.1.45 traf über Tanger kommend aus USA ein Kurier des Vatikan mit wichtigen Dokumenten in Madrid ein. Der Kurier flog am 1.2. nach Rücksprache mit dem päpstlichen Nuntius Madrid Msgn. Cicognani nach London, um mit dem dortigen Nuntius eine Besprechung zu führen und sich dann umgehend auf dem Luftwege nach Rom zu begeben. Angeblich soll der Kurier eine Note der Dreier-Konferenz an den Papst überbringen.

...«

Die wichtigen Dokumente, die hier angedeutet werden, bekam dann eine für das Reichssicherheitshauptamt arbeitende Person zu sehen, bei der es sich um einen der engsten Mitarbeiter von Kardinal Paulhaber handelte. Das Reichssicherheitshauptamt (RSHA) verwendete im Bericht natürlich keinen Klarnamen, sondern nur die Nummer des betreffenden Agenten: 38622 — um verständlicherweise seine Quelle zu schützen.

»Bericht Nr. 28/44

38622, der zu den engsten Mitarbeitern von Kardinal Paulhaber gehört, berichtet, daß aus Amerika die alarmierende Nachricht an den Vatikan gelangt sei, daß Roosevelt beabsichtige, unter ganz bestimmten Voraussetzungen im Laufe des kommenden Jahres seine Truppen aus Europa zurückzuziehen.

Als Voraussetzungen dafür zählt 38622 folgende Momente auf:

1. Es besteht die Möglichkeit, daß es Deutschland tatsächlich gelingt, im Westen seinen Westwall bzw. die Rheinlinie zu halten.

2. Es muß damit gerechnet werden, daß eine Landung der Alliierten an der deutschen Nordseeküste infolge der Nachschubschwierigkeiten und der Tätigkeit der deutschen V-Waffen sowie der neuen deutschen Flugwaffe mißlingt. Es ist sehr wahrscheinlich, daß die Alliierten den Zeitpunkt für eine solche Landung bereits versäumt haben.

3. Es ist sehr wahrscheinlich, daß die Russen bis zum Frühjahr oder Sommer des kommenden Jahres die Oderlinie erreicht haben und Prag, Wien und ein großer Teil des alten Österreich unter bolschewistischer Herrschaft stehen werden.

4. Infolge der unglücklichen Versuche Churchills, sich mit halb pedantischen, halb verzweifelten Methoden gegen die Erdrosselung Englands durch die Sowjetunion zu wehren, muß damit gerechnet werden, daß Stalin in verstärktem Maße die Bolschewisierung Englands und seiner bisherigen Einflußbereiche vorwärts treibt. Amerika hat zur Zeit keine Veranlassung, diese Entwicklung aufzuhalten, oder sich in die Pläne Stalins einzumischen.

5. Amerika muß in absehbarer Zeit zu einem vorläufigen Siege kommen. In Europa hat Amerika nichts mehr zu gewinnen, ohne nicht mit dem Bolschewismus in Konflikt zu kommen und damit einen endlosen Krieg heraufzubeschwören, dem es militärisch noch nicht gewachsen wäre. Amerika muß deshalb künftig alle Kraft darauf konzentrieren, Japan zu vernichten, um das Erbe

Englands und Japans in Asien und Australien antreten zu können. Damit wird sich Amerika eine solche wirtschaftliche und militärische Basis schaffen, daß es später die Sowjetunion wirtschaftlich abdrosseln und sein Erbe auch in Europa antreten kann.

6. Amerika kennt jetzt das Geheimnis der deutschen V-Waffen. Bis zum Sommer des kommenden Jahres werden diese V-Waffen von Amerika in einem derartigen Umfang hergestellt sein, daß es dieselben zur Vernichtung Japans einsetzen kann.

7. Deutschland wird durch seine V-Waffen möglicherweise England zum Zusammenbruch führen und in Frankreich und Belgien die rückwärtigen Versorgungslinien der Alliierten Verbände soweit stören, daß Amerika gezwungen sein wird, England selbst sowie Frankreich und Belgien dem Bolschewismus zu überlassen und seine Truppen aus Europa zurückzuziehen. Auch Spanien, Portugal und die Schweiz werden dann für den Bolschewismus reif sein.

8. Amerika wird versuchen, diese Herauslösung seiner Truppen aus Europa auf friedlichem Wege mit dem Bolschewismus zu regeln, und zwar in der Form einer endgültigen Überlassung Europas an den Bolschewismus und einer Nichteinmischung Amerikas in die bolschewistische Aufbauarbeit in Europa.

9. Sollte Deutschland jedoch so ungeschickt sein, seine V-Waffen zur Herbeiführung eines Chaos in England, Belgien und Frankreich nicht genügend auszunützen, so wird Amerika im Laufe des kommenden Sommers die von ihm bis dahin fertiggestellten V-Waffen nach der Vernichtung Japans auch noch für die Vernichtung Deutschlands einsetzen, bis es sich an der Elbe oder sonst einer Linie mit den russischen Armeen trifft. Aber auch in diesem Fall wird Amerika dann anschließend seine Truppen Schritt für Schritt aus Europa zurückziehen und dieses vorübergehend dem Bolschewismus überlassen.

Amerika weiß, daß Deutschland außer seinen V-Waffen und neuen Flugzeugen keinerlei wesentliche neue Waffen besitzt.

Für die neuen deutschen Flugzeuge wird Amerika aber im Sommer ebenfalls sowohl neue Jäger mit derselben Geschwindigkeit und mit Raketenwaffen sowie neue Raketenbomber bereit haben. Deutschland wird also höchstens durch seine neuen V-Waffen und seine neuen Flugzeuge im Frühjahr vorübergehend wieder einen kleinen Vorsprung erzielen können. Dieser Vorsprung werde aber von Amerika sehr bald wieder aufgeholt sein, da den Deutschen vor allem durchschlagende Infanteriewaffen fehlen. Alles, was die Deutschen auf diesem Gebiet bisher geschaffen hätten, seien Spielereien, mit denen keine durchschlagenden Erfolge erzielt werden könnten. Lediglich Panzerfaust und Panzerschreck hätten eine gewisse Bedeutung, könnten aber gegenüber den massierten amerikanischen Panzerangriffen der künftigen Zeit auch keine Gefahr bedeuten. Eine der wesentlichsten Schwächen der Deutschen sei ihre Materialknappheit, die es ihnen nicht erlaube, Waffen in entsprechender Menge herzustellen und die vor allem die Schwäche der deutschen Artillerie darstelle.

10. Trotzdem denke Amerika aber nicht daran, seine Kräfte zu zerstückeln, sondern werde sich in Zukunft in erster Linie auf die Eroberung Asiens konzentrieren. Da auch für Amerika die Gefahr der Bolschewisierung immer größer wird und sich bereits sehr beunruhigende Anzeichen dafür zeigen, muß Roosevelt danach trachten, eine Arbeitslosigkeit für die Zeit nach dem Kriege zu verhindern. Er braucht deshalb kaufkräftige und aufnahmefähige Märkte für die amerikanische Nachkriegsproduktion und ein Betätigungsfeld für amerikanische Besatzungstruppen und Kolonialbeamte. In Asien, Australien und Afrika, in Kanada und Südamerika wird Amerika diese Probleme für sich ganz anders lösen können als in dem verarmten und verschuldeten Europa, das mehr zur weiteren Aushöhlung als zum Aufbau des Bolschewismus beitragen wird.

Wenn Amerika sich dann so eine weite Wirtschaftsbasis gesichert hat, wird es an die Vernichtung Rußlands gehen können, wobei es die Mithilfe der Kirche dringend braucht. Auf alle Fälle ist für Amerika zur Zeit der europäische Kriegsschauplatz jetzt verhältnismäßig uninteressant und nebensächlich geworden und ist nur noch eine reine Prestigeangelegenheit.

11. Der Vatikan hält deshalb absolut an der kürzlich ausgegebenen Parole fest, zur Zeit keinerlei antibolschewistische Propaganda zu betreiben, um den Zorn des Bolschewismus ganz auf die nazistischen Kreise zu konzentrieren, wenn die große bolschewistische ›Reinigungswelle‹ kommt, und dabei selber möglichst wenig Blut zu verlieren.«

Ich will mir an dieser Stelle eine Kommentierung des für den Vatikan bestimmten Agentenberichtes ersparen, denn er spricht für sich selbst. Interessant ist, daß die amerikanische Administration mit Präsident Roosevelt an der Spitze bei Kriegsende die Kriegsgesamtlage ganz anders einzuschätzen schien, als das die heutigen Historiker tun, die ja behaupten, mit der Schlacht bei Stalingrad sei das Ende des Dritten Reiches eingeläutet worden. Roosevelt hatte ganz offensichtlich andere Pläne mit Deutschland, die im Gegensatz zu dem stehen, was uns die Geschichtsschreibung wissen läßt. Dafür muß es einen Grund gegeben haben, der — nach allem, was man derzeit sagen kann — mit der Drohung neuer deutscher Geheimwaffen zu tun hatte, deren Existenz offiziellerseits nach wie vor bestritten wird.

Die alles entscheidende und interessierende Frage ist die, was das US-Establishment dann doch veranlaßte, sich weiterhin in Europa zu engagieren. Hatte das Ganze rein politische Gründe oder hatten die aufgefundenen deutschen Technologien etwas mit dem Sinneswandel zu tun? Ich vermute, daß letzteres eine große Rolle spielte, denn wenn die Amerikaner z. B. tatsächlich eine fertige deutsche Atomwaffe erbeutet hätten (was ihr eigenes Programm, das *Manhattan Project*, erheblich beschleunigt haben dürfte), wären sie *aus dem Stand heraus* in die Lage versetzt worden, eine Weltmacht zu werden, die dann aufgrund des technologischen Vorsprungs logischerweise auch imstande gewesen wäre, dem Bolschewismus unter Stalin die Stirn zu bieten. Meines Erachtens wird es höchste Zeit, die Ereignisse bei Kriegsende lückenlos aufzuklären, um zu verstehen, was damals wirklich vor sich ging. Die bisher gebotenen »Erklärungen« und Darstellungen können nach meinem Dafürhalten jedenfalls nicht überzeugen.

Nachdem Hitler-Deutschland geschlagen war, begann kurz darauf der Kalte Krieg gegen die Sowjetunion. Der von den deutschen Technologie-Entwicklungen profitierende Militärisch-Industrielle Komplex der USA versprach sich eine Stärkung der eigenen Position und drängte auf einen neuen Krieg, der jedoch anders war als alle bisherigen. Er diente nicht nur als Muster für künftige Kriege, sondern vor allem dem Zweck, den amerikanischen MIK größer und mächtiger werden zu lassen. Nur so waren die heute ganz offen zutage tretenden Weltherrschaftspläne aufgrund technologischer Überlegenheit zu realisieren. Korea war der Einstieg, Vietnam die Fortsetzung, später kam das ehemalige Jugoslawien an die Reihe — und heute der Irak.

Während des Korea-Krieges stieg der Verteidigungshaushalt der USA auf die Summe von 60 Milliarden Dollar in einem einzigen Jahr. Die Gesamtkosten des Vietnam-Konflikts beliefen sich auf sagenhafte 350 Milliarden Dollar, eine Summe, die das Land ökonomisch ins Trudeln versetzte.

Diese militärischen Unternehmungen gestatteten Amerikas gewaltigem Militärisch-Industriellen Komplex — wie geplant —, stark zu werden und immer großzügiger mit den öffentlichen Geldern umzugehen. Präsident Dwight D. Eisenhower, der im Zweiten Weltkrieg den USA als Offizier mit dem höchsten Rang gedient hatte, betrachtete dieses Konglomerat als einziger der wenigen amerikanischen Präsidenten äußerst mißtrauisch, obwohl er zu Beginn seiner Amtszeit selbst dafür gesorgt hatte, daß der MIK weiterhin an Einfluß gewinnen konnte. In seiner Abschiedsrede an das amerikanische Volk im Januar 1961, die im

Buch der Autorin Mary Beth Norton mit dem Titel »A People and a Nation« 1982 erschien, erklärte er daher auch ohne Rücksicht: »Die Verbindung eines immensen Militärestablishments mit einer großen Waffenindustrie ist etwas neues für die amerikanische Erfahrung. Ihre umfassende Einflußnahme – ökonomisch, politisch, sogar spirituell – ist in jeder Stadt, jedem Parlament eines Bundesstaates und jedem Büro der Bundesregierung zu spüren. Wir müssen uns gegen die Aneignung unzulässigen Einflusses durch den Militärisch-Industriellen Komplex schützen, sei sie gewollt oder ungewollt. Wir dürfen das Gewicht dieser Verbindung niemals unsere Freiheiten oder demokratischen Prozesse gefährden lassen.«

Eisenhower wußte aus erster Hand von den Machenschaften des Militärisch-Industriellen Komplexes und der aufblühenden Geheimdienstgemeinschaft. In seiner zweiten Amtszeit versuchte er, eine neue Ära der Entspannung in den Beziehungen zur Sowjetunion einzuleiten, um dadurch das Wettrüsten der beiden Supermächte zu beenden. Das durfte jedoch nicht sein: zwei Wochen vor einem für den Mai 1960 geplanten Gipfeltreffen in Paris stürzte ein Spionageflugzeug vom Typ U-2 mit dem Piloten Francis Gary Powers ca. 2000 Kilometer innerhalb der Sowjetunion ab. Eisenhower hatte nicht gewollt, daß dieser Flug stattfindet, weil er fürchtete, ein Zwischenfall könnte den bevorstehenden Gipfel verhindern. Die CIA jedoch hatte den alternden Präsidenten zu *nur noch diesem einem Flug* überredet. Als Konsequenz des U-2-Absturzes fiel der Gipfel aus, und der damalige sowjetische Premierminister Nikita Chruchtschow widerrief eine Einladung Eisenhowers nach Moskau.
Viele Jahre später, 1977, erzählte Powers einem überraschten Radiopublikum, sein Spionageflugzeug sei möglicherweise nicht von einem sowjetischen Geschoß getroffen worden, wie man der amerikanischen Öffentlichkeit mitgeteilt hatte. Er fachte

Spekulationen an, nach denen sein Flugzeug Opfer eines Sabotageaktes geworden sei. Bald darauf wurde der Pilot getötet, als dem von ihm gesteuerten Helikopter der Treibstoff ausging und er abstürzte.

Die Anfänge des Kalten Krieges und die Geburt des Militärisch-Industriellen Komplexes können bis in die ersten Tage nach dem Ende des Zweiten Weltkrieges zurückverfolgt werden, reichen aber mit Sicherheit noch weiter zurück. Nach der Kapitulation Japans hatte sich ein umfangreiches Waffenlager auf Okinawa, der geplanten Basis für die Invasion des japanischen Hauptlandes, angesammelt. Erstaunlicherweise wurden diese Waffen aber nicht in die Vereinigten Staaten zurückgeschickt, sondern an Bord von Schiffen nach Korea und Indochina transportiert. In diesen beiden Gebieten wurden genug Waffen stationiert, um eine Streitmacht von 300 000 Mann auszurüsten und zu unterhalten.

Fünf Jahre später brach der Krieg in Korea aus; fünfzehn weitere Jahre danach der in Vietnam. General Douglas MacArthur, der seines Kommandos in Korea enthoben wurde, hatte den Krieg dort *gewinnen* wollen. Später arbeiteten General Creighton Abrams und sein Stab einen kühnen Plan aus, den Vietnam-Krieg zu gewinnen. Wie bei MacArthur vor ihm, beendeten jedoch das Pentagon und das Weiße Haus auch hier den bewaffneten Konflikt vorzeitig. Warum? Gab es einen unheilvollen Einfluß? Oder hatte das Ganze Methode, deren Sinn bis heute nicht verstanden wird?

In George Orwells Roman »1984« kontrolliert Ozeanien, eine fiktive zukünftige Nation, seine Menschen, indem es ständig mit dem Krieg gegen seine Feinde droht oder ihn führt. Diese Feinde sind Eurasien und Ostasien sowie der vielgehaßte Goldstein, ein Führer des Untergrunds, den es gibt oder auch nicht gibt. Der Krieg selbst, so erfährt der Leser, könnte eine reine *Illusion* sein, die der Staat nur schafft, um die Stellung seiner mächtigen herrschenden Elite zu bewahren und das Volk willfährig und in blinder Loyalität zu halten. Es gibt überzeugende Parallelen zwischen Orwells Roman »1984« und der heutigen Welt. Vieles, was wir sehen, sind Illusionen: Wer stand hinter den Terrorfliegern, die am 11. September 2001 in die Türme des WTC rasten? Wieso konnte Osama Bin Laden trotz des Einsatzes der zahlreichen US-Geheimdienste entwischen? *Wir akzeptieren Illusionen eher als die Wahrheit.* Wir werden zunehmend wie die Einwohner des Orwellschen Ozeaniens, ob wir es wollen oder nicht ...

Der Kalte Krieg, der möglicherweise auch nichts weiter als eine Illusion war, denn es gibt zahlreiche Hinweise für eine auf höchster Ebene organisierte Zusammenarbeit zwischen der Sowjetunion und der USA, hat die Menschen für die Wahrheit taub gemacht, wie Präsident Eisenhower gewarnt hatte.

Im Jahr 1955 traf sich General MacArthur mit Achille Lauro, dem Bürgermeister von Neapel, Italien, im Waldorf-Astoria Hotel in New York. Während der Begegnung, erzählte Lauro später der *New York Times*, machte MacArthur eine angesichts der damaligen Situation besonders alarmierende, gleichzeitig aber auch unverständliche Vorhersage. Der General meinte:

»Die Sowjets und die Demokratien werden die besten Eigenschaften voneinander übernehmen, und im Verlauf vieler Jahre wird es keine strenge Demarkationslinie zwischen ihren Idealen mehr geben. Und damit auch keinen Anlaß für einen Krieg.«

Dann sagte MacArthur etwas sehr merkwürdiges. Lauro zufolge erklärte MacArthur, daß »sich aufgrund der Entwicklung der Wissenschaften alle Länder der Erde vereinigen müßten, um zu überleben und eine gemeinsame Front zu bilden gegen die Angriffe von Menschen anderer Planeten«. Die Politik der Zukunft, sagte Lauro über MacArthurs Äußerungen, würde kosmischer Natur sein müssen ...

Einige Jahre darauf, gegen Ende des Jahres 1985, erzählte Präsident Ronald Reagan dem damaligen sowjetischen Politbüro-Führer Michail Gorbatschow bei einem Treffen während des Gipfels von Genua, die Vereinigten Staaten und die Sowjets würden bald ihre Kräfte vereinen und ihre Meinungsverschiedenheiten vergessen, wenn Außerirdische die Erde angriffen: »Ich mußte ihm einfach sagen, er solle sich vorstellen, wie einfach seine und meine Aufgabe in diesen Treffen sein könnten, sollte es plötzlich eine Bedrohung dieser Welt durch eine andere Spezies von einem Planeten da draußen im Universum geben«, sagte Reagan, nachdem er vor Studenten der *Fallston High School* in Maryland gesprochen hatte. »Wir würden all die kleinen Differenzen vergessen, die es zwischen unseren Ländern gibt«, sagte er, »und ein für allemal herausfinden, daß wir hier auf der Erde alle miteinander einfach Menschen sind.« (*International Herald Tribune*, Paris, 5. Dezember 1985)

Das war Reagans erste Verkündung einer bevorstehenden Invasion Außerirdischer. Nur für den Fall, daß irgend jemand es noch nicht verstanden hätte, äußerte er diese Vorstellung noch bei zwei weiteren Gelegenheiten im Verlauf seiner Präsidentschaft. *Das klingt irgendwie verrückt?* Natürlich ist es verrückt! Aber kurioserweise nicht für die Presse oder die den Präsidenten umgebenden Leute. Niemand – nicht ein einziger Reporter – gab auch nur einen Laut der Bestürzung oder des Widerspruchs von sich. Hatten diese Leute denn keine Ahnung von dem Spiel, das ihnen vorgeführt wurde? Oder ist das der Beweis für die Hypothese, daß Politiker und Medienvertreter in bezug auf gewisse brisante Themen längst gleichgeschaltet sind?!

General MacArthur und Präsident Reagan waren nicht die einzigen in hohen Positionen, die derart ungewöhnliche Kommentare äußerten. Viele hochrangige Offiziere hatten ähnliche ungewöhnliche Bemerkungen in Hinsicht auf eine extraterrestrische Gefahr gemacht. – Trotzdem: Warum sollten ehemalige hochrangige Vertreter des Militärs sich der Bestrafung wegen Bruchs der nationalen Sicherheit aussetzen, nur um exotische Behauptungen von Außerirdischen aus dem All und bevorstehenden galaktischen Kriegen aufzustellen? Warum sollte Reagan derartige Erklärungen abgeben, nicht nur einmal, sondern im Verlauf seiner Präsidentschaft bei mindestens drei Gelegenheiten? *Warum? Ja warum wohl?*

Die Antwort ist offensichtlich. Es gibt seit langer Zeit eine abgestimmte, erfundene Kampagne, durch welche die amerikanische Öffentlichkeit, aber nicht nur sie, davon überzeugt werden soll, daß die Menschheit früher oder später »Außerirdischen« in einem bewaffneten Konflikt entgegentreten werden wird. Dieser »großartige« strategische Plan, auf dessen Existenz auch schon Wernher von Braun hinwies, soll ein gewaltiges Bedrohungsszenario aufbauen helfen, das die Existenz des US-Establishments und des MIK auch für die Zukunft rechtfertigt. Dies wird der krönende Abschluß aller Bedrohungsszenarien sein, sobald der »internationalen Terrorismus« besiegt ist.

Weitere Beweise für diesen verborgenen strategischen Plan finden sich in einer Studie, die vom amerikanischen Verlag Dial Press im Jahre 1967 herausgegeben wurde. Diese Publikation mit dem Titel »Report from Iron Mountain on the Possibility and Desirability of Peace« wurde — der Einleitung von Leonard C. Lewin zufolge — von einer Kommission höchster Bedeutung verfaßt, die in den frühen 1960er Jahren in Washington einberufen worden war. Ihre Aufgabe sei es gewesen, die Natur derjenigen Probleme zu bestimmen, denen Amerika zu begegnen hätte, falls ein Zustand dauerhaften Friedens einträte, und für diesen Fall Vorschläge auszuarbeiten. Lewin behauptet, er hätte heimlich eine Kopie des Berichts von einem Mitglied – das er als »John Doe« bezeichnet – der sogenannten *Special Study Group* erhalten. Die Studie stellt fest:

>»Das Verteidigungssystem [ist] ... für eine stabile innere politische Struktur [einer Nation] unverzichtbar ... Die Möglichkeit eines Krieges bringt jenen Sinn für äußere Not-

wendigkeiten mit sich, ohne den keine Regierung lange an der Macht bleiben kann ... Die Organisation einer Gesellschaft in Hinsicht auf die Möglichkeit eines Krieges ist ihr hauptsächlicher politischer Stabilisator ... Die grundlegende Autorität eines modernen Staates seinen Menschen gegenüber beruht auf seiner Kriegsmacht ... Es muß betont werden, daß die Dominanz des Potentials einer Gesellschaft zur Kriegführung über seine anderen Charakteristika nicht das Ergebnis der zu irgendeiner Zeit als gegeben angenommenen ›Bedrohung‹ durch andere Gesellschaften ist. Die grundlegende Situation besteht im genauen Gegenteil: ›Bedrohungen‹ der ›nationalen Interessen‹ werden gewöhnlich *geschaffen* oder gefördert, um den sich verändernden Interessen des Verteidigungssystems zu entsprechen ... Kriege werden nicht durch internationale Konflikte oder Interessen ›verursacht‹. Die eigentlich logische Abfolge würde es öfter korrekt erscheinen lassen, zu sagen, daß *kriegführende Gesellschaften derartige Konflikte erfordern – und somit hervorrufen*. Die Fähigkeit einer Nation zur Führung von Kriegen stellt die größte soziale Macht dar, die sie ausüben kann. Kriegführung, sei es aktive oder nur unbeabsichtigte, ist eine Sache von Leben und Tod in größtem Ausmaß, die sozialer Kontrolle unterliegt. Deshalb sollte es kaum überraschen, daß die militärischen Institutionen in jeder Gesellschaft deren höchste Priorität fordern.«

Dieser entlarvenden und zynischen Würdigung von Regierungen und ihren für viele Menschen unverständlich erscheinenden Handlungsmustern folgten spezielle Empfehlungen, wie die amerikanische Bundesregierung weiterhin die Öffentlichkeit der USA beeinflussen könnte, ohne tatsächlich Krieg zu führen. Ein »Ersatz« für Krieg, der in dem Bericht erwähnt wird, ist besonders bemerkenswert, denn er bezeichnet die *Entwicklung einer fikti-*

ven »*Bedrohung aus dem All*« *als Mittel zur Kontrolle der Massen* als wichtige Maßnahme der Zukunft. Diese vorgetäuschte Invasion könnte man einsetzen, sobald der Öffentlichkeit »eine etablierte und akzeptierte außerirdische Gefahr« präsentiert werden kann. Und dieser Zeitpunkt schien spätestens erreicht, als das Sowjetimperium zusammengebrach und die US-Militärs einen neuen mächtigen Feind benötigten, der ihnen am 11. September 2001 in Form des internationalen Terrors zu Hilfe eilte. Bezeichnenderweise drängte die *Special Study Group* darauf, die empfohlenen Kriegsersätze zu testen und zu bewerten, um ihre Akzeptanz, Durchführbarkeit und Glaubwürdigkeit zu bestimmen. Darüber hinaus forderte sie eine Bestimmung des minimalen wie des optimalen Niveaus für die Zerstörung von Leben, Eigentum und natürlichen Ressourcen, die erforderlich sind, um die Glaubwürdigkeit der (außerirdischen) Bedrohung zu gewährleisten. Als Mittel zur Erreichung dieser Ziele wurden Kriegsspiele befürwortet.

Mit hoher Wahrscheinlichkeit ist davon auszugehen, daß das ursprüngliche Vorhaben der *Special Study Group*, ein außerirdisches Bedrohungsszenario für den Fall zu installieren, daß die Sowjetunion und der von ihr ausgehende Kommunismus zusammenbrechen würden, wegen noch fehlender Glaubwürdigkeit zeitlich weit in die Zukunft verschoben wurde. Zudem war man möglicherweise noch nicht so weit, entsprechende »außerirdische Technologien« zu präsentieren. Irgendeinem Spezialisten in den Denkschulen der Vereinigten Staaten dürfte dann eine glaubhaftere neue Bedrohung in den Sinn gekommen sein: der (internationale) Terrorismus ...

Das Antriebsmoment für die amerikanische Außenpolitik, intervenierend allerorten einzugreifen, war und ist also nicht von einer Verpflichtung zu irgendeiner Art von Moral geleitet, sondern wird vielmehr von den in den vorhergehenden Kapiteln dargelegten Notwendigkeiten und/oder einem langfristigen strategischen Plan bestimmt. Auch wenn man die Existenz eines solchen strategischen Planes als unglaubhaft abtun sollte, so geht es doch zweifellos um die Ausweitung politischer und wirtschaftlicher Vorherrschaft auf ein größtmögliches Gebiet, um den systemimmanenten Kollaps durch die Schuldenblase, der alle zwei bis drei Generationen das kapitalistische Finanzsystem zu zerstören droht, hinauszuschieben. Es geht schlicht und ergreifend um die Bewahrung des bisherigen US-amerikanischen Systems, um die Erhaltung der Macht!

Selbstverständlich werden die wahren Gründe für die Kriegstreiberei von keinem an den Rudern der Macht befindlichen Politiker genannt. Statt dessen wird ein Krieg in aller Regel mit dem Kampf gegen irgendeine vorgeschobene »böse Macht« begründet. Dieses Verfahren hat, weil bisher stets erfolgreich, insbesondere in den USA Tradition und läßt sich seit dem Beginn des Ersten Weltkrieges nachweisen, als es gegen das Kaiserreich deutscher Nation ging. Genauso verhielt es sich bei Ausbruch des Zweiten Weltkrieges: Damals wurde der deutsche Nationalsozialismus — den auch US-amerikanische Unternehmen und Banken finanziell unterstützt und damit erst ermöglicht hatten! — zusammen mit dem kaiserlichen Japan als der Hauptfeind der freien westlichen Welt deklariert. Als dann die japanische Marine den US-Flottenstützpunkt Pearl Harbour überfiel, hatte der damalige US-Präsident Franklin D. Roosevelt seinen Grund zum Kriegseintritt, hieß es doch, die Japaner hätten die ahnungslosen amerikanischen Verbände hinterrücks angegriffen. Erst mehrere Jahrzehnte nach dem Ende des mörderischen Weltkrieges kam dann ans Licht, daß die Behauptung, die US-Verantwortlichen hätten von dem Angriff der Japaner nicht das geringste geahnt, der heute immer noch ungestraft verbreitet wird, nichts als Propaganda war. Roosevelt war nämlich über die Angriffspläne der Japaner bestens unterrichtet.

Der amerikanische Historiker Gregory Douglas und andere nach ihm fanden beispielsweise Belege dafür, daß der britische Premier Churchill am Vorabend des amerikanischen Kriegseintritts mit Roosevelt telefoniert hatte, um ihn davon in Kenntnis zu setzen, daß die japanische Marine nach Pearl Harbour unterwegs sei. Roosevelt nahm Churchills Informationen dankbar entgegen und meinte sinngemäß nur, daß er *nichts* unternehmen werde, denn ein Überfall auf eine amerikanische Marinebasis würde doch den amerikanischen Kongreß hinter ihn bringen und einen Kriegseintritt ermöglichen (die Mehrheit der Kongreßmitglieder war bis dahin gegen einen Krieg). Das war die typische Denkweise eines US-Präsidenten, der zuerst Tausende opferte, um seinen Krieg zu bekommen, und danach weitere Zehntausende in den sicheren Tod schickte, um den von US-Unternehmen und -Banken mitgeförderten deutschen Nationalsozialismus zu vernichten.

Angesichts derartiger Inszenierungen bin ich der festen Überzeugung, daß die USA in ihrer Politik immer wieder zum Mittel der Provokation und Schaffung von Tatsachen gegriffen haben. Es wäre eine dankbare Aufgabe für Historiker, einmal die genauen Konfliktursachen für die von den Vereinigten Staaten geführten Kriege der Neuzeit einer wissenschaftlichen Analyse zu unterziehen. Das Ergebnis wäre sicherlich sehr erhellend.

Nach dem Zweiten Weltkrieg zogen die USA gegen die kommunistische Verschwörung zu Felde. Ob dies nun zu recht oder unrecht erfolgte, kann an dieser Stelle nicht mit letzter Sicherheit entschieden werden. Geht man jedoch an die Wurzeln der sozialistisch-kommunistischen Revolution in Rußland zurück, dann muß man feststellen, daß diese nur deshalb möglich war, weil bestimmte US-amerikanische Banken Personen wie Wladimir Iljitsch Uljanow alias Lenin und seine Bolschewiki-Partei finanzierten. Seinerzeit ahnte vielleicht niemand in den Vereinigten Staaten, daß daraus ein Gespenst erwachsen könnte, das dereinst einen erheblichen Einfluß im Weltgeschehen erlangen würde. Oder war auch das ein Teil der großen langfristig angelegten Verschwörung zur Erlangung der Weltherrschaft?

Auch darf nicht vergessen werden, daß die Amerikaner den Sowjets während des Zweiten Weltkrieges umfangreiche Kredite gaben, damit diese den Kampf gegen den deutschen Nationalsozialismus überstehen und die Hauptlast des Krieges tragen konnten. Andernfalls wäre es seitens der UdSSR unmöglich gewesen, die für die Verteidigung benötigten Flugzeuge und schweren Geschütze in ausreichender Zahl zu produzieren. Ohne US-amerikanische Finanzhilfen wäre das Sowjetimperium möglicherweise tatsächlich dem deutschen Ansturm erlegen, was dann wiederum für die USA ungeahnte Konsequenzen nach sich gezogen hätte.

Wie auch immer, aus der Bekämpfung des Kommunismus, der sich nach dem Ende des Zweiten Weltkrieges rasant in aller Welt zu verbreiten begann, resultierte eine Vielzahl von US-Interventionen in anderen Staaten, die keineswegs alle dem Modell des Sozialismus/Kommunismus folgten, sondern oftmals nur grundlegende demokratische Reformen versuchten. Doch selbst das schien den Zielsetzungen der aggressiven US-Außenpolitik zuwiderzulaufen, denn gemäß dem Motto »Teile und herrsche«, war es notwendig, einen Großteil der Welt in Armut zu belassen, um in den betreffenden Nationen sowohl Arbeitskräfte als auch Bodenschätze billig ausbeuten zu können.

Die ersten unheilvollen Verwicklungen begannen dabei schon unmittelbar nach Kriegsende in Deutschland. Sie zeigen, daß die USA zu keiner Zeit Bedenken hatten, den früheren Feind nun zum Verbündeten zu machen, wie auch umgekehrt Verbündete zu Feinden werden konnten.

Der amerikanische Militär-Geheimdienst CIC begann nach dem Krieg, eine aus Spezialisten der SS und den Nationalsozialisten nahestehenden Militärs eine Söldnerarmee aufzubauen, die in einer Art Guerillaeinsatz gegen die Sowjetunion eingesetzt werden sollte. Gleichzeitig übernahm der Geheimdienst die Spionageorganisation *Fremde Heere Ost* als *Organisation Gehlen*, um mit ihrer Hilfe Sabotageeinsätze im Osten Europas, das nun unter sowjetischer Kontrolle stand, vorzubereiten und durchzuführen. Bei dieser *Organisation Gehlen* handelte es sich um jene Struktur, die später als *Bundesnachrichtendienst* (BND) offizieller Geheimdienst der Bundesrepublik Deutschland wurde. Man schätzt, daß innerhalb dieses Dienstes anfänglich auch etwa 4000 ehemalige Sicherheitsdienst-(SD-)Agenten übernommen wurden.

Man kann bei einer sorgfältigen Analyse der von der USA in Szene gesetzten militärischen Interventionen und Kriege, auf die ich gleich näher eingehen werde, sehr schnell und deutlich erkennen, daß bis zum heutigen Tag die Inszenierung von Kriegen und militärischen Interventionen stets nach demselben Schema verläuft: Zunächst baut man den Feind auf, inszeniert dann Gründe für einen Angriff und übernimmt anschließend die Kontrolle über die betreffende Nation.

Sieht man sich die lange blutige Geschichte militärischer Eingriffe der USA an und betrachtet man auch die auslösenden Momente jener Interventionen näher, vergleicht man das Ganze zum Schluß noch mit den Ereignissen der letzten zwei Jahre, dann wird einem klar, daß die Attacken auf das World Trade Center in New York und auf das Pentagon in Washington das Streichholz an der Lunte für den benötigten Feldzug gegen die neue Bedrohung, den internationalen Terrorismus, waren.

Ich betone es nochmals: das Spiel ist immer dasselbe, früher hießen die Bedrohungen Nationalsozialismus und Kommunismus, heute ist es der Terrorismus und in Zukunft vielleicht irgendeine fiktive außerirdische Bedrohung. Wollen wir wetten?

Nachfolgend sollen einige der nach dem Zweiten Weltkrieg durch die USA realisierten Interventionen stichpunktartig aufgezeigt und erläutert werden. Ich muß betonen, daß es sich hierbei um keine vollständige Aufzählung handelt, denn diese würde den Rahmen dieses Buches sprengen.

China, 1945–1949: Die USA greifen in einen Bürgerkrieg auf der Seite Chiang Kai-Sheks gegen die Kommunisten ein, obwohl die

Letzteren sogar die engeren Verbündeten der Vereinigten Staaten im Zweiten Weltkrieg waren. Die USA lassen dabei besiegte japanische Soldaten auf ihrer Seite kämpfen. Die Aktion verläuft im Endeffekt jedoch anders als geplant: Die Kommunisten zwingen Chiang, 1949 nach Taiwan zu fliehen.

Italien, 1947–1948: Unter Einsatz von Täuschungsmanövern und Desinformation nehmen die USA Einfluß auf die Wahlen, um der kommunistischen Partei die Erlangung legaler Macht zu verwehren. Diese Verdrehung demokratischer Grundsätze geschieht angeblich im Namen der »Rettung der Demokratie« in Italien. Die Kommunisten verlieren daraufhin die Wahl. Über die nächsten Jahrzehnte fährt der amerikanische Geheimdienst CIA in Verbindung mit amerikanischen Handelsorganisationen fort, in italienische Wahlen einzugreifen, indem er Hunderte von Millionen Dollar und zahlreiche Methoden der psychologische Kriegsführung zur Anwendung bringt, um den kommunistischen Einfluß in Europa einzudämmen. Die US-Geheimdienste schrecken dabei nicht davor zurück, die italienische Mafia als rechte Terrorgruppe aufzubauen. Zu diesem Zweck werden amerikanische Spezialisten, die normalerweise im Sektor Verbrechensbekämpfung tätig sind, nach Italien gebracht.

Griechenland, 1947–1949: Die Vereinigten Staaten greifen in einen Bürgerkrieg auf Seiten der Neofaschisten gegen die griechische Linke ein, die ihrerseits einst die Hauptlast des Kampfes gegen deutsche Invasionstruppen getragen hatte. Die Neofaschisten gewinnen und errichten ein brutales Regime, für das die CIA einen neuen internen Sicherheitsdienst schafft, der als KYP bekannt wird.

Philippinen, 1945–1953: Das US-Militär kämpft gegen die dortigen linken Streitkräfte, die als Huks bekannt werden. Dieser Kampf erfolgt sogar noch während der Zeit, als die Huks gegen die japanischen Besatzer Widerstand leisten (und Japan der Feind der Vereinigten Staaten war). Nach dem Krieg setzen die USA ihren Kampf gegen die Huks fort, besiegen sie und setzen danach eine Reihe von Präsidenten ein, die Marionetten-Funktion haben. Das Ganze gipfelte in der Diktatur von Ferdinand Marcos.

Südkorea, 1945–1953: Nach dem Zweiten Weltkrieg unterdrücken die Vereinigten Staaten die in diesem Land agierenden populären, fortschrittlichen Kräfte zugunsten der Konservativen, die einst mit den Japanern zusammengearbeitet hatten. Das führt zu einer langen Ära von korrupten und brutalen Regierungen. Zwischenzeitlich intervenieren die USA auch im Konflikt zwischen dem stalinistischen Nordkorea und der Diktatur des Syngman-Rhee in Südkorea. Sich auf die Seite Südkoreas schlagend, setzen die USA für ihr militärisches Eingreifen sogar die Zustimmung des UN-Sicherheitsrates durch. Die US Air Force zerstört bei Angriffen auf Nordkorea über 100 000 wichtige Einrichtungen und Gebäude. Während des Korea-Krieges sterben etwa zwei Millionen Nordkoreaner, während auf südkoreanischer Seite 500 000 Menschen ums Leben kommen.

Albanien, 1949–1953: Die Vereinigten Staaten versuchen erfolglos zusammen mit Großbritannien, die kommunistische Regierung abzusetzen und eine neue zu installieren, die prowestlich und größtenteils aus Monarchisten und ehemaligen Kollaborateuren des italienischen und deutschen Faschismus zusammengesetzt gewesen wäre.

1950, Puerto Rico: Die USA schicken Kommandotruppen in das Land, um einen Aufstand für die nationale Unabhängigkeit niederzuschlagen.

Deutschland, 1950er Jahre: Der US-Auslandsgeheimdienst CIA arrangiert eine ausgedehnte Kampagne, bestehend aus Sabotage, Terrorismus und psychologischer Kriegführung gegen das damalige unter sowjetischer Oberhoheit stehende Ostdeutschland. Schließlich eskaliert die Situation und die Verantwortlichen in der DDR reagieren in Absprache mit den Sowjets: 1961 kommt es zum Bau der Berliner Mauer, die nach und nach erweitert wird und schließlich Ost- von Westdeutschland trennt.

Die DDR beziffert den Schaden, der durch direkte Einflußnahme des westlichen Auslands entstanden ist, auf rund 100 Millionen Ostmark. Obwohl die Abschottung der DDR von der Bundesrepublik als Katastrophe dargestellt wird, haben die USA Tatsachen geschaffen, denn das westliche Deutschland kann nunmehr als Bollwerk gegen den Kommunismus ausgebaut werden.

Iran, 1953: Der vom Volk auf demokratischem Wege gewählte Premierminister Mossadegh wird in einer Gemeinschaftsaktion der USA und Großbritanniens abgesetzt. Mossadegh hatte den verhängnisvollen Fehler begangen, eine Bewegung zur Verstaatlichung einer britischen Öl-Gesellschaft anzuführen, die noch dazu die einzige im Iran arbeitende Company dieser Art war. Der Putsch, der vom durch die CIA ausgebildeten und kontrollierten Offizierskorps absolviert wird, bringt dem Schah seine Absolutherrschaft zurück und leitet einen Zeitraum von 25 Jahren der Unterdrückung und der Folter ein, wobei die Ölindustrie wieder in ausländisches Besitztum zurückfällt. Allein die Vereinigten Staaten und Großbritannien erhalten jeweils 40 Prozent der Anteile an der Erdölförderung.

Guatemala, 1953–1990er Jahre: Ein von der CIA organisierter Putsch stürzt die demokratisch gewählte Regierung von Jacobo Arbenz und initiiert gleichzeitig eine 40 Jahre andauernde Phase der Todesschwadronen, der Folter, des Verschwindens von Menschen, der Massenexekutionen und unvorstellbarer Grausamkeiten, die schließlich auf über mehr als 100 000 Opfer hinauslaufen.

Arbenz hatte eine US-Firma verstaatlicht, die *United Fruit Company* — ein unverzeihlicher Fehler in den Augen des US-Establishments. Als Rechtfertigung für den Putsch erklärte Washington später, Guatemala hätte am Rand einer Übernahme durch die Sowjets gestanden, während die Russen in Wirklichkeit so wenig Interesse an dem Land hatten, daß sie nicht einmal diplomatische Beziehungen zu ihm beanspruchten.

Mittlerer Osten 1956–1958: Die sogenannte Eisenhower-Doktrin besagt seinerzeit, daß die Vereinigten Staaten »darauf vorbereitet sind, bewaffnete Streitkräfte zu unterstützen«, um jedem Land im Mittleren Osten, »das Unterstützung gegen einen bewaffneten Angriff eines anderen vom internationalen Kommunismus regierten Landes beantragt«, zu Hilfe zu eilen. Genaugenommen bedeutet diese Formulierung nichts anderes, als daß niemandem eine Vormachtstellung oder ein außergewöhnlich hoher Einfluß auf den Mittleren Osten und seine Ölfelder gestattet ist — außer den Vereinigten Staaten. Und jeder, der es trotzdem versuchen wolle, sei per Definition »Kommunist«.

Unter Berücksichtigung dieser Doktrin versuchen die Vereinigten Staaten zweimal, die syrische Regierung zu stürzen, inszenieren etliche Machtvorführungen ihrer Streitkräfte im Mittelmeerraum, um freiheitliche Bewegungen gegen die von den USA begünstigten Regierungen in Jordanien und im Libanon einzuschüchtern, sie landen 14 000 Soldaten im Libanon und konspirieren mit der dortigen Regierung, um Nasser in Ägypten zu stürzen oder zu ermorden (Präsident Nasser hatte sich zu einem Führer der blockfreien Nationen aufgeschwungen). Als im Juli 1956 die USA ihre Anleihe für den Assuan-Staudamm zurückziehen, der für die Entwicklung der ägyptischen Landwirtschaft von außerordentlicher Bedeutung war, kündigt Nasser die Verstaatlichung des Suezkanals an, um die Einnahmen für Ägypten zu beanspruchen. Daraufhin greifen Großbritannien, Frankreich und Israel Ägypten in einer gemeinsamen Militäraktion an. Als Folge dieser sogenannten »Suez-Krise« übernehmen die USA die Rolle der Nummer eines im Nahen Osten, womit Großbritannien ausgebootet wird.

Indonesien 1957–1958: Präsident Sukarno verkörpert, wie Nasser, die Art von Dritte-Welt-Führer, den die Vereinigten Staaten nicht ertragen können. Er achtet auf Neutralität im Kalten Krieg und unternimmt Reisen sowohl in die Sowjetunion und nach China als auch in die USA. Er verstaatlicht zahlreiche private Besitztümer der Holländer, der früheren Kolonialherren, und er weigert sich, den Einfluß der indonesischen Kommunistischen Partei zurückzudrängen, die auf einem legalen Weg zu nicht unbedeutenden Wahlerfolgen gekommen ist. Die CIA beginnt deshalb damit, Geld in die Wahlen zu investieren, um ihr genehmere politische Kräfte ans Ruder der Macht zu bringen. Sie plant darüber hinaus Sukarnos Ermordung, und als das Vorhaben scheitert, versucht man ihn mit einem Sexfilm zu kompromittieren. Als auch das nichts hilft, verbündet sich die CIA mit oppositionellen Militäroffizieren, um einen »totalen Krieg« gegen die Regierung zu führen, der zahlreiche Menschenleben kostet. Doch Sukarno überlebt alle Versuche, ihn von der Macht in Indonesien zu drängen.

British Guyana, 1953–64: Über elf Jahre lang unternehmen Großbritannien und die Vereinigten Staaten von Amerika alles in ihrer Macht stehende, einen demokratisch gewählten Führer daran zu hindern, sein Amt einzunehmen. Cheddi Jagan ist ein Politiker, der versucht, neutral und unabhängig zu bleiben. Er wird dreimal gewählt. Obwohl er im politischen Spektrum durchaus als Linker eingeordnet wird, stellt sich seine Politik eher als verhalten dar. Mit Hilfe der Inszenierung von Generalstreiks und durch Anwendung von Desinformation bis hin zum Terrorismus, drängen die USA und Großbritannien Jagan schließlich 1964 aus dem Amt. John F. Kennedy hatte den direkten Befehl für seine Amtsenthebung gegeben.

Vietnam, 1950–1973: Die eigentliche Talfahrt des Landes beginnt mit dem Beistand der USA für die Franzosen in Vietnam, die als einstige Kolonialherren gegen Ho Chi Minh und seine Gefolgsleute kämpfen. Ho Chi Minh und sein Umfeld gelten zwar als »irgendwie kommunistisch«, obwohl bekannt ist, daß die Vietnamesen alles Amerikanische bewundern. Ho Chi Minh selbst schreibt Präsident Truman zahlreiche Briefe und bittet das *State Department* um amerikanische Unterstützung für die Erlangung vietnamesischer Unabhängigkeit von Frankreich und um eine friedliche Lösung für sein Land. Alle Briefe werden ignoriert.

Schließlich formuliert Ho Chi Minh eine vietnamesische Unabhängigkeitserklärung nach dem Muster der amerikanischen. Für Washington hat das jedoch keinerlei Bedeutung.

Dreiundzwanzig Jahre später und nach mehr als einer Million Toten ziehen die Vereinigten Staaten ihre Militärstreitkräfte aus Vietnam zurück. Die meisten Menschen behaupten später, daß die USA den Krieg verloren haben. Doch durch die Zerstörung Vietnams, durch die Vergiftung seiner Erde und seines Erbgutes über Generationen hat das US-Establishment zumindest einen Teilerfolg erzielt.

Kambodscha, 1955–1973: Prinz Sihanouk ist ein Staatsführer, der auf Distanz zum amerikanischen Politik- und Wirtschaftssystem bedacht ist, ohne dabei sozialistischen oder kommunistischen Doktrinen anzuhängen. Nach vielen Jahren der Feindseligkeit gegen sein Regime, worunter auch Mordkomplotte und die sogenannten Nixon/Kissinger-»Bombenteppiche« von 1969 bis 1970 gehören, stürzt Washington Sihanouk schließlich 1970 in einem Putsch. Genaugenommen ist das die Ursache, um später Pol Pot und die Streitkräfte seiner Roten Khmer in den Kampf um die Macht in Kambodscha eintreten zu lassen. Fünf Jahre später übernehmen sie die Macht. Die Roten Khmer sollen noch größeres Elend über das Land bringen. Um die Ironie und den Wahnwitz noch zu steigern, unterstützten die Vereinigten Staaten Pol Pot nach ihrer späteren Niederlage durch die Vietnamesen militärisch und diplomatisch.

Kongo/Zaire, 1960–1965: Im Juni 1960 wird Patrice Lumumba nach der Unabhängigkeit von Belgien der erste Premier-Minister des Kongos. Aber Belgien behält seinen unermeßlichen mineralischen Reichtum in der Katanga-Provinz zurück. Auch prominente Beamte der Eisenhower-Administration haben nachweisbare finanzielle Verbindungen zu diesem Reichtum. Lumumba verlangt während der Unabhängigkeitstags-Zeremonien in Anwesenheit ausländischer Politiker eine vor allem wirtschaftliche und politische Befreiung des Landes. Das macht ihn in den

Augen angloamerikanischer Kreise zu einem Kommunisten, der er natürlich nicht war.

Elf Tage später trennt sich die Provinz Katanga vom Kongo, im September 1960 wird Lumumba — nach Anstiftung durch die Vereinigten Staaten — vom Präsidenten entlassen, und im Januar 1961 wird er auf ausdrückliche Anordnung von US-Präsident Dwigth Eisenhower ermordet. Es folgen Jahre bürgerkriegsartiger Konflikte und des allgemeinen Chaos'. Gleichzeitig erfolgt der Aufstieg zur Macht für Mobutu Sese Seko, der der CIA kein Fremder ist. Mobutu regiert das Land über drei Jahrzehnte, wobei er das mit einem Maß an Korruption und Grausamkeit tut, daß sogar seine ehemaligen CIA-Ausbilder geschockt sind. Die Bevölkerung Zaires lebt trotz reicher Naturschätze in schrecklicher Armut, während Mobutu Multimilliardär wird.

Brasilien, 1961–1964: Präsident Joao Goulart wird der »üblichen kommunistischen Verbrechen« schuldig, als er versucht, vorsichtige soziale Reformen in Gang zu setzen. Zudem nimmt er einen unabhängigen Standpunkt in der Außenpolitik ein, hat Beziehungen zu sozialistischen Ländern, leistet Widerstand gegen die Sanktionen, die Kuba auferlegt werden, und seine Administration verabschiedet ein Gesetz, das die Menge des Profits begrenzt, den multinationale Konzerne außer Landes befördern können. Darüber hinaus verstaatlicht er eine Niederlassung des amerikanischen Konzern ITT und fördert wirtschaftliche und soziale Reformen. Der damalige amerikanische Justizminister Robert Kennedy meint daraufhin, man müsse etwas unternehmen, weil Goulart »Kommunisten« in Regierungsämtern dulde. Doch irgendwie erscheint Kennedys Unbehagen merkwürdig, denn Goulart ist schließlich Millionär, Landgutsbesitzer und Katholik, der eine Medaille der Muttergottes um den Hals trägt. Das jedoch reicht nicht aus, um ihn zu retten. 1964 wird er durch einen Militärputsch gestürzt — unter starker verdeckter amerikanischer Beteiligung. Washington bedauert zwar, daß die Demokratie in Brasilien beseitigt worden sei, doch habe man damit immerhin das Land vor dem Kommunismus gerettet. Während der nächsten 15 Jahre werden all die Varianten der Militärdiktatur institutionalisiert, für die Lateinamerika allgemein bekannt werden sollte. Innerhalb kurzer Zeit wird der brasilianische Kongreß beseitigt und die politische Opposition wird so unter Druck gesetzt, daß sie eigentlich aufhört zu existierten. Auch wird per Gesetz verboten, den Präsidenten zu kritisieren. Arbeitervereine werden von Regierungsvermittlern übernommen, den steigenden Protesten begegnet man mit Polizei und Militär, die in die Menge schießen usw. usf.

Brasilien bricht schließlich auch die Beziehungen zu Kuba ab und wird damit der verläßlichste Verbündete der Vereinigten Staaten in Lateinamerika.

Südafrika, 1963–1990: Die CIA unterstützt mittels ihrer Nachrichtenaufklärung und durch den Einsatz ihrer Agenten die Jagd auf Gegner des zu dieser Zeit herrschenden Apartheidregimes. Schätzungen besagen, daß bei dieser Verfolgung etwa 120 000 Anhänger des *Afrikanischen Nationalkongresses* (ANC) getötet werden. Auch die Festnahme von Nelson Mandela geht auf das Konto der CIA.

Dominikanische Republik, 1963–1966: Im Februar 1963 übernimmt Juan Bosch als der erste seit 1924 durch demokratische Wahlen gewählte Präsident der Dominikanischen Republik, sein Amt. Hiermit hat US-Präsident John F. Kennedys endlich seinen liberalen Antikommunisten, mit dem er der Beschuldigung entgegentreten kann, die USA unterstütze nur Militärdiktaturen. Bosch wird kurz vor der Übernahme seines Amtes eine großartige Behandlung durch die Vereinigten Staaten zuteil.

Als Präsident handelt er in ehrlichem Glauben: Er verlangt eine Landreform, preiswerte Wohnunterkünfte, mäßige Verstaatlichung und ausländische Kapitalanlagen, die das Land aber nicht übermäßig ausbeuten sollen. Ihm ist es gleichfalls ernst mit einer Sache, die man allgemein als »zivile Freiheiten« bezeichnet: Kommunisten oder jene, die als solche gelten, sollen nicht verfolgt werden, solange sie nicht das Gesetz brechen. Eine Reihe amerikanischer Beamter und Kongreßabgeordneter drückt ihr Unbehagen über Boschs Pläne aus. Ihnen mißfällt besonders, daß Bosch auf eine gewisse Unabhängigkeit von den Vereinigten Staaten hinwirkt. In verschiedenen Blättern der US-Presse wird Bosch als Roter verschrien, um eine Handhabe gegen ihn zu ermöglichen.

Im September 1963 kommt es zu einem Militärputsch im Land. Bosch muß weichen. Eineinhalb Jahre später bricht eine Revolte aus, die Bosch aus dem Exil wieder ins Amt setzen will. Die Vereinigten Staaten entsenden draufhin eine 23 000 Mann starke Interventionstruppe, um dies zu verhindern.

Kuba, 1959 bis heute: Fidel Castro übernimmt Anfang 1959 die Macht. Eine am 10. März 1959 stattfindende Versammlung des Nationalen Sicherheitsrates der USA setzt unter anderem die Möglichkeit, in Kuba eine andere Regierung an die Macht zu bringen, auf ihre Tagesordnung. Es folgen 40 Jahre andauernde terroristischer Angriffe, Bombardements, die Militärinvasion in der Schweinebucht, Sanktionen, Embargos und Mordanschläge. Kuba hält dem Druck stand — bis heute, auch wenn es nur noch als Beispiel einer überholten Gesellschaftsordnung gilt.

Indonesien, 1965: Eine Reihe von komplexen Ereignissen — in denen vermutlich ein Putschversuch, ein Konterputsch und vielleicht ein Konter-Konterputsch eine Rolle spielen —, die deutliche amerikanische Schriftzüge tragen, endet in der Amtsenthebung von Präsident Sukarno und in seiner Wiedereinsetzung durch einen von General Suharto angeführten Militärputsch. Das Massaker, das sofort an Kommunisten, ihren Sympathisanten und als Kommunisten verdächtigten Personen beginnt, bezeichnet selbst die *New York Times* als »eine der brutalsten Massenabschlachtungen der modernen politischen Geschichte«. Schätzungen über die Zahl der im Laufe von vier Jahren Getöteten beginnen bei einer halben Million und steigen auf über eine Million.

Später wird bekannt, daß die US-Botschaft Listen von sogenannten kommunistischen Operativen gesammelt hat — insgesamt etwa 5000 Namen —, die der Armee überreicht werden, die nach den Genannten fahndet und sie umbringt.

Chile, 1964–1973: Salvador Allende ist für das US-Establishment der Auslöser für das schlimmste denkbare Szenario: Ein gewählter Marxist an der Macht, der die Verfassung respektiert und beim Volk beliebt wird. Das erschüttert in den Augen der amerikanischen Politik die Grundfesten, auf denen das seinerzeit antikommunistische Bollwerk aufgebaut ist: daß »Kommunisten« (oder solche, die die USA dafür halten) die Macht nur durch Gewalt und Betrug übernehmen und daß sie diese Macht nur durch Terror und Gehirnwäsche an der Bevölkerung behalten können.

Nachdem die CIA Allendes Wahlkampf 1964 noch erfolgreich sabotiert, es der Agency 1970 aber völlig mißlingt, Allende von der Machtübernahme fernzuhalten, lassen der amerikanische Geheimdienst und der Rest der amerikanischen Außenpolitik-Maschinerie keinen Versuch aus, diese Regierung zu destabilisieren, wobei man besondere Aufmerksamkeit darauf richtet, eine Feindschaft innerhalb des chilenischen Militärs gegen die Allende-Regierung aufzubauen. Im September 1973 stürzt das Militär die Regierung. Salvador Allende kommt bei dem Putsch ums Leben.

Am Ende der Militärrevolte sind mehr als 3000 Menschen exekutiert worden. Tausende hat man gefoltert und viele bleiben auf Nimmerwiedersehen verschwunden.

Griechenland, 1964–1974: Selbst in dem Land, das die Demokratie erfunden hat, findet im April 1967 ein Militärputsch statt — genau zwei Tage bevor die nationalen Wahlkampagnen beginnen sollen, Wahlen, von denen mit Sicherheit angenommen wird, daß sie den erfahrenen liberalen Staatsmann George Papandreou als Premierminister zurückbeordern werden. Dieser war im Februar 1964 mit der absoluten Mehrheit gewählt worden. Unmittelbar darauf beginnen erfolgreiche Machenschaften, um ihn abzusetzen. Dem vom griechischen Königshaus, dem griechischen und amerikanischen Militär sowie der in Griechenland stationierten CIA durchgeführten Putsch im Jahre 1967 folgen unmittelbar das traditionelle Kriegsrecht, Zensur, Verhaftungen, Folterungen und Tötungen. Die Zahl der Opfer beläuft sich in den ersten Monaten auf etwa 8000. Dieser Umstand wird mit der üblichen Erklärung kommentiert, daß solche Maßnahmen notwendig seien, um die Nation vor der Übernahme durch die Kommunisten zu retten.

Zypern, 1974: Zusammen mit der rechtsgerichteten griechischen Junta organisieren die CIA und das US-Außenministerium einen Putsch gegen Erzbischof Makarios, den rechtmäßig und demokratisch gewählten Präsidenten des Inselstaates. Makarios entkommt einem Attentat.

Ost-Timor, 1975 bis heute: Im Dezember 1975 marschiert Indonesien in Ost-Timor ein, das am östlichen Rand des indonesischen Archipels gelegen ist und das seine Unabhängigkeit erklärte, nachdem Portugal auf seine Herrschaft verzichtet hatte. Die Invasion wird einen Tag, nachdem US-Präsident Gerald Ford und Staatssekretär Henry Kissinger Indonesien verlassen haben, gestartet — nachdem sie Suharto erlaubt haben, amerikanische Waffen einzusetzen, die nach US-Gesetzgebung nicht für eine Aggression benutzt werden dürfen.

Die Menschenrechtsorganisation *Amnesty International* schätzt 1989, daß indonesische Truppen bei der gewaltsamen Annexion Ost-Timors 200 000 Menschen (bei einer Bevölkerungszahl zwischen 600 000 und 700 000) getötet haben. Die Vereinigten Staaten unterstützten Indonesiens Anspruch auf Ost-Timor solidarisch (nicht so die UNO und die EU) und spielen das Gemetzel beträchtlich herunter, während sie Indonesien gleichzeitig mit aller militärischen Technik und dem nötigen Training versorgen, um die Aggression ausführen zu können.

Argentinien, 1976 bis heute: Unter Aufsicht der CIA findet ein

Militärputsch gegen die damalige zivile Regierung statt, woraufhin die Militärs unter Videla die Macht übernehmen. Todesschwadronen terrorisieren in Folge das Land und sorgen dafür, daß Tausende ums Leben kommen bzw. auf Nimmerwiedersehen verschwinden. Der amerikanische Geheimdienst CIA baut Buenos Aires zur Zentrale aus, die u. a. dazu dient, mißliebige Personen in Lateinamerika unter Druck zu setzen bzw. auszuschalten. Das südamerikanische Land, einst die blühendste Nation in der Region, versinkt dank der US-Hilfe im Laufe der Jahre in Korruption und Inflation.

Nicaragua, 1978–1989: Als die Sandinisten 1978 die Somoza-Diktatur stürzen, ist es für Washington klar, daß hier interveniert werden muß, ansonsten kann in Nicaragua ein neues Kuba entstehen. Unter US-Präsident Carter nehmen die Versuche, die Revolution zu sabotieren, diplomatische und wirtschaftliche Formen an. Unter Reagan ist Gewalt das Mittel der Wahl. Über acht schreckliche Jahre ist die nicaraguanische Bevölkerung den Angriffen der Contras ausgesetzt, die sich aus den korrupten Nationalgardisten Somozas und anderen Unterstützern der Diktatur gebildet haben und von den USA finanziert werden. Es ist ein totaler Krieg, mit dem Ziel, das für das Land fortschrittliche soziale und wirtschaftliche Programm der Regierung zu zerstören. Man beginnt dabei mit dem Niederbrennen von Schulen und Krankenhäusern, um das Ganze mit Raub, Folterung, Verminung der Häfen, Bombardierungen und Strafaktionen fortzusetzen. Die Revolution in Nicaragua kommt nicht zustande.

Grenada, 1979–1984: Was könnte die USA dazu bringen, in ein Land mit nur 110 000 Bewohnern einzufallen? Maurice Bishop und seine Gefolgsleute haben 1979 mit einem Putsch die Macht übernommen, und obwohl ihre Politik keineswegs revolutionär ist wie die Castros, wird Washington wieder von seiner Angst vor einem neuen Kuba getrieben, insbesondere als öffentliche Auftritte des grenadischen Führers in anderen Regionen mit großem Enthusiasmus begrüßt werden.

Bald nach dem Putsch beginnen die USA mit Destabilisierungsaktionen und Desinformationskampagnen gegen Bishop. Die amerikanische Invasion trifft im Oktober 1983 auf wenig Widerstand, obgleich die USA 135 Gefallene und Verwundete hinnehmen müssen, während es auf der Seite der Angegriffenen etwa 400 Tote gibt, von denen 84 Kubaner sind, die hauptsächlich als Bauarbeiter auf Grenada gearbeitet haben.

Ende 1984 wird eine fragwürdige Wahl abgehalten, die von einem Mann gewonnen wird, der von der Reagan-Administration Unterstützung erhält. Ein Jahr später berichtet die Menschenrechtsorganisation *Council on Hemispheric Affairs*, daß sich Grenadas neue, von US-Ausbildern trainierte Polizei- und Konterrebellen-Streitmacht einen besonderen Ruf für ihre Brutalität, willkürliche Verhaftungen und allgemeinen Machtmißbrauch sowie für den Abbau von Zivilrechten erworben habe.

Libyen, 1981–1989: Libyen weigert sich, ein USA-höriger Vasall zu sein. Sein Führer, Muammar al-Gaddhafi, gilt daher in den Augen des US-Establishments stets als anmaßend. Er soll, so die Meinung amerikanischer Politiker, bestraft werden. US-Flugzeuge schießen daraufhin zwei libysche Flugzeuge über einem Gebiet ab, das Libyen als zu seinem Luftraum zugehörig betrachtet. Die USA werfen in der Folge auch Bomben auf das Land ab, wobei sie mindestens 40 Menschen, einschließlich Gaddhafis Tochter, töten. Es gibt darüber hinaus mehrere Versuche, den Mann zu ermorden, der als Terrorist bezeichnet wird — und der es aufgrund der amerikanischen Politik auch ist.

Panama, 1989: Der politischer Führer des Landes, Manuel Noriega, ist jahrelang ein treuer amerikanischer Verbündeter und Informant, bis man in Washington beschließt, daß er beseitigt werden muß. Als offizielle Erklärung für das Eingreifen einer amerikanischen Interventionsarmee muß Noriegas Drogenhandel herhalten, von dem US-Politiker allerdings jahrelang wußten und der sie, auch weil die CIA davon profitierte, nie gestört hatte. Washington schlägt daraufhin mit Bombenflugzeugen zu. Dabei wird im Dezember 1989 ein großes Wohngebiet zerstört, wobei 15 000 Menschen ihre Behausungen verlieren. Nach etlichen Tagen der Bodenkämpfe gegen die panamaischen Streitkräfte zählt man offiziell um die 500 Tote, soweit die USA und die neue von ihr eingerichtete panamaische Regierung die Zahlen korrekt wiedergeben haben. Andere Quellen, mit keiner geringeren Beweiskraft, bestehen darauf, daß Tausende gestorben und etwa 3000 Menschen verwundet worden sind. 23 Amerikaner sind bei den Kämpfen umgekommen, 324 wurden verwundet.

El Salvador, 1980–1992: Die Oppositionellen Salvadors versuchen ursprünglich auf friedlichem Wege, mit dem im Land herrschenden System zu kooperieren. Doch die Regierung geht auf das Ansinnen oppositioneller Kräfte nicht ein und verhindert zudem mit Unterstützung und Billigung der USA, daß fortschrittliche Kräfte an die Macht gelangen können, indem man mehrfach Wahlbetrug begeht sowie später Hunderte von Protestierenden und Streikenden ermordet. 1980 greift die Opposition zu den Waffen, woraus sich ein Bürgerkrieg entwickelt.

Offiziell ist die Präsenz des US-Militärs im Land auf eine beratende Tätigkeit beschränkt. In Wirklichkeit spielen das amerikanische Militär und auch das CIA-Personal eine weitaus aktivere Rolle. Während des Bürgerkriegs werden etwa 20 Amerikaner bei Helikopter- und Flugzeugabstürzen getötet bzw. verwundet, weil sie sich auf Erkundungsflügen oder bei anderen Missionen über Kampfgebieten befinden. Nach und nach tauchten auch umfangreiche Beweise auf, daß US-Militäreinheiten bei Bodenkämpfen gegen die Aufständischen eingegriffen haben. Der Krieg endet offiziell im Jahre 1992 mit allein 75 000 getöteten Zivilisten und mit geschätzten Kosten von sechs Milliarden Dollar, die fast ausschließlich die USA zu tragen haben.

1982, Falkland-Inseln: Die Vereinigten Staaten unterstützen Großbritannien im Feldzug zur Rückeroberung der von Argentinien beanspruchten Inseln mit Satellitenaufklärung und durch Zurverfügungstellung technischer Ausrüstung. Bei der militärischen

Auseinandersetzung, die scheinbar keinen Sinn ergibt, finden insgesamt 250 britische und etwa 750 argentinische Soldaten den Tod.

1999, Jugoslawien: Die NATO bombardiert unter Führung der USA das Land auf dem Balkan. Die fast 80 Tage währenden schweren Bombardements bezeichnet die NATO als eine »humanitäre Aktion«, um einerseits den Begriff »Krieg« zu vermeiden und andererseits Menschenrechtsverletzungen seitens des Milošević-Regimes zu brandmarken. Das militärische Eingreifen in Jugoslawien ist aber weder durch das Völkerrecht noch durch den Vertrag der NATO gedeckt. Bei der militärischen Aktion werden, was besonders verbrecherisch ist, auch Splitterbomben und Uranmunition eingesetzt. Experten schätzen die Zahl der ums Leben Gekommenen auf 2500 bis 4500. Die Schäden für das Land sind immens, denn wichtige Grundlagenindustrien sind schwer zerstört, beispielsweise Chemiefabriken und Anlagen zur Erdgas- und Erdölgewinnung bzw. -veredelung. Nach der Beendigung des Militäreinsatzes wird das Gebiet des Kosovo von Jugoslawien abgespalten.

Man könnte weitere Interventionen der USA auflisten, die jedoch den Grundtenor dessen, was ich mit der vorhergehenden Darstellung versuchte, nicht ändern: Immer dann, wenn die Vereinigten Staaten irgendwo ihre Interessen gefährdet sahen, schickten sie Geheimdienst- und Militäreinheiten aus, um ihnen mißliebige Regierung auf direkte oder indirekte Art beseitigen zu lassen.

Angesichts solcher Ein- und Übergriffe auf Staaten, die völkerrechtlich souveränen Charakter haben, ist man versucht zu fragen, ob die Verantwortlichen im Weißen Haus keinerlei moralische Skrupel hatten bzw. haben, wenn sie solch weitreichende Befehle gaben. Die Antwort ist negativ: Das Establishment ist fest davon überzeugt, daß allein die Vereinigten Staaten in der Lage sind, eine Situation korrekt einzuschätzen und die daraus resultierenden Maßnahmen abzuleiten. Spätestens seit 1989 steht auch der gesamte amerikanische Oberste Gerichtshof genauso wie die Bush-Regierung heute hinter der »Thornburgh-Doktrin« (benannt nach George Bushs sen. Justizminister Thornburgh), die die nationale Souveränität anderer Staaten für rechtlich irrelevant erklärt, wenn die Interessen der USA substantiell berührt werden. Diese Auffassung wiederum bewegt sich in rechtspolitischen Auffassungen, die einst der Rechtsideologe Carl Schmitts formulierte. Er meinte, daß der Staat unter wie auch immer gearteten Notstandsbedingungen rücksichtslos gegen seine Feinde vorgehen müsse — im Inneren wie im Äußeren —, wobei den Ursachen des Notstandes oder Konfliktes bzw. dem allgemein anerkannten übergeordneten Recht (Naturrecht) keine Bedeutung zukomme. Beide genannten Prinzipien bedeuten, daß das Recht des Stärkeren vor der Stärke des nationalen bzw. internationalen Rechts rangiert und — so fatal das klingen mag — bi- und multilaterale Abkommen und Verträge im Krisenfall nicht einmal das Papier wert sind, auf dem sie geschrieben stehen. Dies muß man wissen, um das Pokerspiel der Vereinigten Staaten mit der UNO und dem Weltsicherheitsrat einschätzen zu können, wenn es um den Irak-Konflikt geht.

Es versteht sich von selbst, daß solcherlei Rechtsauffassungen in nicht wenigen Fällen Unrecht produzieren, das seinerseits Widerstand und Vergeltung erzeugt. Für die US-Politik trifft demzufolge das biblische Sprichwort »Wer Wind sät, wird Sturm ernten« in vollem Umfang zu.

Die Geschichte des Golf-Konflikts

»Die verborgene Macht des Marktes wird ohne verborgene Faust nicht funktionieren. Ohne McDonnel Douglas kann McDonald's nicht erfolgreich sein. Die verborgene Faust, die dafür sorgt, daß die High-Tech-Unternehmen von Silicon Valley überall auf der Welt ungehindert florieren können, heißt US Army, Air Force und Marine Corps.«
Thomas Friedman, Chefkorrespondent der *New York Times*

Um die derzeitige Gesamtsituation in der Golf-Region etwas besser verstehen zu können, seien einige kurze Informationen zum dortigen (Kriegs-)Geschehen vorausgeschickt.

Der Irak wird von etwa 20 Millionen Menschen bewohnt, die sich in drei große Bevölkerungsgruppen unterteilen lassen. Die Mehrheit (60 Prozent) wird von den Schiiten gestellt, sie leben im Süden des Landes. Im Norden siedeln die irakischen Kurden. Sie stellen ein Fünftel der Bevölkerung. Sie sprechen eine eigene Sprache, haben jedoch keinen eigenen souveränen Staat. Die dritte Bevölkerungsgruppe bilden die Sunniten. Ihr Hauptverbreitungsgebiet befindet sich im mittleren Irak. Der bekannteste Sunnit ist Saddam Hussein. Obwohl die Sunniten die zahlenmäßig kleinste Gruppe innerhalb des irakischen Volkes darstellen, so üben sie doch massiven Einfluß aus. Man schätzt, daß etwa 20 000 Sunniten, die eng mit dem Machtsystem von Saddam Hussein verbunden sind, die Kontrolle über das gesamte Land haben.

Saddam Hussein wurde im Jahre 1937 geboren und trat 1956 der sozialistischen Baath-Partei bei. Diese übernahm 1968 nach zahlreichen Putschversuchen, die teilweise von der CIA unterstützt worden waren, im Irak die Macht. Der führende Mann der Baath-Partei war damals Ahmed Hassan Bakr, während Hussein zur Nummer zwei aufrückte. Als Vizepräsident organisierte er den Aufbau eines weitverzweigten Geheimdienstnetzes. In der Folge nutzte er dieses, um die Gegnerschaft der Baath-Partei zu vernichten. Die ersten massiven Probleme mit den Vereinigten Staaten traten auf, als die irakische Führung 1972 mit der Verstaatlichung der Erdölindustrie begann. Der damalige US-Präsident Nixon sorgte daraufhin in Zusammenarbeit mit dem Iran, an dessen Spitze noch der Schah von Persien stand, dafür, daß die irakischen Kurden bewaffnet wurden. Gleichzeitig wurde der Irak gegenüber der Weltöffentlichkeit als ein den Terror unterstützender Staat propagiert. Die US-Waffenlieferungen an die Kurden hörten erst auf, als der Schah und die irakische Führung eine Vereinbarung unterzeichneten, die die Nutzung des Schatt al-Arab, des äußerst bedeutsamen Schiffahrtsweges im Persischen Golf, den USA-freundlichen Iranern überließ. Gleichzeitig war damit jedoch ein zukünftiger Konfliktherd zwischen dem Irak und dem Iran geschaffen worden.

Nachdem Saddam Hussein im Jahre 1979 die Macht im Irak und Ayatollah Khomeini dieselbe im Iran übernommen hatte, überschritt am 22. September 1980 die irakische Armee die iranische Grenze auf einer Breite von rund 600 Kilometern. Husseins Luftwaffe versuchte die iranischen Luftstreitkräfte auf ihren Flugplätzen zu zerschlagen, während die irakische Armee die Staatsgrenzen in erster Linie überschritt, um die iranische Erdölprovinz Khuzestan zu erobern. Doch aus dem ursprünglich geplanten kurzen Blitzkrieg, den die irakische Führung geplant hatte, entwickelte sich einer der längsten und blutigsten Stellungskriege der neueren Geschichte, der als der sogenannte Erste Golfkrieg in die historischen Annalen einging.

Dieser Konflikt hatte ein ganzes Bündel von Ursachen, die sowohl in den historischen Traditionen der Konfliktlösung als auch in den Ambitionen der irakischen Staatsführung gegenüber seinen Nachbarn begründet lagen. Der Irak war beispielsweise unzufrieden mit dem schon 1932 festgelegten Grenzvertrag mit dem Iran, darüber hinaus wollte sich die irakische Nation eine besondere Rolle in der arabischen Welt sichern. Doch auch die iranische Nation hatte in bezug auf den bewaffneten Konflikt besondere Ambitionen. 1981 kam im Iran eine fundamentalistische Führungsschicht mit Ayatollah Khomeni an die Macht. Saddam Hussein war in Khomeinis Augen ein Schah, jemand also, den man im eigenen Land erst vor kurzem vertrieben hatte. Die iranischen Fundamentalisten betrachteten den Kampf gegen den Irak lediglich als eine Fortsetzung des Kampfes gegen das Schah-Regime. Khomeini war zudem an einer Umwälzung der bestehenden Staatsordung im Nahen und Mittleren Osten interessiert, d. h. an der Bildung von neuen islamischen Staaten.

Mit hoher Wahrscheinlichkeit wäre der Krieg zwischen Iran und Irak nicht von so langer Dauer gewesen und mit solcher Verbissenheit geführt worden, wenn nicht seit dem Beginn der 1970er Jahre beide Staaten durch verschiedene Nationen, die damit Einfluß ausüben wollten, aufgerüstet worden wären. Der Iran erhielt beispielsweise Waffen von den Vereinigten Staaten und ihren europäischen Verbündeten, was als Ausdruck einer neuen amerikanischen Hegemonialpolitik in der Dritten Welt betrachtet wurde. Der Irak wurde von 1969 bis 1980 ebenfalls massiv militärisch aufgerüstet, wobei vor allem die damalige Sowjetunion und die im Warschauer Pakt befindlichen osteuropäischen Verbündeten der UdSSR eine große Rolle spielten. Die Waffenlieferungen an die beiden Länder basierten ausschließlich aus dem Konkurrenzkampf der beiden damaligen Supermächte USA und Sowjetunion, die den Iran und den Irak im Rahmen ihres Aufrüstungswettbewerbs für ihre eigenen Zielsetzungen nutzten.

Nach irakischen Anfangserfolgen konnte der Iran bis 1982 alle vom Irak besetzten Gebiete zurückerobern. Irakische Angebote zum sogenannten Abkommen von Algier (1975), in dem als Grenze am Schatt el-Arab die Flußmitte, die Garantie der Sicherheit entlang der gemeinsamen Grenzen und die wechselseitige

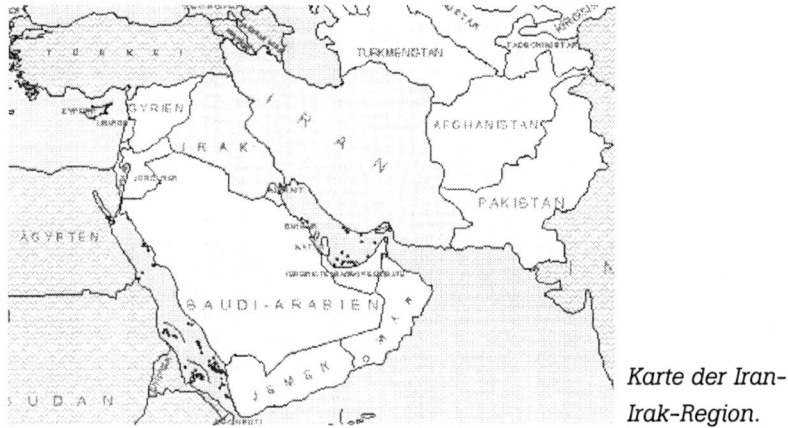

Karte der Iran-Irak-Region.

Nichteinmischung in die inneren Angelegenheiten festgelegt wurde, wies man seitens der iranischen Führung zurück. Durch massive Rüstungshilfe sowohl von der Sowjetunion als auch von westlichen Staaten, die mit den Hilfsgeldern der arabischen Ölstaaten im Kampf gegen den »persischen Erbfeind« bezahlt wurde, konnte der Irak militärisch standhalten und seit 1984 auch einen umfassenden »Tankerkrieg« aus der Luft gegen den Iran eröffnen. Allerdings gab es in dieser Auseinandersetzung keinen Sieger, sondern nur Verlierer, nämlich vor allem die Zivilbevölkerung auf beiden Seiten. Bei dem Krieg kamen mehrere Hunderttausend irakischer und iranischer Soldaten ums Leben, mehrere Millionen Menschen wurden obdachlos, ganze Provinzen des westlichen Irans wurden weitgehend verwüstet. Die wirtschaftlichen Kosten dieses im Endeffekt unsinnigen Krieges wurden auf mehrere hundert Milliarden Dollar geschätzt.

1989/1990 war der Irak nach dem langandauernden Krieg mit dem Nachbarn Iran finanziell ausgeblutet und wirtschaftlich so gut wie am Ende. Während der Irak, wie schon betont, bis dahin Rüstungshilfe von der Sowjetunion und einigen westlichen Nationen erhalten hatte, lieferte Amerikas engster Verbündeter, Israel, dem iranischen Gottesstaat in den ersten zwei Kriegsjahren Waffen und chemische Kampfstoffe im Wert von mehr als einer Milliarde Dollar. Die Vereinigten Staaten von Amerika sahen dabei tatenlos zu oder drückten, wie manche Beobachter des Konfliktes und seiner Hintergründe meinten, beide Augen zu. Die israelische Führung unterstützte den Iran, weil sie den Irak massiv schwächen wollte, den sie damals schon — und sicher auch nicht zu unrecht — als größtes Hindernis der eigenen Expansionsgelüste betrachtete.

Nach dem irakisch-iranischen Krieg, der bis 1988 andauerte, versuchte Saddam Hussein, sein Land wirtschaftlich wieder zu reorganisieren. Das aber war nur durch Deviseneinnahmen aus Erdölverkäufen möglich. Normalerweise wäre das kein Problem gewesen, doch der Preis für Erdöl war im Jahre 1990 so tief gesunken, daß die ursprünglichen geplanten Gewinne nicht mehr zu erzielen waren. Der Grund für den niedrigen Ölpreis war schnell auszumachen: Das Emirat Kuwait hielt sich damals nicht an die ausgemachte Erdölfördermenge, die die *Organisation Erdölexportierender Staaten* (OPEC) vereinbart hatte, so daß Husseins Pläne scheiterten.

Iraks Diktator reagierte gereizt auf diesen Umstand und warf nun seinerseits Kuwait vor, den Iran-Irak-Krieg ausgenutzt und sich an irakischen Erdölvorkommen bedient zu haben, wobei es insbesondere um das Rumailah-Ölfeld ging, das zu 90 Prozent auf dem Gebiet des Irak und nur zu zehn Prozent auf dem Terrain von Kuwait liegt. Saddam Hussein beschuldigte Kuwait konkret, dem Irak Öl im Wert von bis zu 14 Milliarden Dollar gestohlen zu haben.

Am 25. April 1990 traf sich Saddam Hussein in dieser Frage mit der damaligen amerikanischen Botschafterin im Irak, April Gaspie. Er wollte wissen, wie die Vereinigten Staaten zum Grenzkonflikt mit Kuwait stünden und ob es im Falle eines irakischen Einmarsches in Kuwait, das von Hussein niemals anerkannt worden war (somit auch nicht seine Grenzen), »Probleme« geben könne. Die amerikanische Botschafterin versicherte Hussein, daß sich

Präsident George Bush sen. nicht um den Grenzstreit mit Kuwait kümmere*. Eigentlich hätte es die US-Diplomatin angesichts einer solchen geradezu einladenden Formulierung wissen müssen: Saddam Hussein, der ohnehin wenig von Diplomatie hielt, interpretierte diese Aussage faktisch als grünes Licht für einen Angriff auf das Emirat. Für ihn stand fest: Die USA, die als Verbündeter des Iraks angesehen wurden, deckten seine Attakke auf Kuwait, zumal das Emirat ohnehin nicht als politisch stabil galt.

Die Frage ist nur, ob Gaspies Formulierungen nicht als glatte Lüge angesehen werden müssen, die den Irak in ein Abenteuer stürzen sollten, das die USA für sich auszunutzen gedachten. Interessanterweise gingen die US-Medien später mit keinem einzigen Wort mehr auf das Treffen von Gaspie und Hussein ein. (Das von der kalifornischen *Sonama State University* betriebene *Projekt Censored* setzte dieses Thema auf Platz 1 aller wichtigen Themen, die im Jahre 1990 von den US-amerikanischen Medien totgeschwiegen wurden.)

Saddam Hussein, der die Vereinigten Staaten hinter sich vermutete, ließ seine Armeen eine Woche später, am 2. August 1990, in Kuwait einmarschieren. Damit hatte George Bush sen. seinen Vorwand für die *Operation Wüstensturm*.

Als Saddam Hussein seinen Fehler bemerkte, unterbreitete er

---

* Die *New York Times* zitierte April Gaspie in Folge dieses Treffens in ihrer Ausgabe vom 25. Juli 1990: »Herr Präsident, ich will Ihnen nicht nur versichern, daß Präsident Bush bessere und tiefere Beziehungen mit dem Irak wünscht, sondern er will auch, daß der Irak zum Frieden und Wohlstand im Nahen Osten beiträgt. Präsident Bush ist ein intelligenter Mann. Er wird keinen Wirtschaftskrieg gegen den Irak erklären.«
Zum Grenzkonflikt zwischen dem Irak und Kuwait hieß es, »daß diese Frage Amerika nichts angehe. James Baker hat unsere offiziellen Sprecher angewiesen, diese Instruktionen zu betonen.« (Baker war der damalige Außenminister der USA — Anm. d. Verf.)

der UNO zwischen dem 10. und dem 19. August 1990 insgesamt drei Vorschläge zum Rückzug, die jedoch allesamt von den USA ignoriert wurden. US-Präsident Bush sen. stellte sich einfach taub und erlangte schließlich am 29. November 1990 vom UNO-Sicherheitsrat die Erlaubnis zum Golfkrieg, nachdem alle damals zögernden Mitgliedsstaaten des Sicherheitsrates durch großzügige finanzielle Zugeständnisse, sprich Gegengeschäfte auf Kurs gebracht worden waren. Die amerikanischen Drohgebärden gegen den Irak kulminierten am 9. Januar 1991, als das US-Establishment dem Land die komplette Vernichtung für den Fall des Nichtabzugs aus Kuwait ankündigte. Fünf Tage später begann die internationale Golfkriegs-Allianz mit der Bombardierung des Irak, die 42 Tage lang andauerte, wobei täglich rund 2000 Einsätze geflogen wurden.

Nach offiziellen Angaben standen sich im zweiten Golfkrieg ca. 540 000 amerikanische und alliierte Soldaten und ungefähr dieselbe Zahl irakischer Militärs gegenüber. Das behaupteten jedenfalls US-Quellen, denn in Wirklichkeit dürften auf seiten des Irak nur rund 200 000 bis 250 000 Mann eingesetzt worden sein, während die Alliierten insgesamt 680 000 Mann aufboten. Selbst als sich die irakischen Einheiten ergaben und flüchteten, setzten die Verteidiger von Recht und Wahrheit ihre Angriffe auf die Fliehenden fort. Daß das ein klarer Verstoß gegen Bestimmungen der Genfer Konventionen war, störte niemanden.

Die *Operation Wüstensturm* endete bereits nach drei Monaten mit dem besonders schlimmen Massaker auf der »Autobahn des Todes«, auf der US-Kampfflugzeuge Zehntausende von irakischen Soldaten zusammenschossen, als sich diese bereits auf dem Rückzug aus Kuwait befanden. Der amerikanische Verteidigungsminister war seinerzeit Dick Cheney, der heute unter Bush jun. als Vizepräsident agiert. Paul Wolfowitz, der heutige stellvertretende US-Verteidigungsminister, war damals Untersekretär für Politik im Verteidigungsministerium. Muß man an dieser Stelle noch mehr zu den personellen Verwicklungen sagen?

Ließ Saddam Hussein in bezug auf den zweiten Golfkrieg geschickt ins Messer laufen: George Bush sen. (im Vordergrund rechts).

Am 28. Februar 1991 verständigten sich die Golfkriegs-Alliierten und der Irak auf einen Waffenstillstand, der am 3. März zustandekam. Anstatt aber den »neuen Hitler«, wie Saddam während des Golfkrieges bezeichnet worden war, aus seinem Amt zu vertreiben, beließen die USA alles beim alten. Hussein hatte zwar einen Krieg verloren, seine eigene Position aber in jedem Falle gefestigt, während die Vereinigten Staaten sich den Vorwurf gefallen lassen mußten, inkonsequent gehandelt zu haben.

Betrachtet man das Geschehen des zweiten Golfkrieges näher, so wird man erkennen, daß das Engagement der USA in dieser Angelegenheit nur deshalb relativ unhinterfragt blieb, weil eine gewaltige Propaganda- und Desinformationsmaschinerie den Waffengang vorbereitet und begleitet hatte. Das US-amerikanische Volk hatte den Waffengang zunächst abgelehnt, war dann jedoch — wie die gesamte westliche Welt — mit »Argumenten«, die teilweise später als Lügen entlarvt wurden, zur Kehrtwende verleitet worden. Daß die Vereinigten Staaten Saddam Hussein erst ermutigt hatten, gegen Kuwait loszuschlagen, wurde geflissentlich totgeschwiegen.

Nun scheint es noch verständlich, daß Otto Normalverbraucher, dem derlei Hintergrundinformationen fehlen, dazu neigt, Propaganda und Desinformation zu glauben. Wenn aber selbst Politiker den Lügen vertrauen — und dabei sogar noch Ursache und Wirkung miteinander verwechseln —, dann ist es um unser aller Zukunft schlecht bestellt. So vertrat z. B. die verteidigungspolitische Sprecherin von *Bündnis 90/Die Grünen*, Angelika Beer, in einer *Reuters*-Meldung vom 18. Dezember 1998 die Meinung, daß Saddam Hussein für die an den Vortagen stattgefundenen Bombardierungen — die nach Festlegung von sogenannten Flugverbotszonen den Irak seit dem Ende des zweiten Golfkrieges immer wieder heimsuchen — selbst verantwortlich sei, da er nach westlichen Maßstäben als »völlig unberechenbar« eingestuft werden müßte.

Wer derartigen Aussagen Glauben schenkt, dürfte sich meilenweit von der Wahrheit entfernt haben. Sicherlich, Saddam Hussein ist ein Diktator, aber die menschliche Geschichte kennt diesen Typ von Staatenlenker zur Genüge und kann damit sehr wohl Rückschlüsse auf das Verhalten solcher Personen ziehen. Für die Analyse derartiger Persönlichkeitstypen werden Fachleute eingesetzt. Saddam Hussein war zumindest so weit vorhersagbar, daß die amerikanische Regierung wußte, daß, würde sie sich im Grenzkonflikt zwischen Kuwait und dem Irak zurückhalten, der irakische Potentat zuschlagen würde — was den USA schließlich sehr gelegen kam, um in der Golfregion »einen Fuß in die Tür zu bekommen«. Und Hussein funktionierte in den Augen der US-Verantwortlichen wie erwartet, aber auch Frau Beer, die sich einmal über die wahren Hintergründe des Golf-Konfliktes hätte informieren sollen.

Leider ist es eine traurige Tatsache, daß in unserer sich so modern gebenden Welt Lügen und Halbwahrheiten an der Tagesordnung sind, besonders in bezug auf militärische Auseinandersetzungen. Schon Graf Otto von Bismarck sagte: »Es wird nie soviel gelogen wie vor der Wahl, während des Krieges und nach der Jagd.« Hierbei handelt es sich leider um eine der unveränderlichen Wahrheiten, die bis heute Gültigkeit haben. Freilich versucht man seit geraumer Zeit, das Wort »Lüge« zu vermeiden, und benutzt statt dessen den Begriff »Propaganda.«

Insbesondere im Vorfeld kriegerischer Auseinandersetzungen der letzten 100 Jahre spielte und spielt die Propaganda eine enorme Rolle, vor allem, wenn es galt, breiteste Bevölkerungskreise, die gegen einen Krieg waren, umzustimmen. In vielen Fällen wurden dann Tatsachen geschaffen (die gar keine waren), um die Zustimmung der Öffentlichkeit zu erkaufen und den Einsatz von Gewalt zu legitimieren. So war das amerikanische Volk ursprünglich gegen den Einsatz amerikanischer Truppen im Ersten und Zweiten Weltkrieg, bis die Propagandamaschine anlief und die Bevölkerung zur Räson brachte.

In den letzten fünf Jahren ist allerdings zu beobachten, daß große Teile der Weltöffentlichkeit, nicht zuletzt aufgrund der Erfahrungen und Ergebnisse der in den 1990er Jahren geführten Kriege, Propagandatricks durchschauen und Waffengänge generell ablehnen. Deshalb sind diejenigen, die an der Kriegsführung interessiert sind und daran verdienen, ständig bemüht, auch hier neue Begriffe zu benutzen, um das Wort »Krieg« zu vermeiden.

So begann der Krieg gegen Jugoslawien mit einer offensichtlichen Lüge: »Wir führen keinen Krieg« ließ Bundeskanzler Gerhard Schröder am 24. März 1999 in seiner Regierungserklärung die Nation wissen, vielmehr handele es sich um eine »Militäraktion« oder — um den NATO-Jargon wiederzugeben — um eine »Luftkampagne«. Die von Regierungsvertretern, Public Relations-Agenturen und Pressestellen der kriegführenden NATO-Verbündeten zum Zweck der Kriegslegitimierung kreierten und über die Massenmedien gestreuten Begriffe wie der der »humanitären Intervention« konnten jedoch nicht verhindern, daß breite Teile der Öffentlichkeit der Berichterstattung mißtrauten. Die Medien waren eifrig bemüht, die Aggression nicht als solche erscheinen zu lassen. Auf nahezu allen Fernsehkanälen wurden die gleichen Bilder ausgestrahlt, im Radio die gleichen Stimmen gesendet und in den Kommentaren der Tagespresse sich wiederholendes Vokabular und auffallend ähnliche Meinungen zur Notwendigkeit der Bombardierungen abgedruckt, so daß selbst jene aufzuwachen begannen, die sich sonst nur wenig für Politik interessierten.

Handelte es sich im Falle der gemeinsamen Sprachfindung um eine Verschwörung, Gleichschaltung oder staatliche Zensur? Oder einfach nur um die sattsam bekannte Ignoranz und Oberflächlichkeit der meinungsbildenden Medienindustrie, die in einer Vielzahl von Fällen Journalisten beschäftigt, die gar nicht mehr wissen, was das Wort »recherchieren« eigentlich bedeutet? Wie immer man diese Fragen beantworten will, die Propaganda ist zu einem wesentlichen Hilfsmittel der Kriegsführung avanciert, und insbesondere die Amerikaner sind in dieser Hinsicht Spitze. Da aber Propaganda immer mit der Verschleierung der Wahrheit einhergeht, ist man natürlich versucht zu fragen, was es denn heutzutage seitens der USA zu verdecken gilt, wenn man sich propagandistischer Behauptungen bedient. Nach eigener Aussage vertreten Bush & Co. doch die Kräfte des Guten in der Welt. Oder doch nicht?

Daß man gut beraten ist, den Vereinigten Staaten auch im Falle des bevorstehenden dritten Golf-Krieges mißtrauisch zu begegnen, soll anhand von zwei Beispielen dem Leser deutlich vor Augen geführt werden.

Um eine US-Intervention zu legitimieren, wurde zur Vorbereitung des zweiten Golfkrieges eine der größten PR-Agenturen in den USA unter Vertrag genommen. Ausgestattet mit einem Budget von 10,7 Mio. Dollar startete die PR-Agentur *Hill & Knowlton* 1990 einen Propagandafeldzug für die Befreiung Kuwaits. Höhepunkt der in der Geschichte wohl erfolgreichsten PR-Kampagne aller Zeiten war eine gezielte Lüge, die von der Bush-Administration und der kuwaitischen Regierung gestreut wurde. Am 10. Oktober 1990 schilderte vor dem Menschenrechtsausschuß des US-Kongresses die 15jährige Kuwaiterin Nayirah unter Tränen die Greueltaten irakischer Soldaten. Diese hätten in einem kuwaitischen Krankenhaus 15 Babys aus Brutkästen gerissen, auf den Boden geworfen und dort sterben lassen. Die Brutkästen seien entwendet worden. Aus anderen Krankenhäusern wurden ähnliche Vorfälle geschildert, so daß u. a. *Amnesty International* 312 auf diese Weise getötete Babys und gestohlene Brutkästen zählte. Obwohl *Amnesty International* später die Meldung dementierte, war der angerichtete Schaden nicht mehr gut zu machen: auch heute noch sprechen viele Menschen von diesem »Verbrechen«, das es gar nicht gab. Präsident Bush sen. griff die Greuelgeschichte in seiner Kriegskampagne immer wieder auf, so daß der zunächst kriegskritische US-Senat der Intervention zustimmte und durch die mediale Aufbereitung der Geschichte auch innerhalb der US-Gesellschaft ein Meinungsumschwung zu verzeichnen war.

Im Januar 1992 wurde die Identität der jungen Zeugin enthüllt: Es handelte sich um die Tochter von Saud Nasir al-Sabah, dem kuwaitischen Botschafter in den USA. Das Mädchen war von der Agentur *Hill & Knowlton* professionell als Zeugin aufgebaut worden. Präsident von *Hill & Knowlton* war Craig Fuller, bekennender Bush-Anhänger und dessen ehemaliger Stabschef. Weitere Untersuchungen ergaben, daß kuwaitische Ärzte offensichtlich gelogen hatten und die vorgeblich entwendeten Brutkästen an ihren Plätzen standen. Des weiteren wurde herausgefunden, daß im Vorfeld der Propaganda-Kampagne Untersuchungen durchgeführt worden waren, mit deren Hilfe herausgefunden werden sollte, welche Meldungen Menschen besonders

erregten. Das Ergebnis lautete, daß der befragte Bevölkerungs-
querschnitt sehr heftig auf Baby-Greuel reagiert hatte. Die Pro-
pagandalüge war zwar 1992 widerlegt, der Krieg aber bereits
Vergangenheit.

Auch eine andere Geschichte, die regelmäßig und als Muster
Husseinscher Grausamkeit in den Massenmedien verbreitet wird,
hat sich mit hoher Wahrscheinlichkeit nicht so ereignet, wie sie
für Propagandazwecke bis zum heutigen Tag dargestellt wird.
Am 31. Januar 2003 meldete sich in einem inzwischen vielbe-
achteten Artikel in der *New York Times* Professor Stephen C.
Pelletiere zu Wort gemeldet. Pelletiere hat, aufgrund seiner
Biographie und seines Wissens als führender Mitarbeiter der CIA
und der US-Army, eine der großen Propagandageschichten zur
Rechtfertigung des bevorstehenden US-Krieges gegen Irak nicht
nur entkräftet, sondern sie wie eine Seifenblase zum Platzen
gebracht. Es geht um die Behauptung, daß Saddam Hussein
chemische Waffen gegen die Bürger seines eigenen Landes
eingesetzt habe. Dies ist inzwischen zum festen Bestandteil der
Vorwürfe all jener geworden, die den Machthaber in Bagdad als
Monster darzustellen versuchen, der nur noch mit einem »Präventivkrieg« von Schlimmerem abgehalten werden könne.

Der angeblich schlagkräftigste Beweis für die abscheulichen
Untaten Saddam Husseins, der immer wieder angeführt wird,
betrifft den als Genozid dargestellten vermeintlichen Giftgasan-
griff der irakischen Armee gegen das wehrlose kurdische Dorf
Halabja in der Nähe der iranischen Grenze. Dort wurden im März
1988, gegen Ende des acht Jahre dauernden Kriegs zwischen
Iran und Irak, bis zu 5000 Dorfbewohner getötet. Heute noch
werden die Bilder durch Giftgas umgekommener Kurden fast
jede Woche in den Medien gezeigt, ohne daß bisher jemand die
Frage nach den wahren Hintergründen und Ursachen gestellt
hätte. Es zeigt sich leider immer wieder, daß die Journallie —
und diesen Begriff meine ich hier durchaus abwertend — in den
allermeisten Fällen nur noch Informationen *transportiert,* jedoch

kaum noch *recherchiert*. Dabei hat man sich jahrzehntelang über die gleichgeschalteten Medien des Ostblocks erregt und die Meinungsvielfalt des Westens gepriesen. Schaut man hinter die Kulissen, muß man feststellen, daß es zwar in den Massenmedien vielfältige Meinungen gibt, die aber alle *derselben* Linie folgen, während die kritischen Berichterstatter meist bei kleineren, feineren Verlagen und Medienfirmen tätig sind. Besonders beschämend ist, daß auch große (Nachrichten-)Magazine jahrelang die nun oben genannte Geschichte nachgekaut haben, was zeigt, daß man auch den dortigen Schreiberlingen nicht auf den Leim kriechen darf. Der Bürger ist aufgerufen, sich eine eigene Meinung zu bilden, aber bitteschön nicht nur anhand des Meinungseinheitsbreis, den die Großen aus Presse, Funk und Fernsehen über die Öffentlichkeit auszugießen versuchen!

Zurück zum kurdischen Dorf Halabja und den damaligen Ereignissen. Pelletiere äußerte in der *New York Times* folgendes:

>»Aufgrund meiner früheren Tätigkeiten weiß ich Bescheid, denn während des Iran-Irak-Krieges war ich Chefauswerter für Irak in der *Central Intelligence Agency* (CIA), und von 1988 bis 2000 war ich Professor am *Army War College*. Ich hatte Zugang zu dem geheimen Material, das mit dem Persischen Golf zu tun hatte und durch Washington floß. Außerdem habe ich seit 1991 eine Untersuchungsgruppe der US-Army geleitet, die herausfinden sollte, wie die Iraker einen Krieg gegen die Vereinigten Staaten führen würden.«

Daher habe er sich, so Pelletiere weiter, auch intensiv mit den Umständen des Halabja-Giftgaseinsatzes befaßt, über die es einen »sehr detaillierten US-Geheimbericht« gebe, aus dem jedoch nicht ersichtlich sei, wer nun tatsächlich für die Toten in Halabja verantwortlich ist:

>»In Wahrheit wissen wir nur, daß an diesem Tag die Kurden von Halabja mit Giftgas bombardiert wurden. Aber

wir können nicht mit Sicherheit sagen, daß es irakische
Chemiewaffen waren, welche die Kurden getötet haben.«

Aber das sei nicht die einzige Verfälschung in der Halabja-
Geschichte, so Pelletiere:

>Die Vergasung von Halabja, und das wissen wir mit
Sicherheit, erfolgte während einer Schlacht zwischen Ira-
kern und Iranern. Irak setzte Chemiewaffen ein, um die
Iraner zu töten, die das (irakische) Dorf unweit der irani-
schen Grenze besetzt hatten. Wenn also dabei kurdische
Zivilisten getötet wurden, dann hatten sie das Pech, ins
Kreuzfeuer geraten zu sein. Aber ganz sicher waren sie
nicht das Hauptziel der Iraker ... Unmittelbar nach der
Schlacht führte die DIA [der militärische Geheimdienst der
US-Army – Anm. d. Verf.) eine Untersuchung durch, deren
Ergebnisse in einem Geheimbericht festgehalten wurden.
In diesem Bericht stand ganz klar, *daß iranisches Gas die
Kurden getötet hatte und nicht irakisches*. Die Agency
hatte herausgefunden, daß beide Seiten in der Schlacht
um Halabja Giftgas eingesetzt hatten. Der Zustand der
Leichen der Kurden deutete jedoch darauf hin, daß sie mit
einem Gift getötet wurden, das über die Blutbahnen wirkt,
d. h. mit einem Gas auf Zyankali-Basis, das – und dieser
Umstand war den amerikanischen Geheimdiensten allgemein bekannt – vom Iran eingesetzt wurde. Die Iraker, bei
denen davon ausgegangen wurde, daß sie Senfgas eingesetzt hatten, hatten zu jener Zeit kein Gas, das über die
Blutbahnen wirkt.«

Pelletiere brachte sein Erstaunen darüber zum Ausdruck, daß
»diese Fakten schon seit langem öffentlich bekannt sind, aber im
Zusammenhang mit der Halabja-Affäre so gut wie nie erwähnt
werden«. Bei den seltenen Gelegenheiten, bei denen der DIA-
Bericht erwähnt würde und daß iranisches Gas die Kurden von

Halabja getötet hat, würde sofort spekuliert, daß der Bericht zugunsten Saddam Husseins frisiert worden sei, der im Jahre 1998 von Washington noch als guter Freund behandelt wurde. »Ich versuche hier nicht, Saddam Hussein zu rehabilitieren«, schließt Pelletiere, er sei schließlich für viele Verstöße gegen die Menschenrechte verantwortlich. Aber »ihm die Vergasung seiner eigenen Leute in Halabja als Akt des Völkermords vorzuwerfen, das ist nicht korrekt.«

Die Fakten sprechen für sich — sind aber dennoch öffentlich völlig falsch dargestellt worden. Dahinter steckt gewiß kein Zufall, sondern das Ganze hat Methode.

Immer dann, wenn es aus politischen, wirtschaftlichen oder insbesondere militärischen Gründen sinnvoll erschien, wurde gelogen, daß sich die Balken bogen. Die Lügen wurden zusätzlich mit einer einseitigen Berichterstattung untermauert, so daß die Öffentlichkeit, die sich anhand der Nachrichten eine Meinung bilden wollte, gar nicht dazu in der Lage war.

Ein amerikanischer Bekannter, der seiner Regierung sehr kritisch gegenübersteht, meinte mir gegenüber in einem Gespräch Mitte der 1990er Jahre, daß sich das US-Establishment in einem Netz aus eigenen Lügen dermaßen verfangen habe, daß es gar nicht mehr in der Lage sei, die Wahrheit zu erkennen. Lügen würden immer wieder Lügen produzieren — und man solle den Teufel tun und den offiziellen Verlautbarungen aus dem Weißen Haus und anderen US-amerikanischen Dienststellen und Behörden Glauben schenken ...

Ich hielt diese Bemerkungen seinerzeit für übertrieben, mußte aber schließlich erkennen, daß das Gesagte von prinzipieller Richtigkeit war. Und schließlich sollten die Vereinigten Staaten selbst eine unmittelbare Bestätigung für das Behauptete liefern: Nach den Terroranschlägen vom 11. September 2001 ließ Verteidigungsminister Donald Rumsfeld wissen, daß das Pentagon eine Art Propaganda-Behörde einzurichten gedenke, die — so berichteten jedenfalls die Medien — u. a. auch dafür Verwendung finden solle, in Kriegs- und Krisenzeiten die mit den USA verbündeten Nationen, und nicht nur diese, zu desinformieren. Jawohl, Sie haben richtig gelesen: Die Propaganda-Abteilung mit der Bezeichnung *Office of Strategic Influence* (Amt für strategische Einflußnahme) solle gezielt zensierte und manipulierte taktische Informationen verbreiten. Nach dem Bekanntwerden dieser Informationen kam es zu einer erbitterten öffentlichen Kontroverse, so daß das Pentagon schließlich gezwungen war, seine Propaganda-Abteilung zu schließen. Rumsfeld meinte, das Pentagon lüge nicht, es sei aber nötig geworden, das Office aufzulösen, weil unzutreffende Berichte über Pläne für eine gezielte Verbreitung von Falschmeldungen der neugeschaffenen Einrichtung so erheblichen Schaden zugefügt hätten, daß sie nicht mehr effektiv arbeiten könne.

Sicherlich war Rumsfeld mit der Aussage, das Pentagon lüge nicht, wieder meilenweit von der Wahrheit entfernt, denn die US-Medien hatten sehr genau darüber informiert, warum das Ausland mit Falschinformationen versorgt werden sollte: Das US-Establishment war nämlich zuvor in Sorge geraten, daß die Anti-Terror-Front aufgrund mangelnden Beweismaterials bröckeln könnte.

Unabhängig davon bleibt festzuhalten, daß das *Office of Strategic Influence* nicht die einzige neue Abteilung für den Propaganda- und Desinformationskrieg an der Heimatfront werden sollte. Auch die DAPRA, die Forschungs- und Entwicklungsabteilung des Pentagon, verfügt über eine entsprechende Abteilung, die als *Information Awareness Office* (IAO) bezeichnet wird. Diese wurde nicht aufgelöst ...

Es muß an dieser Stelle nicht sonderlich betont werden, daß das Streuen von Falschinformationen nicht nur einfach eine Propagandamaßnahme an sich ist, sondern auch zu Entwicklungen führen kann, die Menschenleben bedrohen und eine Massenhysterie hervorrufen können, was rechtlich relevant ist. Am 6. Januar 2003 berichtete die linksgerichtete Tageszeitung *Jun-*

ge Welt in einem Artikel mit der Überschrift »Hysterie in USA geschürt: FBI- und CIA-Agenten plaudern aus: Bush-Regierung erfindet Terrorwarnungen«, daß die ständigen Warnungen vor Terrorattacken in den USA vom Weißen Haus fabriziert würden und keinerlei Bezug zu nachweisbaren Fakten hätten. Die laufenden Hinweise auf bevorstehende Terroranschläge sollten vielmehr in der Bevölkerung ein Gefühl der permanenten Bedrohung aufrechterhalten und der Politik des Präsidenten eine hohe Zustimmungsquote sichern.

Diese Meldung basierte auf einem Bericht von *Capitol Hill Blue*, einer nichtkommerziellen Nachrichtenagentur, die von kritischen amerikanischen Journalisten aufgebaut worden ist und die Anfang Januar 2003 über diesen Sachverhalt berichtete. In dem betreffenden Artikel kamen mehrere CIA- und FBI-Mitarbeiter zu Wort, die klarstellten, daß die US-Regierung über keinerlei handfeste Informationen verfüge. Die offizielle Behauptung, die in Afghanistan gefangengenommenen Al-Qaida-Mitglieder hätten geredet und zahlreiche wichtige Informationen in bezug auf weitere Terroranschläge offenbart, entspreche nicht den Fakten. Vielmehr tappen die Antiterror-Spezialisten immer noch im dunkeln. *Capitol Hill Blue* berichtete darüber hinaus, daß die Bush-Regierung die Geheimdienste unter Druck setze, irgend etwas zu liefern, um die von ihr betriebene Propaganda faktenmäßig zu unterstützen.

Die US-Internet-Nachrichtenagentur *WorldNetDaily.com*, die die Informationen von Capitol Hill Blue aufgriff und den Informationen nachging, stellte in einem nachfolgenden eigenen Bericht fest, daß »in der Tat bei den meisten Terrorwarnungen, welche die US-Regierung in letzter Zeit herausgegeben hat, jegliche spezielle Information zur Art der Bedrohung gefehlt hat«. Ein FBI-Agent warnte davor, laufend falschen Alarm zu geben, denn dies stumpfe die Menschen ab und verhinderte richtige Reaktionen im Falle einer tatsächlichen Bedrohung, die für die USA tatsächlich existiere.

Nach Informationen von Quellen im FBI und in der CIA wird in einem vor einigen Wochen verfaßten Memorandum des Weißen Hauses der »Krieg gegen den Terror« als »definitiver politischer Vorteil« bezeichnet. »Natürlich nutzt das Weiße Haus die Terrorismusbedrohung weidlich zu seinem politischen Vorteil aus«, läßt *WorldNetDaily.com* durch den Politstrategen der demokratischen Partei, Russ Barksdale, wissen. »Sie wären dumm, wenn sie es nicht täten. Wir würden dasselbe machen«, meinte Barksdale zynisch.

Die genannten Beispiele zeigen klar und deutlich, daß die reale Bedrohung von Terroranschlägen durch das US-Establishment propagandamäßig aufgebauscht und ausgenutzt wird. Die Bush-Regierung schürt planmäßig Angst und Hysterie, um ihre innen- wie außenpolitischen Zielsetzungen gegenüber der amerikanischen Bevölkerung durchzudrücken. Wer so etwas tut, sollte sich hüten, öffentlich aufzutreten und von sich zu behaupten, er gehöre zu den »Kräften des Guten« in der Welt. Vielmehr scheint man — und hier lassen der Zweite Weltkrieg, Korea, Vietnam und andere Konflikte grüßen — den Teufel mit dem Belzebub austreiben zu wollen.

Daß die faktenmäßige Untermauerung für eine reale Bedrohung der USA durch den weltweiten Terrorismus auf ziemlich schwachen Füßen steht, paßt ins Bild. Während die Vereinigten Staaten eine Drohung nach der anderen gegen den Irak richteten, ließen sie in der Vergangenheit die Welt immer wieder wissen, daß sie bald eindeutige Beweise für die Verwicklungen des Irak in den Terror und für das Vorhandensein von Massenvernichtungswaffen aufzeigen würden. Insbesondere letztere gedachten sie der UNO vorzulegen. Dieses Vorhaben bereitete US-Außenminister Powell jedoch außerordentliche Probleme, wie die UNO-Sicherheitsratsdebatte im Februar 2003 zeigte. In der unter Leitung von Bundesaußenminister Joseph Fischer stehenden Sitzung setzten sich die Vertreter der im Rat vereinten Staaten mit einer neuen diplomatischen Offensive der USA zur

Rechtfertigung ihres geplanten Krieges gegen den Irak auseinander. US-Außenminister Colin Powell hatte dazu im Vorfeld wissen lassen, dem Rat Dokumente vorlegen zu wollen, die »aufrichtig, nüchtern und zwingend demonstrieren« sollen, daß Saddam Hussein weiterhin über versteckte Massenvernichtungswaffen verfügt. Powells Erläuterungen während der Debatte wirkten nicht sonderlich überzeugend. Er mußte eingestehen, daß es keine schlagkräftigen Beweise dafür gebe, daß der Irak noch über Massenvernichtungswaffen verfüge. Er hoffe jedoch, so Powell weiter, die Mitglieder des Sicherheitsrats mit der Vorlage von Satellitenaufnahmen und Abhörprotokollen von Gesprächen hoher irakischer Funktionäre davon überzeugen zu können, daß Irak die UN-Inspekteure hinters Licht führt und auch sonst die UN-Resolution zur Abrüstung nicht erfülle. Doch die meisten Sicherheitsratsmitglieder folgten Powell nicht, das ganze Unternehmen geriet zur Farce. Und die Satellitenbilder stellten sich nachfolgend als Fälschungen heraus!
Der irakische Verbindungsoffizier zur UNO, Hussam Mohammad Amin, bezeichnete die Luft- und Satellitenaufnahmen schon vorher als von Washington »fabriziert« und versicherte, die angeblichen Beweise »als Lügen« zu entlarven, wenn man dem Irak die Chance gebe, die Fotos und Unterlagen einer genaueren Untersuchung zu unterziehen. In der Vergangenheit hatten sich tatsächlich Hinweise der US-Geheimdienste auf angebliche irakische Verstecke verbotener Waffen bei der Überprüfung durch UN-Inspekteure stets als unkorrekt dargestellt.
Auch in anderer Hinsicht wirkt die Bush-Administration wenig überzeugend. Seit der Kriegsdrohung gegen den Irak behauptet Bush, die in bezug auf den Irak verfaßte UNO-Resolution 1441 erlaube es schon jetzt, einen Militärschlag gegen Saddam Hussein zu führen, so daß weitere Resolutionen zwar wünschenswert, doch keineswegs notwendig seien. Die Vereinigten Staaten begründen damit ihre Absicht, notfalls im Alleingang den Irak anzugreifen.

Glücklicherweise ist die deutsche Position hierzu eine andere:
Für ein militärisches Vorgehen gegen den Irak bedürfte es einer
neuen Resolution des Sicherheitsrats (die die USA momentan zu
beschleunigen versuchen). Zu diesem wichtigen Ergebnis kommt
auch ein am 2. Januar 2003 abgeschlossenes Gutachten der
Wissenschaftlichen Dienste des Deutschen Bundestags*, das
aufgrund seiner meines Erachtens sehr objektiven Einschätzung
hier dokumentiert werden soll. Dieses Gutachten, das auch die
vorhergehenden Resolutionen bewertet, ist nicht nur zum Verständnis der deutschen Position im Zusammenhang mit dem
Irak-Konflikt von Wichtigkeit, sondern zeigt auf auch, auf welche Rechtsnormen sich das Verfahren und die Einschätzung
stützt und daß die US-amerikanische Position damit nicht nur
höchst zweifelhaft ist, sondern versucht, die Stärke des Rechts
auszuhöhlen und dagegen das Recht des Stärkeren zu setzen.

»I. Resolutionen 678 (1990) und 687 (1991)[1]
Der Resolution 678 (1990) waren anläßlich des irakischen Einmarsches in das Emirat Kuwait am 2.8.1990 bereits elf Resolutionen des Sicherheitsrates vorausgegangen. Die Resolution 678
vom 29.11.1990 stellt die wohl maßgeblichste Resolution des
Golfkonfliktes dar. In ihr wurden die Mitgliedstaaten, die mit der
Regierung Kuwaits kooperieren, für den Fall, daß der Irak die
Resolution 660, mit der die irakische Invasion Kuwaits verurteilt
und Saddam Hussein zum sofortigen und bedingungslosen Rück-

---

* Die Ausarbeitungen von Angehörigen der Wissenschaftlichen Dienste ge-
ben nicht die Auffassung des Deutschen Bundestages, eines seiner Organe
oder der Bundestagsverwaltung wieder. Vielmehr liegen sie in der fachlichen
Verantwortung des einzelnen Verfassers und der Fachbereichsleitung. Die
Ausarbeitungen sind jedoch dazu bestimmt, das Mitglied des Deutschen
Bundestages, das sie in Auftrag gegeben hat, bei seinen Entscheidungen auf
Basis objektiver Tatsachen zu unterstützen.

zug aufgefordert wurde, und alle dazu später verabschiedeten Resolutionen bis zum 15.1.1991 nicht uneingeschränkt befolgt, ermächtigt, alle erforderlichen Mittel einzusetzen, um den genannten Resolutionen Geltung zu verschaffen. China enthielt sich der Stimme, Jemen und Kuba stimmten dagegen. Die Formulierung dieser Resolution, die der Öffentlichkeit Geschlossenheit und Handlungsfähigkeit des Sicherheitsrates dokumentierte, bot zu Auslegungsfragen Anlaß. Die Ermächtigung zur Einsetzung »aller erforderlichen Mittel« stellte eine Formulierung dar, die der Art und dem Umfang möglicher Militäraktionen kaum Grenzen setzte. Im übrigen stützte der Sicherheitsrat seine Tätigkeit nur durch die allgemeine Bezugnahme auf Kapitel VII (Maßnahmen bei Bedrohung oder Bruch des Friedens und bei Angriffshandlungen) der Charta der Vereinten Nationen.

Die zwölf im kurzen Zeitraum von vier Monaten verabschiedeten UN-Resolutionen gipfelten damit in der Legalisierung der Mittel zur Befreiung Kuwaits und einem Ultimatum an den Irak. Nach dessen ergebnislosem Ablauf begann am 17.1.1991 die »Operation Desert Storm« zur Befreiung Kuwaits, an der sich 680 000 Soldaten aus 28 alliierten Staaten beteiligten. Am 24.2.1991 begann die Bodenoffensive der Alliierten. Am 28.2.1991 erfolgte auf Weisung Präsident Bushs eine Feuerpause am Golf, nachdem Saddam Hussein sämtliche relevanten UN-Resolutionen anerkannt hatte. Die militärische Aktion war erfolgreich verlaufen und das Emirat Kuwait befreit worden.[2]

Die Verhandlungen über einen Waffenstillstand begannen am 3.3.1991. Am gleichen Tag wurde im Sicherheitsrat auf Antrag der USA die Resolution 686 (1991) verabschiedet, die die Fortsetzung der Wirtschaftssanktionen, die Forderung nach irakischen Reparationszahlungen und nach Aufhebung aller irakischen Gesetze, die mit der Annexion Kuwaits zu tun hatten, beinhaltete. Am 4.3.1991 stimmte der Irak der Resolution widerspruchslos zu und begann mit der Auslieferung der Kriegsgefangenen. Die eigentliche Resolution über die Feuereinstellung (»formal cease-fire«) 687 (1991) kam am 3.4.1991 gegen die Stimme Kubas zustande. Die komplexe Resolution enthält zahlreiche Bedingungen einer förmlichen Feuereinstellung zwischen Irak und Kuwait und den mit Kuwait kooperierenden Mitgliedsstaaten. Zunächst wird auf die früheren Resolutionen Bezug genommen und mit Genugtuung festgestellt, daß Kuwait seine Souveränität, Unabhängigkeit und territoriale Integrität zurückerhalten hat und daß seine rechtmäßige Regierung zurückgekehrt ist. Andererseits werden dem Irak für den Fall eines weiteren Einsatzes gasförmiger oder bakteriologischer Waffen »ernste Konsequenzen« angedroht.

Breiten Raum (Abschnitt C der Resolution) nehmen die Verpflichtungen des Iraks bezüglich seiner Kampfstoffbestände, Subsysteme und Komponenten und aller Forschungs-, Entwicklungs-, Unterstützungs- und Produktionseinrichtungen ein. In Nummer 32 verlangt der Sicherheitsrat, »daß Irak dem Sicherheitsrat mitteilt, daß es Handlungen des internationalen Terrorismus weder begehen noch unterstützen wird, und daß es Organisationen, deren Ziel die Begehung derartiger Handlungen ist, nicht gestatten wird, auf seinem Hoheitsgebiet zu operieren, und daß es alle terroristischen Handlungen, Methoden und Praktiken unmißverständlich verurteilt und davon Abstand nimmt«.[3]

Für die Frage, ob die Ermächtigung der Resolution 678 (1990) zur Einsetzung »aller erforderlichen Mittel« auch heute noch Rechtsgrundlage für einen Militärschlag gegen den Irak sein könnte, ist von Bedeutung, daß der Sicherheitsrat unter Nummer 33 der Resolution 687 »erklärt, daß, sobald Irak dem Generalsekretär und dem Sicherheitsrat offiziell die Annahme der vorstehenden Bestimmungen notifiziert, eine formelle Feuereinstellung zwischen Irak und Kuwait und den mit Kuwait gemäß Resolution 678 (1990) kooperierenden Mitgliedsstaaten in Kraft tritt«.[4]

In der Resolution 707 (1991) vom 15.8.1991 stellt der Sicherheitsrat fest, daß in Anbetracht der schriftlichen Zustimmung

Iraks ..., die Resolution 687 (1991) vollinhaltlich durchzuführen, die in Nummer 33 der genannten Resolution gestellten Vorbedingungen für eine Waffenruhe erfüllt sind. Obwohl im weiteren dem Irak zahlreiche Verstöße gegen die Resolution 687 (1991) vom Sicherheitsrat bestätigt werden, erfolgte in der Resolution 707 keine Festlegung, daß die Waffenruhe aufgehoben ist, und keine etwaige erneute Androhung von allen erforderlichen Mitteln. Der Sicherheitsrat erklärt (nur), pauschal nach Kapitel VII der Charta der Vereinten Nationen tätig zu werden, und fordert vom Irak umgehend die Einhaltung seiner bisher nicht erfüllten Verpflichtungen.

Soweit hinsichtlich der dargestellten Sach- und Rechtslage völkerrechtliche Stellungnahmen vorliegen, wird vertreten, daß die Resolution 678 (1990) als Ermächtigungsgrundlage für einen Krieg der USA gegen den Irak heute nicht mehr in Betracht komme, da der Zweck jener Ermächtigung, die Vertreibung der irakischen Aggressoren aus Kuwait, bereits 1991 erreicht worden sei.[5] Teilweise wird auf die Feststellung des Sicherheitsrates in der Resolution 687 (1991) abgestellt, wonach mit der notifizierten Annahme durch den Irak die förmliche Feuereinstellung in Kraft getreten sei, so daß nach diesem Zeitpunkt die Resolution 678 für eine Wiederaufnahme von Kampfhandlungen durch die vormaligen Koalitionsmächte nicht mehr als Grundlage dienen könne.[6] Von Paulus[7] wird darauf hingewiesen, daß eine Resolution keinen vertraglichen Waffenstillstand darstelle, dessen Verletzung zur Wiederherstellung des Kriegszustandes führe.

Die USA sowie Großbritannien haben bei früheren Militäraktionen (Flugverbotszonen) gegen den Irak die Ansicht vertreten, es bedürfe keiner neuen Ermächtigung. Mit der allgemeinen Formulierung in der Resolution 678 (1990) »to restore international peace and security in the area« sei auch der Einsatz militärischer Gewalt zur Durchsetzung der Waffenstillstandsbedingungen abgedeckt. Damit berufen sich die USA und Großbritannien auf traditionelles Waffenstillstandsrecht vor 1945[8], das z. B. noch von einer formellen Unterscheidung einer Feuereinstellung, als nur vorübergehenden Unterbrechung der Kampfhandlungen für einen räumlich begrenzten Bereich, vom allgemeinen Waffenstillstand, als einem Schritt auf dem Weg zu einer dauerhaften Beendigung von Kriegshandlungen und zum Abschluß eines Friedensvertrages, ausging.[9]

Die heutige Anwendbarkeit dieser Rechtsgrundsätze ist indes zweifelhaft. So gilt es im Gegensatz zum früheren Völkerrecht, das ein allgemeines Recht zur Wiederaufnahme der Kampfhandlungen einräumte[10], als ein Verstoß gegen das in Art. 2 Ziffer 4 der Charta der Vereinten Nationen geregelte Gewaltverbot, wenn ein Staat die Kampfhandlungen wieder aufnimmt, es sei denn, das Verhalten der anderen Partei des Waffenstillstands oder der Feuereinstellung ist gleichbedeutend mit einem bewaffneten Angriff oder der Drohung mit einem bewaffneten Angriff. Frühere Völkerrechtsgrundsätze, u. a. des Waffenstillstandsrechts, sind daher nach Annahme der Charta der Vereinten Nationen nur anwendbar, soweit sie mit deren Rechtsgrundsätzen vereinbar sind.[11] Danach ist hier entscheidend, daß der Sicherheitsrat in der Resolution 687 (1991), von einer unbefristeten Feuereinstellung[12] ausgehend, die umfangreichen Verpflichtungen Iraks zur Deklaration sowie Unschädlichmachung chemischer und biologischer Waffen und Kampfstoffbestände nicht mit einer Gewaltandrohung sanktionierte[13], ebensowenig die Verpflichtung Iraks, sich terroristischen Maßnahmen/Unterstützungsmaßnahmen zu enthalten (Nummer 32), und überdies in Nummer 34 beschloß, »mit dieser Angelegenheit befaßt zu bleiben und alle weiteren für die Durchführung dieser Resolution und für die Gewährleistung des Friedens und der Sicherheit in dem Gebiet erforderliche Schritte zu unternehmen«.[14] Mit dieser Festlegung des Sicherheitsrates, über weitere Schritte zu entscheiden, wäre eine Auffassung, etwa die USA und Großbritannien dürften eigenständig über den Einsatz militärischer Mit-

tel befinden, nicht zu vereinbaren.[15] Als Ergebnis ist festzuhalten, daß der Zweck der Resolution 678 (1990), die Vertreibung
der irakischen Aggressoren aus Kuwait, bereits 1991 erreicht
worden ist. Die Resolutionen 678 (1990) und 687 (1991) betreffen mit der Beendigung des damaligen Krieges abgeschlossene
Sachverhalte und sind damit »verbraucht«. Sie können nicht
nach über zehn Jahren als Ermächtigungsgrundlage für eine
erneute Militäraktion gegen Irak herangezogen werden. Offen-
kundig wird dies auch dadurch, daß in diesem Zeitraum eine
Vielzahl weiterer Resolutionen des Sicherheitsrates und Erklärungen seines Präsidenten erfolgt sind, die die rechtliche Situation seit 1991 verändert und neu gestaltet haben.[16]

II. Resolution 1441 (2002)
Die Resolution 1441 ist das Ergebnis eines »wochenlangen Rin-
gens um die richtige Formulierung«.[17] Am 8. 11. 2002 schloß der
Sicherheitsrat die langanhaltende Debatte mit der von allen
15 Mitgliedern, einschließlich Syrien, einstimmig angenommenen Resolution ab. Damit hatten sich unterschiedliche Vorstellungen der Vetomächte Rußland und China, die für eine Fortsetzung der Waffeninspektionen auf der bestehenden Resolutions-
basis plädiert hatten, ebensowenig durchgesetzt wie Vorstellungen der USA und Großbritanniens nach einer (noch) »härte-
ren Gangart«. Im einzelnen ist insbesondere auf folgende
Resolutionsbestandteile hinzuweisen:
Wenn in Absatz 4 der Präambel davon ausgegangen wird, »daß
die Mitgliedstaaten durch seine Resolution 678 (1990) ermächtigt wurden, alle Mittel einzusetzen, um seiner Resolution 660
(1990) ... und allen nach Resolution 660 (1990) verabschiedeten
einschlägigen Resolutionen Geltung zu verschaffen und sie durchzuführen und den Weltfrieden und die internationale Sicherheit
in dem Gebiet wiederherzustellen«, wird das Mandat der Resolution 678 (1990), wie auch unter I.) ausgeführt, u. a. auf die mit
der Notifizierung durch den Irak verbindlich gewordene und im

übrigen nicht sanktionierte Resolution 687 (1991) erstreckt. Auch Absatz 10 der Präambel scheint durch den Verweis darauf, »daß der Rat in seiner Resolution 687 (1991) erklärte, daß eine Waffenruhe davon abhängen werde, daß Irak die Bestimmungen der genannten Resolution und namentlich die Irak darin auferlegten Verpflichtungen akzeptiert«, (nunmehr) eine bedingte Waffenruhe zu unterstellen. Neben diesen Formulierungen im Präambelteil, die eher Ausdruck einer veränderten politischen als juristischen Bewertung[18] vergangener Vorgänge zu sein scheinen, fällt die Einführung des Begriffs »erhebliche Verletzung« (material breach) auf. Die »erhebliche Verletzung« einschlägiger Resolutionen wird vom Sicherheitsrat in Nummer 1 für die Vergangenheit und Gegenwart beschlossen, nach Nummer 4 wird die Tatbestandsverwirklichung einer »weiteren erheblichen Verletzung« angedroht »für jegliches Versäumnis Iraks« bei der Erfüllung der Resolution 1441, mit der Folge, daß der Sicherheitsrat nach Nummer 12 »sofort nach Eingang eines Berichts« ... zusammentritt, »um über die Situation und die Notwendigkeit der vollinhaltlichen Befolgung aller einschlägigen Ratsresolutionen zu beraten, um den Weltfrieden und die internationale Sicherheit zu sichern«. Nummer 13 weist schließlich die »Erinnerung« auf, »daß der Rat Irak wiederholt vor ernsthaften Konsequenzen gewarnt hat, wenn Irak weiter gegen seine Verpflichtungen verstößt«.

Die rechtliche Würdigung dieses Resolutionstextes unter Berücksichtigung dazu ergangener Erklärungen einiger Sicherheitsratsmitglieder läßt folgende Auslegung sachgerecht erscheinen:

Eine (auch Militärschläge umfassende) Ermächtigung der Mitgliedstaaten, »alle erforderlichen Mittel« einzusetzen, enthält die Resolution 1441, anders etwa als die Resolution 678 (1990), nicht. Sie enthält auch kein Mandat zu einer einseitigen Gewaltanwendung durch einen einzelnen Staat. Diese Textauslegung wird bestätigt durch die gemeinsame Erklärung Chinas, Frankreichs und Rußlands vom 8.11.2002, wonach die vom Sicherheitsrat angenommene Resolution 1441 (2002) »jeden automatischen Einsatz von Gewalt« ausschließt, und in der es weiter heißt: »In dieser Hinsicht haben wir mit Genugtuung die Erklärung der Vertreter der Vereinigten Staaten und des Vereinigten Königreichs zur Kenntnis genommen, die in ihren Darlegungen zur Stimmabgabe die Ansicht bestätigt und versichert haben, daß das Ziel der Resolution die vollständige Umsetzung der bestehenden Sicherheitsratsresolutionen zur Abrüstung der irakischen Massenvernichtungswaffen ist. Alle Sicherheitsratsmitglieder teilen dieses Ziel. Für den Fall, daß Irak seine Verpflichtungen nicht einhält, treten die Bestimmungen der Paragraphen 4, 11 und 12 in Kraft ... Der Rat muß dann auf der Grundlage dieses Berichts Stellung nehmen. Die Resolution trägt deshalb der Zuständigkeit des Sicherheitsrats für die Bewahrung des internationalen Friedens und der Sicherheit im Einklang mit der Charta der Vereinten Nationen Rechnung.« Frankreichs Verteidigungsministerin hat diese Sichtweise jüngst bekräftigt.[19]

Wesentlich für die Auslegung der Resolution im Sinne der Fragestellung sind die Nummern 12 und 13. Nummer 12 enthält eindeutig den Beschluß, daß der Sicherheitsrat – nach dem eventuellen Eingang eines Berichts über Versäumnisse Iraks bei der Erfüllung seiner Verpflichtungen – sofort zusammentritt, um über die Situation und Folgerungen zu beraten. Demnach ist vor weiteren Konsequenzen einschließlich eines militärischen Vorgehens auf jeden Fall eine Beratung erforderlich. Demgegenüber beinhaltet Nummer 13 eine Erinnerung an wiederholte frühere Warnungen des Rates an Irak vor ernsthaften Konsequenzen im Falle weiterer Pflichtverletzungen durch Irak. Es ist schon sehr fraglich, ob von dem Begriff »ernsthafte Konsequenzen« auch ein militärischer Angriff umfaßt ist. Dagegen spricht z. B. daß in vergleichbaren Fällen, etwa auch in der Resolution 678, deutlich weitergehend von »allen erforderlichen Mitteln« gesprochen wird.

Dazu gehören ohne Zweifel auch militärische Mittel, wohinge-
gen »ernsthafte Konsequenzen« auch anderer, z. B. wirtschaftlicher Natur sein können. Jedenfalls aber kann die (bloße) Erinnerung an frühere Warnungen in Nummer 13 weder den Beschluß
der Nummer 12 zur erneuten Beratung aufheben noch eine
eigenständige Rechtsgrundlage für ein künftiges militärisches
Vorgehen bilden. Allenfalls kann eine Bezugnahme auf diese
Erinnerung zu einer Verfahrensvereinfachung und -verkürzung
führen. Da aber auch ansonsten keine Rechtsgrundlage für ein
militärisches Vorgehen besteht, muß dazu neben einer Beratung
auch eine erneute Beschlußfassung erfolgen.

Unabhängig davon wird aus völkerrechtlicher Sicht darauf hingewiesen, daß die Verwendung der Begriffe »erhebliche Verletzung« sowie »ernsthafte Konsequenzen« nicht die »Feststellung
des Sicherheitsrats, ob eine Bedrohung oder ein Bruch des
Friedens oder eine Angriffshandlung vorliegt« gemäß Art. 39 der
Charta der Vereinten Nationen ersetzen kann.[20] Diese Feststellung des Sicherheitsrats ist Bedingung für den Gebrauch der
besonderen Kompetenzen des Kapitals VII der Charta der Vereinten Nationen[21]; sie ist in der Resolution 1441 (2002) nicht
enthalten.[22]

III. Ergebnis

Die Resolutionen 678 (1990), 687 (1991) und 1441 (2002) des
Sicherheitsrates der Vereinten Nationen sind keine ausreichende Ermächtigungsgrundlage für ein künftiges militärisches Vorgehen gegen den Irak. Es ist vielmehr eine erneute Beratung
und Beschlußfassung des Sicherheitsrates erforderlich.«

1) Alle Resolutionen werden in dieser Ausarbeitung gemäß der Fragestellung
des Auftrags speziell daraufhin untersucht, ob sie bereits für sich genommen
(ohne einen weiteren Beschluß des Sicherheitsrates der Vereinten Nationen)
eine ausreichende Ermächtigungsgrundlage für einen eventuellen künftigen
Krieg gegen den Irak darstellen.

2) Mannes, Stefan, Die Rolle der UNO im Zweiten Golfkrieg. In: www.geschi.de/artikel/uno-golfkrieg.shtml.

3) Übersetzung entsprechend der Deutschen Gesellschaft für die Vereinten Nationen (DgvN).

4) Übersetzung entsprechend der Deutschen Gesellschaft für die Vereinten Nationen (DgvN).

5) Deiseroth, Dieter, Am Abgrund des Verfassungsbruchs. Dürfte die Bundesregierung es dulden, daß die USA im Falle eines Kriegs gegen Irak die deutschen Militärstützpunkte nutzen? In: www.uni-kassel.de/fb10/frieden/regionen/Irak/deiseroth.html.

6) Mutz, Reinhard/Neuneck, Götz, Wäre ein Militärschlag gegen Irak völkerrechtlich zulässig? In: www.friedenskooperative.de/ff/ff98/2-16.htm.

7) Paulus, Andreas, Es kommt auf das Mandat an. Juristen bezweifeln Rechtmäßigkeit von Überflugrechten. In: *Berliner Zeitung* vom 11.12.2002.

8) Rudolf, Peter, »Präventivkrieg« als Ausweg? Die USA und der Irak. In: SWP-Studie, Juni 2002, S. 23 mit weiteren Nachweisen.

9) Greenwood, Christopher J. In: Fleck, Dieter (Hg.): Handbuch des humanitären Völkerrechts in bewaffneten Konflikten, München 1994, Nr. 232 f.

10) Art. 36 Haager Landkriegsordnung sah vor, daß der Waffenstillstand die Kriegsunternehmungen kraft eines wechselseitigen Übereinkommens der Kriegsparteien unterbricht. Ist eine bestimmte Dauer nicht vereinbart worden, so können die Kriegsparteien jederzeit die Feindseligkeiten wieder aufnehmen, doch nur unter der Voraussetzung, daß der Feind, gemäß den Bedingungen des Waffenstillstands, rechtzeitig benachrichtigt wird.

11) Greenwood (Fn. 9), Nr. 234.

12) Der Begriff »formal cease-fire« wird sowohl als Feuereinstellung als auch als Waffenstillstand übersetzt.

13) So auch Deiseroth (Fn. 5).

14) Übersetzung entsprechend der Deutschen Gesellschaft für die Vereinten Nationen (DgvN).

15) So auch Rudolf (Fn. 8), S. 23.

16) Einer Übersicht der Vereinten Nationen zum Thema »Irak« sind, beginnend mit der Resolution 707 (1991), 44 Stellungnahmen und/oder Resolutionen bis zur Resolution 1441 (2002) zu entnehmen.

17) So Tomuschat, Christian, Der Sicherheitsrat ist gestärkt, Mit der Irak-Resolution entfällt die Grundlage für einen Präventivkrieg. In: FAZ, 11.11.2002

18) Wortlaut der Resolutionen 687 (1991) und 707 (1991) sind eindeutig und lassen jedenfalls ex tunc keine abweichende Beurteilung zu. Vgl. auch Graefrath, Bernhard; So demütigend wie möglich für den Irak. Die UN-Resolution 1441 zwischen Krieg und Frieden. In: www.uni-kassel.de/fb 10/frieden/regionen/Irak/un-res-graefrath.html.

19) Paris lehnt Irak-Krieg ohne UN-Resolution ab. In: SZ vom 30.12.2002.

20) So Graefrath (Fn. 18). Nach Schirmer, Gregor (Deutschland ein Aufmarschgebiet der USA für den Krieg gegen den Irak? Eine völkerrechtliche Expertise. In: www.uni-kassel.de/fb 10/frieden/regionen/Irak/schirmer.html, sind dies »kryptische Kompromißformeln«. Paech, Norman, Der Irakkrieg oder der Abschied vom System der Kollektiven Sicherheit. In: www.uni-kassel.de/fb 10/frieden/regionen/Irak/paech.html. Tomuschat (Fn. 17).

21) Frowein, Jochen A. In: Simma, Bruno (Hg.), Charta der Vereinten Nationen, München 1991, Art. 39 Rn. 24 f.

22) So Graefrath, Schirmer (Fn. 20).

Nachdem die deutsche Rechtsposition aufgezeigt wurde, die im Gegensatz zur US-amerikanischen steht, läßt sich erkennen, daß die hierzulande vertretenen Auffassungen auf den Prinzipien des geltenden Völkerrechts fußen, während die angloamerikanischen Strategen eine freie Auslegung auf Basis ihrer Denkungsart zu verfolgen scheinen. Da die Vereinigten Staaten aber nunmehr eine Isolierung befürchten, drängen sie den UN-Sicherheitsrat zur Proklamation einer neuen Resolution, die ihnen Handlungsfreiheit verschaffen soll.

Der amerikanische Präsident Bush scheint, obwohl aus Texas stammend, nicht nur in rechtlicher Hinsicht nicht sonderlich »sattelfest« zu sein, sondern er beliebt auch sonst oft über das Ziel hinauszuschießen. Behauptete er doch in seiner letzten Rede zur Lage der Nation vor dem US-Kongreß, daß sein Außenminister Colin Powell der Welt *unwiderlegbare* Beweise für Verbindungen zwischen der irakischen Regierung und der Terrororganisation Al Qaida vorlegen werde, womit er seine Geheimdienste in allergrößte Bedrängnis brachte. Unmittelbar nach dieser Ankündigung gerieten diese, zusammen mit ihren britischen Pendants, in »helle Aufregung«, wie die britische Tageszeitung *Daily Telegraph* ihre Leserschaft wissen ließ. »Es gibt praktisch nichts, womit das belegt werden könnte«, zitierte die Zeitung einen US-Geheimdienstmitarbeiter. Die meisten dieser Hinweise kämen von unglaubwürdigen kurdischen Gruppen, meinte er. »Wegen der schlechten Qualität und der geringen Quantität« der geheimdienstlichen Erkenntnisse sei es »unmöglich, die kühnen Behauptungen des Weißen Hauses zu unterstützen«, zitierte die Zeitung den Mann weiter.

Meines Erachtens hat sich das amerikanische Establishment längst unglaubwürdig gemacht. Die angekündigten Beweise fehlen entweder gänzlich, sind unglaubhaft oder werden von Politik-, Geheimdienst- und Militärexperten des Auslandes nicht ernstgenommen. Das provoziert aber die Möglichkeit, daß die Vereinigten Staaten, um einen Krieg gegen den Irak zu rechtfertigen, Tatsachen schaffen. (Man darf in diesem Zusammenhang gespannt sein, was uns an »Beweisen« vielleicht auch nach einem Krieg geliefert wird.)

In einem Interview mit dem bekannten Journalisten und Publizisten Peter Scholl-Latour, das in der Tageszeitung *Junge Welt* am 4. Februar 2003 erschien, wurde der Nahostexperte auch gefragt, ob US-Spezialeinheiten, die sich schon seit Wochen im Irak befinden, eventuell einen Kriegsvorwand inszenieren könnten. Scholl-Latour gab darauf zur Antwort:

>»Ich befürchte auch, daß von den Spezialkräften der US-Army und der britischen SAS, die sich jetzt schon in geheimer Mission im Land befinden, dem Irak noch brisantes Material untergeschoben werden könnte — was dann die Inspekteure ganz zufällig finden würden. Eine

Inszenierung, ein inszenierter Kriegsvorwand. Wie beim Vietnam-Krieg der Tongking-Zwischenfall, der auch von den Amerikanern erfunden wurde, wie man heute weiß.«

Auf die Frage des wortführenden Journalisten, warum Saddam Hussein mit dieser Tatsache, die auch der türkischen Regierung bekannt sei, nicht in die Offensive gehe, antwortete Peter Scholl-Latour:

>Das liegt wohl daran, daß Saddam die Hoffnung hat, den vollständigen Bruch mit den Kurden noch zu vermeiden. Sie sind es ja, die das Einsickern der Spezialkräfte der USA und Großbritanniens in ihr autonomes Gebiet im Nordirak zumindest tolerieren.«

Der Krieg gegen den Irak hat also längst begonnen, wenn auch die volle Wucht des amerikanischen Angriffs erst im März 2003 auf den Irak treffen wird. Selbst das Nachrichtenmagazin *Der Spiegel* berichtete in seiner Ausgabe vom 1. März 2003 über US-Spezialeinheiten, die in den Irak eingesickert sind, um lohnenswerte Bombenziele auszukundschaften. Ob das ihre alleinige Aufgabe ist, kann angesichts der zahlreichen verdeckten Operationen, die amerikanische Geheimdienste bereits im Laufe der Jahrzehnte absolviert haben, eher bezweifelt werden.

Stellen Sie sich einmal vor, solche Spezialtrupps würden in ein anderes souveränes Land eindringen, um dort Aufklärungsmaßnahmen zu realisieren. Die betreffenden Politiker, Geheimdienste und Militärs wüßten sicherlich, was sie zu tun hätten.

Ich habe ohnehin einen Verdacht — der die Gewißheit, daß der Irak-Krieg beschlossene Sache ist — in seiner Perfidität zusätzlich unterstützt: Wenn man davon ausgeht, daß beim zweiten Golfkrieg über eine halbe Millionen alliierte Soldaten gegen die irakischen Truppen ins Feld zogen, so muß man sich wundern, daß es diesmal nur um die 340 000 Amerikaner und Briten sein werden. Warum so »wenige«, wenn es doch diesmal gilt, den Irak wirklich vom Diktator und seinen Anhängern zu befreien? Die niedrige Zahl weist meines Erachtens darauf hin, daß die Vereinigten Staaten sehr wohl davon ausgehen, daß der Irak keinen großen Widerstand leisten wird, zumal durch das seit Jahren andauernde Embargo entsprechende Bedingungen für den Verfall der irakischen Wirtschaft gelegt wurden, die selbstverständlich auch die Rüstung des Landes betreffen. Die UN-Inspektoren, die nach dem zweiten Golfkrieg mit der Zerstörung von Waffen für die Massenvernichtung beauftragt waren, erklärten später, mindestens 95 Prozent aller in Frage kommenden Systeme und ihrer Produktionseinrichtungen zerstört zu haben. Insofern der Fuchs Saddam Hussein nicht noch ein Aß im Ärmel stecken haben sollte, ist davon auszugehen, daß der Irak heute über weit weniger Möglichkeiten verfügt, eine bevorstehende Invasion abzuwehren – schon gar nicht mit Waffen, die allgemein als A-, B- und C-Waffen bezeichnet werden.

Manchmal glaube ich sogar, daß die Maßnahmen der Vereinten Nationen und ihrer Inspektoren, die letzten Waffensysteme des Iraks zu zerstören, es den US-Militärs noch leichter machen werden, die irakische Verteidigung niederzuwerfen. Es sollte mich deshalb nicht wundern, wenn Saddam Hussein die Amerikaner in einen opferreichen Häuserkampf in den Städten seines Landes verwickeln würde, wo ihre technische Überlegenheit nur noch von untergeordneter Bedeutung sein dürfte. In einem solchen Falle dürften die US-Truppen mehrere tausend, vielleicht sogar zehntausend Mann verlieren, was dann allerdings in den Vereinigten Staaten selbst zu innenpolitischen Konsequenzen führen dürfte. Bush wäre dann nur noch Geschichte. Die US-Opposition würde, sollte das Irak-Abenteuer bzw. die nachfolgenden Pläne zur Demokratisierung weiterer mißliebiger Nationen fehlschlagen, einen erheblichen Auftrieb erfahren. Zur Ehrenrettung des amerikanischen Volkes muß nämlich an dieser Stelle nochmals betont werden, daß es viele Amerikaner gibt, die mit der Politik ihrer Führung nicht einverstanden sind und dies auch deutlich artikulieren.

Bereits nach den Terroranschlägen vom 11. September 2001 meldeten sich kritische Stimmen zu Wort, die den Kurs der Bush-Administration vehement in Frage stellten. Ein von zahlreichen Persönlichkeiten des öffentlichen Lebens der USA unterzeichneter Brief mit dem Titel »An unsere Freunde in Europa« ließ, von mir nachfolgend in Auszügen zitiert, nichts an Deutlichkeit zu wünschen übrig. In ihm bringen die Oppositionellen auch viele Aspekte zur Sprache, die im Zusammenhang mit dem Kampf gegen den weltweit agierenden Terrorismus vom US-Establishment normalerweise gern übersehen werden, den Erfolg der Gesamtaktion − und damit die Existenz der USA − in Frage stellen:

»Nach den Selbstmordanschlägen auf das World Trade Center in New York und das Pentagon in Washington am 11. September 2001 erklärte US-Präsident George W. Bush einen zeitlich unbegrenzten ›Krieg gegen den Terrorismus‹. Dieser Krieg kennt keine klaren Grenzen, weder räumlich, noch zeitlich, noch, was das Ausmaß an Zerstörung betrifft.

Derzeit kann niemand vorhersagen, welches Land noch in den Verdacht geraten kann ›Terroristen‹ zu beherbergen oder zur ›Achse des Bösen‹ zu zählen. Die Ausrottung des ›Bösen‹ könnte viel länger dauern, als die Welt den dabei angewendeten Zerstörungskräften widerstehen kann. Schon jetzt setzt das Pentagon aus seinem immer perfekteren Arsenal des Schreckens Bomben ein, deren Auswirkungen einem Erdbeben gleichen, und zieht ganz offiziell den Einsatz von Nuklearwaffen in Betracht. Die absehbare materielle Zerstörung geht ins Unermeßliche. Dasselbe gilt für die menschlichen Verluste, nicht nur an Leben, sondern auch im Hinblick auf die Verzweiflung und den Haß von Millionen Menschen, die hilflos zusehen müssen, wie ihre Welt von den Vereinigten Staaten verwüstet wird, einem Land, das seine moralische Autorität für ebenso absolut und unanfechtbar hält wie seine militärische Macht. Als Bürger der Vereinigten Staaten tragen wir eine besondere Verantwortung, uns dem Wahnsinn dieser kriegerischen Entwicklung zu widersetzen. Eine besondere Verantwortung fällt aber auch Ihnen als Europäern zu. Denn die meisten europäischen Staaten sind im Rahmen der NATO mit den USA militärisch verbündet.

Die Vereinigten Staaten behaupten, der Krieg diene der Selbstverteidigung, aber zugleich auch, er werde zum Schutz der ›Interessen ihrer Verbündeten und Freunde‹ geführt. Ihre Länder werden zwangsläufig in die militärischen Abenteuer der USA hineingezogen werden. Auch Ihre Zukunft ist in Gefahr!

Viele informierte Menschen innerhalb wie außerhalb der europäischen Regierungen sind sich des gefährlichen Irrsinns der von der Bush-Administration eingeschlagenen Kriegspolitik bewußt. Aber nur wenige haben den Mut, dies auch ehrlich auszusprechen. Sie lassen sich von den möglichen Vergeltungsmaßnahmen gegen ›Freunde‹ und ›Verbündete‹ einschüchtern, die ihre bedingungslose Unterstützung aufkündigen.

Außerdem haben sie Angst davor, als ›antiamerikanisch‹ zu gelten, letzteres eine Bezeichnung, mit der absurderweise auch US-Amerikaner gebrandmarkt werden, die die Kriegspolitik kritisieren und deren Protest durch die chauvinistische Hetze unterdrückt wird, die einen Großteil der US-Medien beherrscht. Rationale und offen vorgetragene europäische Kritik an der Politik der Bush-Administration könnte dazu beitragen, den gegen den Krieg eingestellten Amerikanern im eigenen Land Gehör zu verschaffen.

Der größte Trugschluß der Apologeten der US-Kriegspolitik ist die Gleichsetzung der ›amerikanischen Werte‹, so wie sie in unserem Land verstanden werden, mit der Ausübung von wirtschaftlicher und vor allem militärischer Macht der USA im Ausland.

Selbstverherrlichung ist ein berüchtigtes Wesensmerkmal der US-amerikanischen Kultur ... Aber leider hat der 11. September hier zu beispiellosen Extremen geführt. Das hat zur Folge, daß die unter US-Bürgern weitverbreitete Illusion verstärkt wird, die ganze Welt orientiere sich voll Bewunderung oder Neid an den Vereinigten Staaten, so wie diese sich selbst sehen: als wohlhabend, demokratisch, großzügig, gastfreundlich und offen für alle Rassen und Religionen, als Inbegriff universeller menschlicher Werte und letzte und beste Hoffnung der Menschheit.

In diesem ideologischen Kontext gibt es auf die nach dem 11. September gestellte Frage: ›Warum hassen sie uns?‹ nur eine Antwort: ›Weil wir so großartig sind!‹ Oder entsprechend der allgemein verbreiteten Behauptung: Sie hassen uns wegen ›unserer Werte‹.

Die meisten US-Bürger haben keine Ahnung, daß die Außenpolitik der USA nichts mit den bei uns so gefeierten ›Werten‹ zu tun hat, sondern im Gegenteil oftmals dazu dient, Menschen in anderen Ländern die Möglichkeit vorzuenthalten, diese ›Werte‹ ebenfalls zu genießen, sollten sie einmal den Versuch unternehmen, dies zu tun.

Die Vereinigten Staaten fühlen sich seit dem 11. September einem Angriff ausgesetzt. Daraus schließt die Regierung auf ein ›Recht auf Selbstverteidigung‹ und meint nun, ohne Schuldnachweis oder rechtliche Prozedur Krieg nach ihren Bedingungen und eigener Wahl gegen jedes Land führen zu können, das sie als Feind bezeichneten. Dieses

›Recht auf Selbstverteidigung‹ galt natürlich nie für Länder wie Vietnam, Laos, Kambodscha, Libyen, Sudan oder Jugoslawien, wenn diese von den USA bombardiert wurden. Dies ist eben das Recht des Stärksten, das Gesetz des Dschungels. Die Ausübung eines ›Rechts‹, das allen anderen verwehrt wird, kann niemals ›universellen Werten‹ dienen, sondern untergräbt in Wirklichkeit jeden Begriff einer Weltordnung, die auf universellen Rechten beruht und allen gleichermaßen den Anspruch auf rechtliche Mittel zugesteht. Ein ›Recht‹, das nur von einem – dem Stärksten – beansprucht werden kann, ist kein Recht, sondern ein Privileg zum Nachteil der Rechte anderer.

...

Die Vereinigten Staaten planen ganz offen einen allumfassenden – selbst den Einsatz von Nuklearwaffen in Betracht ziehenden – Krieg gegen den Irak, ein Land, das sie seit über zehn Jahren immer wieder mit dem erklärten Ziel bombardiert haben, die dortige Regierung durch von Washington ausgewählte Führer zu ersetzen.

Die Ereignisse des 11. September legen den Schluß nahe, daß die Nation, die andere Länder so stark ihre Macht spüren läßt, selbst im Inneren verwundbar ist. Aber die wirkliche Frage ist die der US-Interventionen im Ausland. Tatsächlich verfolgen die Kriege Bushs genau die Absicht, die US-Macht im Ausland zu behaupten und zu stärken. In diesen Kriegen wird die weltweite Projektion der Macht der USA verteidigt, nicht die Freiheit der Amerikaner und ihr Lebensstil.

In Wirklichkeit schwächen Kriege im Ausland die von den US-Bürgern geschätzten Werte, statt sie zu verteidigen oder gar auszubreiten. Aber Regierungen, die Aggressionskriege führen, werben immer um Unterstützung, indem sie die Bürger davon zu überzeugen versuchen, daß der Krieg notwendig ist, um edle Ideale zu verteidigen oder zu verbreiten. Der Hauptunterschied zwischen den imperialen Kriegen der Vergangenheit und dem globalen Machtstreben der Vereinigten Staaten heute liegt in der um ein Vielfaches größeren Zerstörungskraft, die nun zur Verfügung steht.«

Abschließend heißt es in dem Brief:
»Das Recht auf Selbstverteidigung muß ein kollektives Menschenrecht sein. Die Menschheit als Ganzes hat das Recht, ihr eigenes Überleben gegen die ›Selbstverteidigung‹ einer keinen Beschränkungen unterworfenen Supermacht zu verteidigen. Seit einem halben Jahrhundert haben die Vereinigten Staaten wiederholt ihre Gleichgültigkeit gegenüber Tod und Zerstörung demonstriert, die ihre eigenmächtigen Bemühungen zur Weltverbesserung stets begleitet haben. In unseren reichen Ländern können wir nur durch unsere Solidarität mit den Opfern der Militärmacht der USA jene universellen Werte verteidigen, von denen wir behaupten, daß sie uns so lieb und teuer sind.«

Die Liste der Unterzeichner ist lang und enthält solch bekannte Namen wie den Essayisten Gore Vidal sowie zahlreiche Intellektuelle aus allen Bereichen des öffentlichen Lebens der Vereinigten Staaten. (Den vollständige Text des Briefes sowie die komplette Übersicht der Unterzeichner findet der Interessierte im Internet unter http://science.orf.at/science/news/49188.)

Bush goes Iraq — möglicher Verlauf und zu erwartende Folgen eines dritten Golf-Krieges

Da das vorliegende Buch Anfang März 2003 redaktionell abgeschlossen wurde und der dritte Golf-Krieg bis dahin noch nicht angelaufen war, scheint es schwierig, Vorhersagen über seinen Verlauf treffen zu wollen. Ich begebe mich auch ungern in den Bereich der Spekulationen, sehe aber gleichfalls die Notwendigkeit, auf einige Aspekte des zu erwartenden Kriegsgeschehens und seiner Folgen einzugehen.

Egal, ob die Vereinigten Staaten mit oder ohne UNO-Mandat angreifen werden, dürften die Folgen für das irakische Volk katastrophaler Natur sein. Betrachtet man die Ereignisse während des alliierten Waffengangs beim zweiten Golfkrieg, so ist zu vermuten, daß die US Air Force in einer ersten Angriffswelle, der weitere folgen werden, zunächst versuchen wird, die Lebensadern der irakischen Wirtschaft zu vernichten: Erdöl- und Industrieanlagen, Kommunikations- und Versorgungseinrichtungen und natürlich auch die Standorte des irakischen Militärs.

Wie beim zweiten Golf-Konflikt haben die amerikanischen Streitkräfte ihre Luftflotte auf Flugzeugträgern stationiert, die für die

irakische Verteidigung unter normalen Umständen nicht zu erreichen sein dürften. Die US-Flugzeuge sind nicht nur mit normalen Fallbomben ausgerüstet, sondern auch in der Lage, Präzisionsbomben einzusetzen, die gegenüber dem Krieg Anfang der 1990er Jahre wesentlich verbessert sein dürften. Damals gingen etwa 40 Prozent aller Präzisionsgeschosse fehl, mitunter schlugen sie mehrere Kilometer vom eigentlichen Ziel entfernt ein.

Derzeit nicht einschätzbar ist die Frage, ob die Präzisionsbomben in ausreichender Stückzahl vorhanden sind, um im Falle eines länger andauernden Irak-Krieges über den ganzen Zeitraum der Kriegshandlungen eingesetzt werden zu können. Sowohl im zweiten Golf-Krieg als auch im Jugoslawien-Feldzug kam es zu deutlichen Mangelerscheinungen.

Neben diesen Präzisionsbomben verfügt das US-Militär noch über Marschflugkörper, die von größeren Flugzeugen und auch von Schiffen gestartet werden können. Die Anwendung dieser Waffen basiert auf dem Prinzip der Pentagon-Verantwortlichen, mittels des Einsatzes von intelligenten Waffen das eigene Personal zu schonen und den Feind sozusagen ferngesteuert zu vernichten. Den Irakis fehlt derartige Waffentechnik, so daß sie den Angriffen der Amerikaner in dieser Hinsicht völlig schutzlos ausgeliefert sind.

Mit herkömmlicher Flugabwehrtechnik ist Systemen wie der untenstehend abgebildeten Tokamak oder den Cruise-Missile-Marschflugkörpern nicht beizukommen. Dasselbe gilt prinzipiell auch für die modernen US-Jagdbomber, die über verschiedene Möglichkeiten der Störung der feindlichen Radartechnik und auch über elektronische Kampfmittel zur Störung irakischer Flugabwehrraketen verfügen.

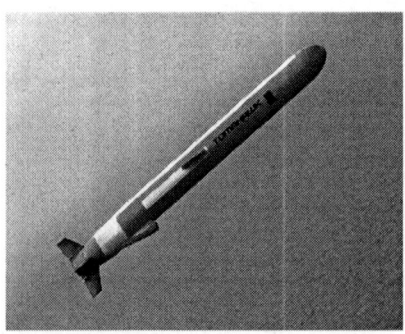

Marschflugkörper Tokamak.

Ob die Vereinigten Staaten wie angedroht Nuklearwaffen einsetzen werden, bleibt abzuwarten und hängt wohl davon ab, ob Saddam Hussein doch noch über chemische oder biologische Waffen verfügt. Sollte das der Fall sein und sollte er diese im Abwehrkampf gegen die amerikanische Militärmaschinerie einsetzen, dann wird der Einsatz kleiner taktischer Atomwaffen wahrscheinlich. Selbstverständlich ist der Einsatz von Nuklearwaffen eine Katastrophe, denn damit würden alle in der Vergangenheit abgeschlossenen bi- und multilateralen Verträge zur Ächtung von Atombomben ad absurdum geführt werden. Ich könnte mir jedoch vorstellen, daß das amerikanische Establishment trotz zu erwartender massiver Proteste kleine taktische Waffen einsetzen würde, um durch den entstehenden Abschreckungseffekt andere auf der Liste der Terrorstaaten stehende Nationen einzuschüchtern. Dabei muß man sich von der Vorstellung freimachen, die taktischen Atombomben oder -granaten hätten die Wirkung der Bomben, die auf Hiroshima und Nagasaki fielen. Seit dem Ende der 1950er Jahre sind kleine handliche Nuklearsysteme verfügbar, die insbesondere für taktisch-operative Aufgaben zum Einsatz gelangen sollen, wenn beispielsweise definierte Ziele wie Bunker oder Kommandoeinheiten zu vernichten sind. Die kleinsten bekanntgewordenen Atomgranaten der »Davy-Crockett«-Serie sind für das Gefechtsfeld konzipiert worden und wirken bei ihrer Detonation nur in einem Umkreis von weniger als 300 Metern zerstörend. Ihre Sprengkraft liegt bei unter 0,02 Kilotonnen Sprengstoffäquivalent TNT, während die der Hiroshima-Bombe bei ungefähr 20 KT lag. Mittlerweile verbesserte Versionen dieses Urahns der Atomgranate erlauben es z. B., das betroffene Gebiet etwa 30 Minuten nach dem Einsatz dieses Waffensystems wieder zu betreten bzw. zu befahren.

Das Vorhandensein derartiger Mini-Bomben ist insofern fatal, als damit die Grenze zu konventionellen Waffensystemen verwischt wird und zudem die Bereitschaft seitens der verantwortlichen US-Politiker und -Militärs steigt, solche Massenvernichtungswaffen unter bestimmten Bedingungen auch einzusetzen.

Es sei mir an dieser Stelle die Bemerkung gestattet, daß ich hier nicht auf alle Waffensysteme eingehen kann, die auf seiten der USA und des Irak zur Verfügung stehen und deren Einsatz zu befürchten ist. Dieses Thema würde ein eigenes Buch rechtfertigen. Daß die Vereinigten Staaten aber in diesem Krieg möglicherweise auch sogenannte Geheimwaffen einsetzen könnten, steht außer Frage. Einem Bericht des wissenschaftlichen US-Magazins *New Scientist* zufolge, der im August 2002 erschien, besitzen die USA eine als »E-Bombe« bezeichnete Waffe, die im Irak zum Einsatz gebracht werden könnte.

Diese Bombe greift keine Menschen an, sondern vernichtet ausschließlich elektronische Systeme, die das Non-Plus-Ultra der modernen Kriegsführung darstellen, weil sie sich in erster Linie gegen Kommunikations- und Aufklärungssysteme richten. Die »E-Bombe« basiert auf dem Prinzip der High-Power-Microwave-(HPM-)Geräte, die ein so starkes elektromagnetisches Feld erzeugen können, daß die Wirkung auf komplizierte technische Systeme verheerender sein soll als ein Blitzschlag.

Man geht davon aus, daß diese Waffen in stationärer Form bereits während des Zweiten Weltkrieges durch deutsche Wissenschaftler und Ingenieure entwickelt und in den 1950er Jahren durch das US-amerikanische Militär verbessert wurden.

Der *New-Scientist*-Bericht verwies bei seinen Aussagen auf angeblich streng geheime Dokumente, die von einer solchen Waffe sprachen, die wahrscheinlich aber nur einmal benutzt werden könne. Ihr Einsatz sei von Marschflugkörpern oder auch von unbemannten Flugzeugen aus möglich.

Ein Thema für sich ist der Einsatz von Bodentruppen und der zu erwartende Stellungs- und Häuserkampf. Die Vereinigten Staaten wollen auch hier auf Nummer sicher gehen und haben eine Reihe von Spezialeinheiten an den Golf verlegt, die im Wüstenkrieg ausgebildet worden sind. In diesem Zusammenhang darf nicht vergessen werden, daß die Temperaturen im Irak ab Ende

März klettern und bereits kurze Zeit darauf 40 bis 50 Grad Celsius möglich sind. US-Verteidigungsminister Donald Rumsfeld meinte zwar mehrfach, daß solche klimatischen Extrema keine Schwierigkeit für seine kämpfende Truppe seien, doch bleibt abzuwarten, wie die Amerikaner (und natürlich auch die Briten) mit solchen Verhältnissen fertig werden. Ein besonderes Problem könnten im Zusammenhang mit den genannten Temperaturen vor allem die elektronischen Geräte für die Kommunikation und Gefechtsleitung werden. Wie jeder weiß, reagiert Elektronik bei steigenden Temperaturen mit Fehlfunktionen oder dem totalen Ausfall. Und das könnte besonders dann kritische Situationen in hoher Zahl verursachen, wenn der Irak-Krieg länger dauern sollte als erwartet.

Freilich behaupten die meisten Experten, der Irak sei mit einer Art Blitzkrieg niederzustrecken. Ich persönlich halte das jedoch trotz der mann- wie auch waffentechnischen Überlegenheit der Amerikaner und Briten für reine Spekulation. Die Iraker wissen diesmal, um was es geht und daß sie aus keinem fremden Land vertrieben werden sollen, wie Anfang der 1990er Jahre aus Kuwait, sondern daß man ihre eigene Nation vernichten will. Das US-Establishment behauptet zwar, man wolle das irakische Volk befreien und dem Land die Demokratie bringen, doch denke ich, daß die Irakis dazu eine ganz andere Meinung haben dürften, auch dann, wenn sie innerlich nicht der politischen Linie ihres Diktators Saddam Hussein folgen.

Genau das scheint auch US-Verteidigungsminister Donald Rumsfeld zu ahnen, denn er ließ es sich im Februar 2003 nicht nehmen, seine Soldaten auf einen möglicherweise längeren Einsatz am Golf vorzubereiten. Die Stationierung könne länger als erwartet dauern, betonte er. Der Hinweis von Rumsfeld kann bedeuten, daß der irakische Widerstand größer als erwartet ausfallen könnte (was man jedoch nicht öffentlich zugeben will), oder daß sich die US-Regierung darauf vorbereitet, entsprechend der Vorgaben von US-Vizepräsident Dick Cheney den

Krieg gegen den Irak »als Plattform für umfassende Reformen in der ganzen Region« zu nutzen.

Rumsfeld scheint, was einen längeren Waffengang gegen den Irak angeht, allerlei Bedenken zu haben. Das Pentagon sorgt sich einem Bericht des amerikanische Nachrichtensenders *ABCNews* zufolge um sein öffentliches Image. Aus einem Bericht der US Air Force ginge hervor, so *ABCNews*, daß wegen der hohen Zahl der täglich gegen Irak geplanten Luftangriffe ungewöhnlich viele zivile Tote befürchtet werden, was für die amerikanische Luftwaffe einem Public-Relations-Desaster gleichkäme.

Dieses Desaster wäre aber auch zu erwarten, wenn die amerikanischen Bodentruppen in einen Krieg verwickelt würden, der sich fast nur im Häuserkampf abspielt. Die Chancen auf einen Sieg stünden dann wohl auf beiden Seiten 50 zu 50, weil diese Art von bewaffneter Auseinandersetzung nicht so sehr eine Frage der technologischen Überlegenheit ist, sondern von der Kampfbereitschaft der Truppe, ihrem Zusammenhalt und Mut sowie vom persönlichen Durchhaltewillen des Einzelnen abhängt. Ich darf dabei an den Dschungel-Krieg des Vietcong erinnern, der für die amerikanischen Truppen ein zermürbendes, desillusionierendes und verlustreiches Desaster wurde. Obwohl militärtechnisch unterlegen, behielt der Vietcong die Oberhand, weil er im Kampfgebiet zuhause war und eine kaum zu vergleichende Opferbereitschaft an den Tag legte. Und genau der letztgenannte Punkt könnte in gewisser Weise entscheidend sein. Während die US-Soldaten in den Krieg ziehen, um möglichst lebend aus ihm heimzukehren, ist die arabische Seite aufgrund ihres Glaubens an ein besseres Leben im Jenseits ganz anders motiviert. Was spielt der irdische Tod für eine Rolle, wenn im Jenseits paradiesische Zustände auf sie warten …

Genau diese Tatsache könnte es letztlich auch sein, die die Opferzahlen dramatisch in die Höhe treibt. Ich selbst sehe mich außerstande, Schätzungen abzugeben, und möchte statt dessen auf eine durch die Organisation »Die Internationalen Ärzte zur Verhütung des Atomkrieges und in sozialer Verantwortung« (IPPNW) herausgegebene Presseinformation vom 12. November 2002 verweisen, in der das folgende zu lesen war:

»Ärzte rechnen mit erheblichen Umwelt- und Gesundheitsschäden
Britische IPPNW-Studie: Neuer Golfkrieg kostet hunderttausende Tote

Die Internationalen Ärzte zur Verhütung des Atomkrieges und in sozialer Verantwortung (IPPNW) veröffentlichen heute in London und Washington DC eine britische IPPNW-Studie über die kurz-, mittel- und langfristigen Folgen eines erneuten Krieges gegen den Irak. Die Autoren der Studie rechnen mit 48 700 bis 261 000 Toten auf allen Seiten im Falle eines konventionellen drei Monate andauernden Krieges. Käme es zusätzlich zu einem Bürgerkrieg im Irak oder zu atomaren Anschlägen, würde sich die Zahl der geschätzten Todesopfer auf 375 000 bis 3 889 100 erhöhen. ›Diese Schätzungen beinhalten nicht Tote durch indirekte oder langfristige Folgen des Krieges. Allein durch den völligen Zusammenbruch der Infrastruktur im Irak ist mit bis zu weiteren 200 000 Toten zu rechen, etwa durch Infektionskrankheiten‹, sagt Jane Salvage, eine der Autorinnen der Studie.
Diese konservativen Berechnungen basieren auf den gegenwärtigen Konfliktszenarien der US-amerikanischen Militärstrategen und den gesicherten Daten über die Folgen des zweiten Golfkrieges. Zusätzlich wurden Informationen über das gegenwärtige irakische Gesundheitssystem und die derzeitige Versorgungsstruktur im Land herangezogen. Zu den Autoren zählen Ärzte und Gesundheitsexperten aus verschiedenen Ländern. Herausgeber der

Studie ›Collateral Damage: The Health and Environmental Costs of War on Iraq‹ ist die britische Sektion der IPPNW, genannt MEDACT.

Im Kriegsfall rechnet die IPPNW außerdem mit erheblichen Umwelt- und Gesundheitsbelastungen, die weit über die Grenzen des Iraks hinausgehen. Etwa durch die Bombardierung von Industrie- und Waffenproduktionsanlagen als auch von Ölquellen.

Die Kosten des Krieges für die USA werden mit 50 bis 200 Milliarden US-Dollar allein für die Kriegsführung angegeben, 5 bis 20 Milliarden US-Dollar jährlich würde die Besatzung kosten. Im Vergleich dazu: Mit 100 Milliarden US-Dollar könnten vier Jahre lang die Kosten für die Gesundheitsversorgung der ärmsten Menschen in der Welt bezahlt werden.

Vor diesem Hintergrund konstatiert die IPPNW: Ein Krieg gegen das durch die Sanktionen und den Diktator Saddam Hussein bereits schwer getroffene irakische Volk ist zutiefst inhuman und muß verhindert werden.«

Ich persönlich bin der Auffassung, daß ein Irak-Krieg, der länger als sechs Wochen dauert, zu effektiven Problemen für die Vereinigten Staaten führen wird, wobei ich mich wohlweislich mit Aussagen zu den Reaktionen der arabischen Welt zurückhalten möchte, um dem durchaus latent vorhandenen Anti-Islamismus in diesem Land keinen Vorschub zu leisten. Für mich steht nur eines fest, und hier teile ich die Meinung des Nahost-Experten Peter Scholl-Latour, daß man keine Lunte an ein Pulverfaß legen sollte. Doch genau das tun die Amerikaner. Sie ziehen gegen den Irak und betrachten das Ganze als militärische Intervention zur Schaffung demokratischer Verhältnisse in einer ihnen wichtigen Region. Was aber geschieht, wenn ein Flächenbrand entsteht und die Lage außer Kontrolle gerät? Hat das US-Establishment die Folgen bedacht?

Aus gewöhnlich gut unterrichteten Kreisen wurde mir mitgeteilt, daß die Bush-Administration sich durchaus darüber im klaren ist, daß der Irak-Krieg Folgen haben wird. Man rechnet, und das sind am Rande von Sicherheitskonferenzen durchaus diskutierte Zahlen, mit einer zwanzig- bis dreißigjährigen weltweiten Auseinandersetzung, die durch Kriege, Aufstände und Unruhen sowie (diesmal zweifellos echte) Terroranschläge und dergleichen mehr gekennzeichnet ist. Man geht dabei davon aus, daß die Folgen für die Vereinigten Staaten und auch Europa tragbar sein werden. Bevor Bundeskanzler Gerhard Schröder nochmals sein deutliches »Nein« zur Beteiligung am Irak-Krieg verlauten ließ, wurde von jeweils ca. 250 000 Toten und Verletzten in den USA und Gesamteuropa in Folge der »Reaktionen« der Gegner gesprochen. Die Zahl der Toten und Verwundeten im arabischen bzw. muslimischen Lager wurde nicht erörtert, sie dürfte aber deutlich über den Verlusten der westlichen Welt liegen.

Es ist schon interessant, was so alles hinter verschlossenen Türen besprochen wird und wovon die Öffentlichkeit nichts erfährt. Daß solche Zahlen in den Medien nicht genannt werden, hat einen ganz einfachen Grund: Die US-Strategen sind sich bewußt, daß man gegen Attacken, die mit terroristischen Mitteln geführt werden, nicht viel tun kann. Man erhofft sich zwar einen Sieg über den sowohl hausgemachten wie auch echten Terrorismus, doch auf dem Weg dorthin werden viele Opfer zu beklagen sein, weil ein hundertprozentiger Schutz vor Anschlägen nicht möglich ist. Zu vielfältig sind die möglichen Ziele, zu hoch wäre der Aufwand, um eine vollkommene Kontrolle ausüben zu können. Wie will man auch einen Feind aufhalten, den man nicht kennt, dessen Schläfer bereits an Ort und Stelle sitzen und die nun nur noch auf ihre Einsatzinstruktionen warten?! Man kann bestimmte Regierungsgebäude ebenso wie öffentliche Einrichtungen schützen, doch es ist unmöglich, alle Schulen, Krankenhäuser, Industrieanlagen, U-Bahnen, Bankengebäude und Wohnsiedlungen einer steten Bewachung zu unterziehen. Vielleicht wäre der technische Aufwand, der dafür notwendig ist, mittelfristig zu realisieren. Doch wer soll die Kosten dafür tragen angesichts der Tatsache, daß schon heute die meisten Staatskassen an einem chronischen Defizit leiden?

Die Schätzungen der US-Experten über die Verluste eines schleichenden Dritten Weltkrieges auf Seiten der westlichen Nationen sind, das muß betont werden, natürlich nur reine Theorie und gehen davon aus, daß man die Lage unter Kontrolle halten kann. Doch was geschieht, wenn die Situation eskaliert und die Selbstmordattentäter — die laut Churchill niemals provoziert werden dürfen — gleich scharenweise die westliche Hemisphäre bzw. die US-Einflußgebiete heimsuchen? Dann dürfte guter Rat nicht nur teuer, sondern unbezahlbar sein, wie auch die Zahl der mit massenhaften Anschlägen verbundenen Opfer nach oben hin offen sein dürfte. Das Beispiel der palästinensischen Selbstmordattentäter beweist überdeutlich, daß es für eine solche Art von Kriegführung oder Widerstand keinerlei wirkungsvolle Entgegnung gibt. Selbst das repressive israelische Militär ist mit seinem Latein am Ende. Daher sollte sich die Bush-Administration dreimal überlegen, ob sie den Irak wirklich attackieren will, weil die Folgen in des Wortes ursprünglicher Bedeutung wirklich unabsehbar sein dürften.

Dabei müssen die Reaktionen auf eine US-Intervention im Irak nicht einmal sofort eintreten. Ich gehe vielmehr davon aus, daß nach einem anfänglichen Aufschrei der arabischen Welt und damit verbundenen Reaktionen erst einmal eine Phase der relativen Ruhe eintreten wird, in der sich Widerstandsbewegungen organisieren werden, um dann eines Tages plötzlich und unerwartet loszuschlagen. Das wird dann aber der aus der US-Intervention resultierende echte Terrorismus sein, nicht der hausgemachte der Vereinigten Staaten. Wobei ich in diesem Fall das Wort Terrorismus ungern benutze, denn schließlich steht es jedem souveränen Staat und seinen Bewohnern zu, bei einer Invasion Widerstand zu leisten. Doch seltsamerweise ist neuerdings jede Reaktion auf eine von den USA realisierte Aktion sofort Terrorismus. Auch hier hat die US-Propaganda in den Köpfen der Menschen viel Schaden angerichtet.

Für den Irak steht zu befürchten, daß selbst für den Fall, der Sturz Saddam Husseins würde gelingen, die anschließend geplante US-Militärregierung mit großen Schwierigkeiten zu kämpfen haben wird. Im Untergrund tätige Gruppen könnten den Besatzern das Leben zur Hölle machen und dem US-Establishment vor Augen führen, daß der Irak-Krieg ein unverantwortliches Abenteuer war, vor allem dann, wenn zahlreiche GI's in Zinksärgen nach Hause zurückgelangen sollten.

Natürlich gehen die amerikanischen Strategen davon aus, daß eine Besserung der Lebensverhältnisse des irakischen Volkes nach dem Sturz von Saddam Hussein zu einem Meinungsumschwung führen und die Vereinigten Staaten zu einem akzeptablen Partner werden lassen könnte. Doch darf man nicht vergessen, daß der Irak nicht Deutschland am Ende des Zweiten Weltkrieges ist, und daß sich die Araber durch eine ganz andere Mentalität als die Deutschen bzw. Europäer auszeichnen.

In den USA hat die Bedrohung durch einen realen und fiktiven selbst propagierten Terror bereits zur Ausbildung eines Polizeistaates geführt. Mitte Februar 2003, während der Debatte des Weltsicherheitsrates, demonstrierten die US-Sicherheitsbehörden in Washington und New York Abwehrbereitschaft: Kampfhubschrauber vom Typ »Black Hawk« mit feuerbereiten Maschinengewehren in den Türen donnerten beispielsweise rund um die Uhr über die Dächer Washingtons. Im darüber gelegenen Luftraum zogen Abfangjäger ihre Kreise. Am Boden wurden in allen Stadtteilen mobile Flugabwehrraketen in Stellung gebracht, was bei den Einwohnern der Stadt für erste Anzeichen von Panik sorgte.

Wenige Tage zuvor hatte CIA-Geheimdienstchef George Tenet vor dem Washingtoner Parlament erklärt, daß Terroranschläge hauptsächlich in New York und Washington nicht nur möglich, sondern sehr wahrscheinlich seien. Tom Ridge, der Minister für Heimatschutz, verbreitete sogar die Meldung vom möglichen Einsatz sogenannter schmutziger Atombomben durch Terroristen, ein Thema, das ich nachfolgend noch etwas näher beleuchten möchte. Zur Bekanntmachung über alle Medien des Landes formulierte das Ministerium »Ratschläge zur Vorbereitung aller Bürger auf den Notfall«.

Seit dem 11. September 2001 hat es seitens US-amerikanischer Behörden nicht an Versuchen gemangelt, eine massive Bedrohungssituation, insbesondere hervorgerufen durch Osama bin Ladens Al-Qaida-Terroristen, zu propagieren. In bezug auf die islamistischen Fundamentalisten wurde sofort schweres Geschütz aufgefahren und von einer atomaren Bedrohung gesprochen. Meldungen wie »Bin Ladens Atomgeheimnisse entdeckt« gingen durch die Medien und vergrößerten die Angst der westlichen Öffentlichkeit vor einem Einsatz von Nuklearbomben durch Terroristen. Offiziellerseits wurde auf die Behauptung Osama bin Ladens, er sei im Besitz von Atomwaffen, jedoch eher skeptisch reagiert. Dennoch ist es denkbar, daß Atomtechnologie und -materialien an terroristische Gruppen weitergegeben wurden, insbesondere in jener Zeit, als die Sowjetunion als Weltmacht zerfiel und viele ihrer Nuklaerspezialisten nach einem neuen Auskommen suchten.

Die deutsche Sektion der bereits mehrfach genannten Organisation IPPNW veröffentlichte 1997 eine Studie mit dem Titel »Primitive Atomwaffen«, in der u. a. über die verheerenden Folgen im Falle ihres Einsatzes gesprochen wurde. Sowohl politische Förderung als auch unverantwortlicher Umgang mit atomaren Materialien und den notwendigen Technologien in Ländern mit Atomenergie ermöglichten es z. B. Indien, Pakistan und Israel, Atomwaffen zu bauen. Bin Ladens Behauptung, er habe die Möglichkeit, auf einen atomaren Einsatz der USA irgendwo in der Welt selbst nuklear zu reagieren, sollte man daher ernst nehmen. Die IPPNW-Studie läßt zu der Realisierbarkeit solcher Drohungen folgendes wissen:

»Es reichen ca. 8 kg Plutonium-239 oder 40 kg hochangereichertes Uran, um eine primitive Atombombe etwa in der Wirkungsgröße der Hiroshima-Bombe mit 10 bis 20 Kilotonnen Explosivkraft zu basteln. 100 000 Menschen sind an den Direktfolgen der Hiroshima-Bombe gestorben, rund weitere 100 000 an den Spätfolgen, ganz zu schweigen von den Verletzten und den Genschäden, die folgende Generationen belasten. Viel mehr Menschen würden sterben, wenn eine Stadt mit einer hohen Bevölkerungsdichte wie z. B. New York angegriffen würde. Eine solche Bombe könnte von einem Kleinflugzeug abgeworfen oder in einem LKW, jedoch nicht in einem Rucksack oder Koffer, transportiert werden.

...

Nur selten wird begriffen, wie leicht eine subnationale Gruppe einen atomaren Sprengsatz herstellen könnte. Oft wird der Typ einer erörterten Atomwaffe nicht genauer definiert, was zu unzutreffenden oder irreführenden Aussagen führt. Es liegt auf der Hand, daß vergleichsweise unkomplizierte Sprengsätze, die den Zwecken einer Terroristengruppe genügen würden, viel einfacher zu konstruieren und zu bauen sind als die hoch komplexen Atomwaffen, derer das Militär für seine Zwecke bedarf.«

Ob die Bin-Laden-Organisation Al Qaida tatsächlich über Nuklearwaffen oder Atommaterialien verfügt, wird, wie ich bereits schrieb, recht widersprüchlich bewertet. Der Wert der Entdeckung einer Blaupause einer Plutonium-Bombe und teilweise verbrannter Dokumente in einem Al-Qaida-Versteck in Kabul durch die britische Zeitung *The Times* wurde in Frage gestellt, als die Wissenschafts-Zeitschrift *New Scientist* aufdeckte, daß eines der Dokumente nur ein Witz war. Der Terrorismus-Experte

Yosef Bodansky behauptet wiederum, Osama Bin Laden verfüge derzeit über bis zu 20 Atomwaffen, darunter taktische Systeme geringer Sprengkraft, die auch oft als Kofferbomben bezeichnet werden. Bodansky meint, Pakistan habe die Waffen an Bin Laden verkauft, was angesichts der von mir aufgezeigten Verbindungen durchaus denkbar ist.

Im Gegensatz dazu versichert die *Internationale Atomenergiebehörde* (IAEO), daß weder Osama bin Laden noch andere Terroristen über Atomwaffen verfügen. Aber in einem Interview mit CNN äußerte sich der Chef der IAEO, Mohamed El-Baradei, sowohl über Terrorangriffe auf Atomkraftwerke als auch über den illegalen Transfer von spaltbaren Materialien besorgt. Auch darf nicht vergessen werden, daß nicht verstummen wollende Gerüchte behaupten, daß nach der Auflösung der Sowjetunion bis zu 100 Kofferbomben aus den dortigen nuklearen Arsenalen verschwunden sind, von denen niemand weiß, wo sie sich derzeit befinden. Weitere Gerüchte besagen, einige dieser Kleinst-A-Sprengsätze befinden sich auf US-Territorium in der Hand sogenannter »Schläfer«.

Auch wenn die meisten Experten es für unwahrscheinlich halten, daß eine terroristische Gruppe eine A-Bombe bauen könnte, so besteht die Möglichkeit aber in jedem Fall für die Zukunft. Auch gilt zu berücksichtigen, daß eine Atomwaffe nicht unbedingt eine Kernspaltungswaffe sein muß, sondern daß terroristische Gruppen in den Besitz einer radiologischen Bombe gelangen könnten, so sie in der Lage sind, an radioaktive Materialien, beispielsweise in Form von angereicherten Produkten oder atomarem Müll, zu kommen. Dieser Bombentyp enthält normalen Explosivstoff (TNT) und radioaktives Material. Bei der Zündung wird eine größere Fläche durch Radioaktivität verseucht.

Das IPPNW-Papier verrät hierzu einen anderen interessanten Umstand:

> »Dennoch dürften Terroristen heute und in unmittelbarer
> Zukunft an Plutonium ziviler Herkunft einfacher ... gelan-

gen. Die Menge des getrennten Plutoniums aus zivilen Wiederaufarbeitungsanlagen nimmt mit jedem Jahr zu. Plutonium kann in jeder Zusammensetzung ohne weitere Aufbereitung für nukleare Sprengsätze verwendet werden. Nach der Trennung aus aufgebrauchten Reaktor-Brennelementen wird das Plutonium in der Regel als Plutoniumoxid gelagert, aber die Umwandlung in metallisches Plutonium ist ein einfacher chemischer Vorgang. Für die Konstruktion eines Atomsprengsatzes aus Plutoniumoxid bedarf es mehr Materials (ca. 35 kg) und dieser hat weniger Sprengkraft als aus metallischem Plutonium, dennoch ist er wesentlich einfacher herzustellen. Das Oxid ist gefahrloser zu handhaben. Ein durch eine Terroristengruppe konstruierter primitiver Atomsprengsatz könnte ohne weiteres in einem Kleintransporter Platz finden. Dieser könnte so aufgestellt werden, daß die Explosion des chemischen Sprengstoffs das Plutonium selbst dann weitflächig verstreut, wenn es nach der Zündung nicht zu einer nennenswerten atomaren Kettenreaktion kommen sollte. Die Möglichkeit weiträumiger radioaktiver Kontaminierung macht einen aus Plutonium hergestellten Sprengsatz für Atomterroristen besonders attraktiv.«

Sollte Al Qaida oder eine andere Terrororganisation wirklich im Besitz von Atomwaffen sein, dann hätten die Vereinigten Staaten natürlich ein massives Problem: Sie selbst würden von einem Atomwaffeneinsatz abgehalten werden, da sie nicht sicher sein könnten, ob sie sich gegen einen terroristischen Angriff gleicher Art schützen könnten. Wie sehr das amerikanische Establishment den Einsatz von Nuklearwaffen gegen sein Land fürchtet, erkennt man unschwer an der unterschiedlichen Behandlung von Nationen, die zur »Achse der Bösen« gehören. Während der Irak massiv bedroht wird, versucht die US-Regierung im Falle von Nordkorea eine diplomatische Lösung ...

Zurück zu den Ereignissen von Washington und New York. Inwieweit die zur Schau gestellte Militär- und Sicherheitspräsenz wirkliche Terroristen abschrecken würde, ist zweifelhaft. Eine Mitte Februar 2003 herausgegebene Mitteilung der US Air Force behauptete jedenfalls, der Einsatz der Kampfhubschrauber und Militärjets erfolge, um »die Sicherheit der Heimatbevölkerung zu schützen und zu garantieren«. Sicherheitsexperten erklärten aber, daß solche Maßnahmen reine Zeit- und Geldverschwendung seien. Potentielle Terroristen würden sich mit hoher Wahrscheinlichkeit etwas anderes als eine Neuauflage von Anschlägen mit entführten Flugzeugen einfallen lassen. Und gegen heimlich am Boden werkelnde Bombenleger und Grundwasserverseucher könnte die US-Luftwaffe ohnehin nichts ausrichten.

Tatsächlich konnte die präsentierte Militärmacht die Einwohner Washingtons und New Yorks nicht beruhigen. Zahlreiche Einwohner reagierten auf ihre Weise und deckten sich mit Überlebensgütern ein: Konserven, Wasser in Kanistern, Taschenlampen, Batterien und Kerzen. So ist es kein Wunder, daß Gasmasken, Campingkocher und Schlafsäcke oftmals ausverkauft sind. Ausverkauft sind auch Plastikplanen und Klebebänder. Das Heimatschutzministerium hatte sie als Schutz gegen einen möglichen Biowaffenangriff empfohlen, um mit ihrer Hilfe einen Raum in der Wohnung luftdicht abzudichten.

Experten warnten daraufhin, daß solche Maßnahmen eine »Vorbereitung zum Selbstmord« seien. Wer sich in einem luftdicht abgeschlossenen Raum aufhalte, werde zwar nicht von Biowaffen getötet, käme jedoch durch Sauerstoffmangel ums Leben. Der ehemalige Arbeitsminister Robert Reich brachte die ganze Hysterie schließlich auf den Punkt und bezeichnete individuelle Schutzmaßnahmen gegen Terrorangriffe dann auch schlicht als »ballaballa«.

Tatsächlich hat Otto Normalverbraucher im Falle terroristischer Anschläge mit Bio-, Chemie- oder gar Atomwaffen nur eine geringe Chance, in der betroffenen Zone mit dem Leben davonzukommen. Man muß den Tatsachen ins Auge sehen: Sollte die Lage eskalieren, dann sind die durch Privatpersonen realisierbaren Schutzmaßnahmen wohl kaum erfolgreich. Abhilfe könnte lediglich eine staatliche Vorsorge schaffen, indem geeignete Schutzräume und Bunker mit Filtersystemen eingerichtet würden. Doch das kostet Geld, viel Geld, das niemand hat.

Sollte Deutschland in irgendeiner Weise von solchen Terrorattacken betroffen werden, dürften die hiesigen Behördenreaktionen noch katastrophaler ausfallen als in den USA. Vor kurzem hörte ich von einem Bekannten, der *Mitteldeutsche Rundfunk* (MDR) habe einen Thüringer Minister interviewt, der behauptete, man sei auf Terroranschläge vorbereitet. So traurig das ganze Thema ist, an dieser Stelle mußte ich lachen …

Auf einen Einsatz von A-, B- und C-Waffen ist hierzulande niemand vorbereitet. Alle gegenteiligen Behauptungen sind Augenwischerei. Stellen Sie sich vor, es würde ein Anschlag auf das Frankfurter Bankenviertel zur Hauptgeschäftszeit erfolgen. Angenommen, es käme eine Biowaffe zum Einsatz, die nicht nur an Ort und Stelle wirkt, sondern deren tödliche Erreger durch den Wind fortgetragen werden. Abgesehen von tausenden Toten, die im unmittelbaren Umfeld des genannten Standortes zu erwarten wären, würde eine Panik ungeahnten Ausmaßes losbrechen, insofern die Nachricht über den Anschlag durch die Medien verbreitet würde. Bei allem Respekt: Ich halte Polizei, Bundeswehr, Bundesgrenzschutz, das Technische Hilfswerk, Feuerwehr und das Personal der Rettungseinrichtungen sowie der Krankenhäuser für vollkommen überfordert angesichts solcher Szenarien. Was hat man denn für Übungen in den letzten Jahren absolviert? Doch nur solche, die normale Ereignisse in Form von Unfällen, Feuersbrünsten oder auslaufenden Chemikalien zum Hintergrund hatten. Die Beherrschung einer Massenpanik wurde niemals geübt, zumal derlei Übungen viel Geld gekostet hätten, das — ich wiederhole mich — niemand hat.

Besonders fatal hierzulande ist der Umstand, daß die Verantwortlichen davon ausgehen, daß ein Terroranschlag in Deutschland aufgrund der Position der Bundesregierung gegenüber dem Irak-Krieg unwahrscheinlich sei. Bundesverteidigungsminister Struck behauptete vor wenigen Wochen sogar, die Bundeswehr könne sich in erster Linie auf Auslandseinsätze orientieren, da eine Bedrohung des eigenen Landes nur von sekundärer Bedeutung sei. In diesem Zusammenhang muß ich besorgt die Frage stellen, ob die Verantwortlichen überhaupt begreifen, was vor sich geht. Es darf doch wohl nicht vergessen werden, daß Deutschland US-amerikanische Militärstützpunkte beherbergt, die naheliegende Ziele für Terrorkommandos sind. Glaubt man allen Ernstes, daß bei Anschlägen auf diese US-Basen die deutsche Bevölkerung nicht in Mitleidenschaft gezogen würde?

Auch wenn ich mir den Zorn der Friedensaktivisten zuziehen sollte: Da die globale Situation immer bedrohlicher zu werden scheint, muß Deutschland — am besten zusammen mit Frankreich — aufrüsten. Anstatt in den kommenden Jahren drei Milliarden Euro bei der Bundeswehr einzusparen, sollte darüber nachgedacht werden, wie finanzielle Mittel für den Schutz unseres Landes bereitgestellt werden können. Eine Aufrüstung wird man mittelfristig ohnehin nicht vermeiden können, denn aufgrund der Tatsache, daß sich ein deutlicher Graben

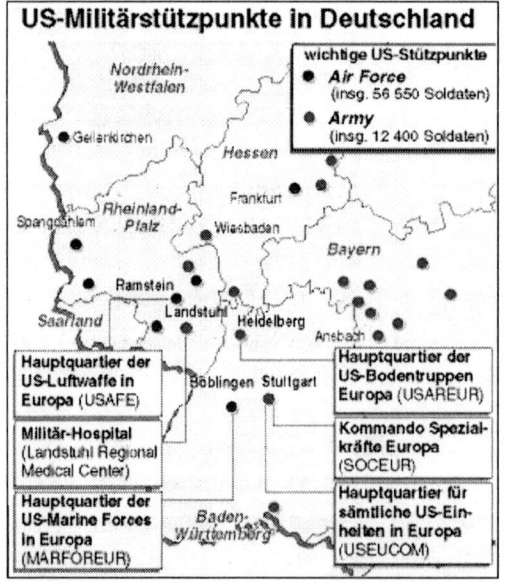

US-Militärstützpunkte in Deutschland

wichtige US-Stützpunkte
● **Air Force** (insg. 56 550 Soldaten)
● **Army** (insg. 12 400 Soldaten)

Nordrhein-Westfalen
Geilenkirchen
Hessen
Spangdahlem
Rheinland-Pfalz
Frankfurt
Wiesbaden
Bayern
Ramstein
Landstuhl
Saarland
Heidelberg
Ansbach
Böblingen
Stuttgart
Baden-Württemberg

Hauptquartier der US-Luftwaffe in Europa (USAFE)

Militär-Hospital (Landstuhl Regional Medical Center)

Hauptquartier der US-Marine Forces in Europa (MARFOREUR)

Hauptquartier der US-Bodentruppen Europa (USAREUR)

Kommando Spezialkräfte Europa (SOCEUR)

Hauptquartier für sämtliche US-Einheiten in Europa (USEUCOM)

Übersicht bedeutender US-Militärstützpunkte auf deutschem Territorium (Quelle: AFP).

zwischen den Ansichten der Vereinigten Staaten und denjenigen von Teilen Europas aufgetan hat, wird man den begonnenen Weg zu Ende gehen müssen: Eine gewisse Distanz von den Vereinigten Staaten impliziert notwendigerweise Maßnahmen, die es erlauben, Deutschland auch ohne die Hilfe der USA oder der NATO im Falle eines Angriffs zu verteidigen. Darüber hinaus gebe ich zu bedenken, daß der Weltpolizist USA nur dann in die Schranken gewiesen werden kann, wenn es mindestens eine zweite starke Kraft auf diesem Planeten gibt, die in der Lage ist, Einfluß auszuüben. Europa ist derzeit leider gespalten, doch ich sehe in der Europäischen Union die einzig in Frage kommende Wirtschafts- und Finanzmacht, die den USA Paroli bieten kann. Sollte diese Chance zum Ausgleich der Kräfte verpaßt werden, und sollte es den Vereinigten Staaten gelingen, durch Expansion ihren wirtschaftlichen Kollaps abzuwenden, dann dürfte das Schicksal dieses Planeten und seiner Bewohner ohnehin besiegelt sein.

Einen Vorgeschmack dessen, was die Menschen ereilen wird, dürfte der Irak-Krieg geben. Insbesondere die wirtschaftlichen Folgen eines neuen militärischen Golf-Konflikts könnten verheerend sein, insofern der Krieg länger dauert. Der zweite Golfkrieg kostete rund 50 Milliarden US-Dollar. Die unmittelbaren Kosten des bevorstehenden Krieges könnten genauso hoch sein: die Experten des *Zentrums für Strategische und Internationale Studien* (CSIS) rechnen mit 55 Milliarden Dollar für den Fall, daß der Krieg nicht länger als vier bis sechs Wochen dauert. Sollte er in dieser Zeit nicht beendet werden können, geht das CSIS von bis zu 120 Milliarden Dollar Kostenbelastung aus, die diesmal die Vereinigten Staaten zum größten Teil selbst zu tragen haben.

Es gibt jedoch auch andere Berechnungen. Der amerikanische Wirtschaftswissenschaftler Nordhaus geht davon aus, daß bei einem 30 bis 40 Tage andauernden Krieg schon die vom CSIS veranschlagten 120 Milliarden Dollar aufgebraucht sind. Er stützt sich bei seinen Berechnungen auf Erfahrungswerte, die in den Kriegen im Libanon, auf dem Balkan und in Afghanistan gewonnen werden konnten. Er berücksichtigt dabei nicht nur die im Staatshaushalt anfallenden Kosten, sondern die tatsächlichen Kosten für die Volkswirtschaft, die das wahre Ausmaß der Aufwendungen wiedergeben. Nordhaus geht davon aus, daß 50 Milliarden Dollar für den direkten Militäreinsatz aufgebracht werden müssen, während 70 Milliarden Dollar für Maßnahmen der Friedenssicherung benötigt werden.

Ich verzichte an dieser Stelle darauf, weitere Kostenrechnungen zu präsentieren. Es wird in jedem Fall ein teurer Waffengang, der, sollte er nicht von kurzer Dauer und damit kontrollierbar sein, alle finanziellen Hochrechnungen der Experten ad absurdum führen könnte. Genau aus diesem Grund möchte ich an dieser Stelle auch nicht auf die Betrachtung ökonomischer Folgen, die der dritte Golf-Krieg für die (westlichen) Volkswirtschaften haben könnte, eingehen. Die Ereignisse am Golf könnten sehr schnell alle Prognosen zu Makulatur werden lassen, vor allem, weil die Wirtschaftsstrategen vergessen zu erwähnen, daß der Konflikt auf Europa und die Vereinigten Staaten zurückschlagen dürfte — und das besonders in Hinblick auf Terror- und Vergeltungsaktionen. Die westliche Welt ist mittlerweile aufgrund der allgemeinen wirtschaftlichen Vernetzung so kompliziert geworden, daß eine Attacke an der richtigen Stelle zu unlösbaren Problemen führen kann.

Ich will hier keinen Super-GAU vor Ihren Augen entstehen lassen, muß aber darauf verweisen, daß es Nervenzentren gibt, deren Ausschaltung von entscheidender Bedeutung sein kann. Stellen Sie sich bitte einmal vor, was geschähe, wenn mehrere Börsen- bzw. Bankenstandorte gleichzeitig angegriffen würden. Sollten die Schläge effektiv geführt werden, dürfte das Finanzsystem ins Schwanken geraten, mit unabsehbaren Folgen für die Wirtschaft.

Dasselbe würde geschehen, wenn Kommunikationseinrichtungen attackiert würden. Angenommen, es gelänge Terroristen, die drahtgebundene Kommunikation, auf der ja auch das Internet basiert, nur teilweise für die Dauer von Tagen oder gar Wochen lahmzulegen. Die Folgen für die betroffenen virtuellen Firmen und sonstige von Kommunikation abhängige Einrichtungen wären nicht mehr wiedergutzumachen.

Ähnlich verhielte es sich mit gleichzeitig geführten Aktionen gegen Kraftwerke, die Wasserversorgung, die Verkehrsmittel oder Warenumschlagszentren.

Wer nur etwas über die von mir hier aufgezeigten Möglichkeiten der möglichen Terrorziele nachdenkt, muß klar erkennen, daß der dritte Golf-Krieg, wie er von den Vereinigten Staaten ins Auge gefaßt wird, völliger Wahnsinn ist, weil er im Falle einer Eskalation unsere empfindliche Gesellschaft schutzlos einem Feind ausliefert, der mit den herkömmlichen Mitteln der Kriegführung weder zu kontrollieren noch zu stoppen ist.

Trotz all dieser Tatsachen sitzen diejenigen, die an neuen Krieg im Golf-Gebiet interessiert sind, schon wieder in den Startlöchern, um das Fell einer Kuh zu verteilen, die noch gar nicht erlegt worden ist. Es handelt sich dabei um jene Strukturen der Finanzwelt, die immer verdienen — egal ob nun gerade Krieg oder Frieden herrscht. Anfang Februar 2003 berichtete die *Berliner Zeitung* über das Auftauchen von Irak-Fonds auf den sogenannten grauen Kapitalmärkten, die etwas abseits der großen Fondsgesellschaften agieren. Bei diesen Irak-Fonds handele es sich um echte Renner, so die Zeitung, denn die Emittenten setzen auf einen möglichst heftigen Krieg und die totale Zerstörung der Infrastruktur des Iraks, damit man dann beim späteren Wiederaufbau ordentlich an den anfallenden Profiten verdienen könne. Zwar gelten derartige Fonds bei den Großen der Branche als unseriös, jedoch ist das — zumindest von einigen Börsianern erwartete — Aufblühen der US-Wirtschaft nach dem Krieg aufgrund der Kontrolle über gigantische Ölreserven und die notwendigen Investitionen in das zerstörte Land längst Bestandteil der Anlagestrategie aller Börsengurus. Jeder Leser dieses Buches, der einerseits gegen den Irak-Krieg votiert, andererseits aber Aktiengeschäfte betreibt, ist aufgerufen, genau zu überprüfen, in welche Fonds sein Geld investiert wird. Man macht sich ansonsten mitschuldig an dem, was auf die irakische Bevölkerung unausweichlich zukommt.

Wie perfide Teile unseres Finanzsystems funktionieren, dürfte angesichts derartiger Meldungen endgültig klar geworden sein. Dem interessierten Leser empfehle ich in diesem Zusammenhang das Buch »Börsenkrach und Weltwirtschaftskrise – Der Weg in den 3. Weltkrieg«, dessen Autor Günter Hannich in erschreckender Deutlichkeit aufzeigt, daß unser Finanzsystem kriegerische Auseinandersetzungen geradezu herausfordert. Das Buch müßte Pflichtlektüre an allen Schulen und Ausbildungsstätten werden, um den Menschen aufzuzeigen, welche Gefahren existieren und wodurch sie hervorgerufen werden. Vielleicht würden dann eines Tages Veränderungen eingeleitet werden können, insofern es möglich wäre, die internationale Hochfinanz und ihren Einfluß zu beseitigen.

Eine Frage, die zwangsläufig gestellt werden dürfte, ist die nach den Möglichkeiten des Einzelnen zur Gefahrenabwehr bzw. zur Vorsorge. Wie sollte er sich im Falle einer Eskalation des Golf-Konfliktes verhalten? Diese Frage umfassend zu beantworten, ist nicht möglich. Das menschliche Leben birgt eine Vielzahl von Risiken, mit denen wir gelernt haben umzugehen. Um auf bestimmte Bedrohungen effektiv reagieren zu können, ist es in erster Linie einmal wichtig, sich über die Vorgänge umfassend zu informieren – und das bitteschön nicht nur über die Massenmedien.

Darüber hinaus sollten Sie im Rahmen ihrer Möglichkeiten schon jetzt damit beginnen, Geld, über das Sie in Form von Rücklagen verfügen, nach anderen Gesichtspunkten anzulegen. Kaufen Sie von einem Teil ihres Geldes Gold, auch wenn dieses in letzter

Zeit im Preis gestiegen ist, damit sie eines Tages nicht nur einen Haufen wertlosen Papiers in Händen halten. Diese Gefahr besteht durchaus. Gold ist das ideale Werthortungsmittel, Papiergeld und Aktien hingegen sind, wie die Geschichte zeigt, bereits des öfteren völlig entwertet worden und waren zum Schluß nicht einmal das Papier wert, auf dem sie gedruckt wurden.

Es versteht sich von selbst, daß Gold nicht die von vielen erwarteten Gewinnsteigerungsraten bringt, doch im Krisenfall garantiert es Ihnen wenigstens einen teilweisen Erhalt dessen, was sie sich einst mühsam erarbeitet haben.

Sollte die Finanz- und Wirtschaftswelt ins Trudeln geraten, was immerhin denkbar ist, dann sind Sie gut beraten, wenn Sie zumindest einen Teil Ihres Vermögens nicht auf Konten von Kreditinstituten und Banken belassen. Mancher mag vielleicht jetzt meinen, daß der Autor dieses Buches völlig realitätsfremde Vorschläge unterbreite, doch bedenken Sie, daß Sie *Fremden* Ihr Geld anvertraut haben. Personen und Einrichtungen, von denen Sie nicht wissen, wie sie im Falle einer plötzlichen krisenhaften Entwicklung reagieren. Genaugenommen ist das so, als würden Sie im Vertrauen auf die Ehrlichkeit der Leute morgens aus dem Haus gehen und die Wohnungstür offen stehen lassen. Sicher, unter normalen Umständen passiert Ihrem Geld auf dem Bankkonto nichts, doch mittlerweile leben wir nicht mehr in normalen Umständen bzw. Zeiten. Ihr Geld kann verloren sein, noch bevor Sie in der Lage sind, Ihr Konto aufzulösen, weil schon Tausende vor Ihnen dasselbe wollten.

Daß derartige Warnungen nicht ignoriert werden sollten, zeigt das Beispiel Argentinien. Einst ein reiches Land, kann sich die derzeitige Regierung nur mit Notstandsverordnungen über Wasser halten, zu denen auch das Einfrieren der Kontoguthaben der Bevölkerung gehört. Hätten Sie einen Argentinier vor drei Jahrzehnten gefragt, ob er ein solches Szenario für denkbar halte, er hätte Sie schallend ausgelacht. Heute aber wissen viele Menschen dortzulande nicht mehr, wie sie den nächsten Monat überstehen sollen, obwohl sie laut ihrem letzten Kontoauszug über ein ausreichendes Guthaben verfügen.

Das Hauptproblem ist immer wieder die menschliche Naivität und die Tatsache, daß der Mensch aus der Geschichte nichts lernt. Im guten Glauben daran, so schlimm werde es schon nicht kommen, reagieren die meisten Menschen erst dann, wenn alles zu spät ist. Der wirklich intelligente Mensch jedoch betreibt Vorsorge, um im Falle eines Falles wenigstens mit einem Teil der auf ihn einströmenden neuen Gegebenheiten fertig zu werden. Denken Sie darüber nach und handeln Sie auch gegen den Rat von Experten, von denen Ihnen vielleicht einige noch im Zusammenhang mit den Telekom-Aktien im Gedächtnis sein dürften.

Ich möchte an dieser Stelle nicht noch deutlicher werden. Wer verantwortungsbewußtes Handeln gelernt hat, sollte niemals den Fehler begehen, sich anderen auszuliefern. Gewiß, die moderne Welt verführt dazu, aber man muß schließlich nicht jedem modischen Trend folgen. Manchmal ist es besser, seinen eigenen Intentionen zu folgen und auf den Rat von scheinbaren Außenseitern zu hören.

Im Zusammenhang mit möglichen Terroranschlägen hört man in letzter Zeit viel von sogenannten »weichen Zielen«. Tatsächlich sollten Sie im Falle des Losschlagens der US-Truppen und ihrer britischen Verbündeten gegen den Irak darauf achten, was Sie tun und wie Sie es tun. Große Menschenansammlungen, Massenveranstaltungen und dergleichen mehr sollten Sie — wenn Sie ein vorsichtiger Mensch sind — meiden, was nun nicht heißen soll, daß Sie Ihr Bier zu Hause anstatt in der Kneipe um die Ecke trinken müssen. Doch Ereignisse mit Massencharakter, die meist in Großstädten organisiert werden, üben auf Terroristen eine geradezu magische Anziehung aus, denn ein solcher Anschlag verursacht gewaltiges mediales Interesse. Hingegen wird kein Terrorist auf die Idee kommen, irgendwo in der Provinz den Kuhstall von Bauer Meier in die Luft zu sprengen, denn das würde mit Ausnahme eines Artikels in der lokalen Presse kaum wahrgenommen werden. Überlegen Sie sich künftig auch, ob Sie unbedingt im Urlaub in Länder reisen müssen, die als politisch instabil gelten. Sie laufen im Falle der Eskalation der Ereignisse nicht nur Gefahr, einer Flugzeugentführung zum Opfer zu fallen, sondern Sie können auch am Urlaubsort selbst von irgendwelchen feindlichen Kräften attackiert werden. Machen Sie doch einfach mal Urlaub in Deutschland, Sie werden staunen, was es hierzulande für schöne Gegenden gibt, in denen Sie sich genausogut erholen können wie andernorts.

Vielleicht wird man sich zukünftig ohnehin überlegen müssen, ob bei ständig steigenden Preisen Auslandsaufenthalte vonnöten sind. Und wenn wir schon bei den explodierenden Preisen sind, dann sei mir noch ein letzter Hinweis gestattet: Überlegen Sie sich einmal, ob Sie — insofern Sie Eigentümer eines eigenen Hauses sind — einen Ersatz haben für den Fall, daß die Öl- und Gaspreise in die Höhe schnellen. Stellen Sie sich einmal vor, es kommt zu einer erneuten Öl- oder Energiekrise. Wäre es da nicht angebracht, über wenigstens eine Möglichkeit zu verfügen, Wärme und Energie zum Kochen mittels einer althergebrachten Methode zu erzeugen ...?

Ich meine, daß wir in Zukunft über viele Aspekte unseres Lebens werden neu nachdenken müssen, denn unser Dasein wird angesichts zahlreicher Veränderungen nicht leichter werden.

Vorbereitungen für den Ernstfall?
Die Nostandsregierung FEMA

In einem vorhergehenden Kapitel und im Zusammenhang mit Notstandsmaßnahmen der US-Regierung im Falle einer Kernschmelze des Finanzsystems kam ich bereits auf die FEMA zu sprechen. FEMA, die *Federal Emergency Management Agency* (Bundesbehörde für Notfälle), wurde von US-Präsident Jimmy Carter zur Bekämpfung von Naturkatastrophen und für die Planung der Zivilverteidigung eingerichtet. Seit ihrer Gründung scheint sie jedoch nur wenig getan zu haben, um ihren ursprünglichen Auftrag zu erfüllen. Sie war und ist erbärmlich ineffektiv bei der Reaktion auf Hurrikans, Erdbeben und andere Naturkatastrophen, wodurch Spekulationen ausgelöst wurden, ihre Satzung sei lediglich Tarnung für andere, geheimere Aktivitäten. Und tatsächlich: In Verbindung mit ans Licht gekommenen Planspielen des *Council on Foreign Relations* (CFR) im Falle eines Finanzdesasters wurde offenbar, daß die FEMA als eine Art Notstandsregierung für den Ernstfall geplant wurde.

Schon im Oktober 1984 enthüllte der Washingtoner Kolumnist Jack Anderson, die FEMA hätte eine »Gesetzgebung auf Abruf« vorbereitet – den Defense Resources Act –, auf Grund derer im Fall einer nationalen Krisensituation die Verfassung und die Bill of Rights außer Kraft gesetzt würden, wodurch faktisch das Privateigentum beseitigt, freies Unternehmertum abgeschafft und die Amerikaner allgemein in einen totalitären Schraubstock gespannt würden. FEMA rechtfertige derartige Maßnahmen mit dem Hinweis auf die nationale Sicherheit. In Wirklichkeit könnte es sich jedoch um die vorbereitenden Maßnahmen für die Errichtung einer totalitären Diktatur unter militärischer Beteiligung handeln.

Unter der Reagan-Administration wurde der General der Nationalgarde Louis O. Giuffrida zum Leiter der Einrichtung gewählt. Giuffrida hatte Reagan bereits als Berater in Fragen des Terrorismus gedient, als der Letztgenannte noch Gouverneur von Kalifornien war. Von ihm wurde auch das *California Specialized Training Institute* (CSTI) gegründet, eine Schule für Kommandos der Polizei und des Militärs. Ein Handbuch des CSTI aus dem Jahr 1972 beschreibt das Kriegsrecht als »das legale Mittel der Wahl, um die Menschen im Falle einer zivilen Unordnung zu kontrollieren«, einschließlich »der Ersetzung jeder Zivilregierung durch das Militär«. Außerdem behauptet das Handbuch, »legitime Gewalt ist ein integraler Bestandteil unserer Regierungsform«.

Als er in Kalifornien für Reagan tätig war, arbeiteten Giuffrida und Edwin Meese, der erste Assistent von Gouverneur Reagan, Berichten nach Pläne aus, den Staat sowohl von militanten als auch friedlichen Demonstranten zu säubern, indem landesweite Spionageoperationen eingeleitet und plumpe Taktiken zur Niederschlagung von Aufruhr und Demonstrationen ausgegeben wurden. Bereits früher, als Offiziersschüler, hatte Giuffrida einen hypothetischen Plan für die Inhaftierung radikaler Schwarzer in Gefangenenlagern aufgestellt.

Oliver North, der Verbindungsmann des *National Security Council* zur FEMA, wurde während der Iran-Contra-Anhörung nach den »Alarmplänen« der Reagan-Administration zur Aussetzung der US-Verfassung gefragt. Der Kongreßabgeordnete Jack Brooks aus Texas bat North, ausführlicher über diese Planungen zu sprechen. Bevor dieser jedoch antworten konnte, brach der Ausschußvorsitzende Daniel Inouye die Diskussion ab und verwies die Angelegenheit in Geheimsitzungen. Der Kongreßabgeordnete Brooks bezeichnete die geheimen Aktivitäten der Reagan-Administration später als eine »Regierung innerhalb der Regierung«.

Im Jahr 1984 gab es ein geheimes Treffen von FEMA, dem Militär und anderen Spitzenvertretern der Regierung zur Planung einer »Bereitschaftsübung« mit dem Code-Namen *Rex 84*. FEMA koordinierte *Rex 84* mit der Operation *Night Train 84* des Militärs, die in jenem Jahr Tausende von Soldaten in der Nähe von Versorgungsbasen der Contras in Honduras aufmarschieren ließ. FEMAs Anteil an der Übung schloß die Internierung von 400 000 fiktiven »Außerirdischen«, mit denen man wohl Aufständische meinte, in militärischen Lagern ein, die über die gesamten Vereinigten Staaten verteilt waren. In einem stark zensierten FEMA-Memorandum wurde die Übung als ein Test der »Notstandsgesetzgebung, der Machtübernahme im Notstand ... etc.« beschrieben.

Am 2. August 1990 rief Präsident George Bush sen. als Reaktion auf die Invasion des Irak in Kuweit den nationalen Notstand aus. Er erließ schnell mehr als fünfzehn Exekutivanordnungen, die seinem Büro außerordentliche Macht gaben.

»Im Rahmen des nationalen Notstands«, schrieb Diana Reynolds im *Covert Action Information Bulletin* vom Sommer 1991, »war Bush in der Lage, sein Budget-Abkommen mit dem Kongreß aus dem Jahr 1991 einseitig zu brechen, durch das die Verteidigungsausgaben eingefroren wurden, und so die US-Ökonomie tiefer in den Sumpf des Militärisch-Industriellen Komplexes zu treiben, Umweltschutzregelungen zu übergehen sowie freies Unternehmertum und Bürgerrechte von der Festlegung nationaler Sicherheitsinteressen durch die Exekutive abhängig zu machen.« Der sechsmonatige »nationale Notstand« kostete den amerikanischen Steuerzahler allein für nichtmilitärische Aktivitäten 1,3 Milliarden Dollar. Am 6. Juli 1989 unterzeichnete Bush die Exekutivanordnung 12681, die bestimmte, daß das *National Preparedness Directorate* von FEMA »als seine primäre Aufgaben Spionage, Gegenspionage, Ermittlungstätigkeit oder Arbeit für die nationale Sicherheit« hätte.

Diese weitgehenden Veränderungen in der Bundesgesetzgebung für den Notstand betrafen auch den Bereich der Kommunikation. Mit dem 14. Dezember 1982 beginnend wurden Berichten nach geheime Treffen zwischen hochrangigen Vertretern der Reagan-Administration und den Spitzen der größten nationalen kommerziellen Kommunikationsfirmen abgehalten, deren Vertreter später zum *National Coordinating Center* (NCC) gehörten, einem Teil der *Defense Communications Agency* (DCA) des Pentagon, einer äußerst geheimen Einrichtung, die außerhalb von Arlington, Virginia, von einem imposanten Stacheldrahtzaun umgeben liegt. Diese Treffen, die über drei Jahre hin fortgeführt wurden, wurden im Weißen Haus, dem *State Department* und militärischen Schlüsselkommandozentren, dem SAC-Hauptquartier im Luftwaffenstützpunkt Offutt in Nebraska und NORAD in Colorado Springs abgehalten.

Das im Jahre 1984 eingerichtete NCC ist rund um die Uhr von Mitarbeitern von AT&T, MCI, GTE, ITT, Comsat und anderen Kommunikationsriesen besetzt. In der Einrichtung befinden sich auch offizielle Vertreter des *State Department*, der FAA, der CIA und anderer Bundesbehörden. Im Fall eines nationalen Notstands, den der Präsident ausruft, müssen die Vertreter der Kommunikationsfirmen die zivile Kontrolle aller Satelliten und Telefonanlagen an die Bundesregierung übergeben.

Das Pentagon hat heute einen noch nie dagewesenen Zugriff auf zivile Kommunikationsnetzwerke: kommerzielle Datenbanken, Computernetze, elektronische Verbindungen, Telefonleitungen. Alles, was es benötigt, ist die legale Autorisierung ihrer Nutzung. Dann könnte das Pentagon den gesamten Informationsfluß in den Vereinigten Staaten vollständig beherrschen. Wie es ein hochrangiger Vertreter des Weißen Hauses in Kommunikationsfragen ausdrückte: »Wer die Kommunikation kontrolliert, kontrolliert das Land.«

Das Pentagon intensivierte unter der Reagan-Administration die Bemühungen, die Definition des nationalen Notstands neu zu fassen und das Militär mit erweiterten Vollmachten zu versehen. Die Clinton-Administration beispielsweise war keinesfalls zurückhaltend darin, für einen Machtzuwachs des Militärs in den

Vereinigten Staaten einzutreten. In der an den Kongreß über-
wiesenen Anti-Terror-Gesetzgebung drängte Clinton auf groß-
flächigeres Abhören amerikanischer Bürger und, falls erforderlich, den Einsatz von Militär innerhalb der Vereinigten Staaten.
Der besorgte Leser fragt sich sicherlich, was all diese Maßnahmen zu bedeuten haben. Geht es hier wirklich nur um Maßnahmen für einen Notstand allgemeiner Art, oder suchen Teile des
US-Establishments mittlerweile nach einem »Grund«, die Verfassung außer Kraft zu setzen?! Sind MIK, Geheimdienste und Teile
der offiziellen Regierung an einem Punkt angelangt, wo sie nicht
mehr verdeckt die Demokratie untergraben wollen, sondern
dies ganz offiziell tun möchten?
Man muß alles im Zusammenhang sehen. Die Bush-Administration, aber auch andere US-Regierungen vor ihr, zeigten in ihrer
Außenpolitik stets eine unverhohlene Aggressivität, die man mit
allerlei Gründen zu bemänteln versuchte. Zur Durchsetzung der
langfristigen Weltherrschaftsziele dürfte es allerdings auch vonnöten sein, im Inneren des Landes die demokratisch verbrieften
Bürgerrechte außer Kraft zu setzen, um die völlige Kontrolle zu
erlangen. Wozu sonst gab es im Zusammenhang mit der FEMA
Operationen, innerhalb derer die Internierung von rund 400 000
»Außerirdischen«, sprich Oppositionellen, geprobt wurde?
Sollte ein solcher Umsturzversuch tatsächlich stattfinden, so
bleibt natürlich ein gewisses Restrisiko bestehen. Doch die
FEMA hat in einem solchen Fall Vorsorge getroffen: Ein bereits in
den 1950er Jahren gebautes Bunkersystem unter den Granitfel-
sen des Mount Weather, Virginia, wurde reaktiviert. Der Bau
dieser Untergrundinstallation hatte den amerikanischen Steuerzahler seinerzeit eine Milliarde Dollar gekostet. Soweit bekannt
ist, verfügt die ursprünglich für das Überleben hochrangiger
Regierungsvertreter konzipierte Anlage über ein ausgefeiltes
System für die Lebenserhaltung. Es existieren dort Untergrund-
straßen, Bürogebäude, Krankenhäuser, Privatwohnungen, ein
Kraftwerk sowie ein unterirdischer See für die Wasserversor-

gung. Sollte diese Bunkeranlage nicht erreichbar sein, so kann die US-Regierung oder auch die FEMA sofort auf mindestens 50 weitere unterirdische Anlagen dieser Art zurückgreifen. Nördlich von Camp David soll sich beispielsweise ein »unterirdisches Pentagon« befinden – in einer Tiefe von 180 Metern!

Ich glaube nicht, daß all diese Entwicklungen zufälliger Natur sind. Ich denke vielmehr, daß in den Vereinigten Staaten seit Jahrzehnten innenpolitische Veränderungen vor sich gehen, die alle negativ zu bewerten sind und mit dem einhergehen, was im außenpolitischen Sektor versucht wird. Das amerikanische Volk sollte wachsam sein. Genauso wenig halte ich es für mit den Tatsachen vereinbar, daß die größte Bedrohung für den Frieden der Welt vom internationalen Terrorismus (oder einer langfristig rein spekulativen außerirdischen Invasion) ausgeht. Vielmehr dürfte das Konglomerat aus Militärisch-Industriellem Komplex der USA, der eng damit verbundenen Hochfinanz, den Geheimdiensten und den willfährigen Politikern, die über ihre Handlanger der Weltöffentlichkeit weißzumachen versuchen, daß es immer wieder neue Bedrohungen gibt, denen man sich erwehren muß, die eigentliche Gefahr darstellen.

Ein Blick in die Geschichte und das Wirken solcher Organisationen wie *Scull & Bones* verrät überdeutlich, daß solche »Bedrohungen« in zahlreichen Fällen hausgemacht sind und beinahe immer nach dem gleichen Schema ablaufen:

1) Man baut seitens des US-Establishments zunächst den späteren Feind auf (der zu Beginn ein Freund, kurz darauf ein nützlicher Idiot ist) und verdient Geld mit ihm, während man im eigenen Land eine aus der zukünftigen Bedrohung resultierende Hochrüstung beginnt.

2) Man verwickelt den Feind — soweit möglich — in einen möglichst begrenzten Konflikt und vernichtet ihn dergestalt, daß man nicht nur das feindliche Regime eliminiert, sondern die Kriegshandlungen massiv auf zivile Objekte ausdehnt, um

eine möglichst großflächige Zerstörung anzurichten (was aufgrund des hohen Materialverbrauchs für Bombardements etc. beim Kriegseinsatz wiederum enorme Umsätze und Gewinne beim MIK sicherstellt).

3) Ist der Feind besiegt, bleibt man als Schutz- und Besatzungsmacht präsent, baut das zerstörte ehemalige Feindgebiet wieder auf und beutet die vorhandenen Bodenschätze und Ressourcen direkt oder indirekt aus – und verdient zum dritten und vierten Mal eine Menge Geld.

Ein schlauer Kopf hat einmal gesagt, es gebe keine wundersame Geldvermehrung. Das mag schon sein. Dafür existiert aber ein (alp-)traumhaftes Programm zur Umsatz- und Gewinnsicherstellung, welches das US-Establishment seit Jahrzehnten erfolgreich umsetzt ...

HAARP – die Waffe für die Weltherrschaft?

Betrachtet man die durch die USA geplanten Weltherrschaftspläne in Form einer von ihr dominierten Neuen Welt Ordnung, so stellt sich unabhängig von der Mach- und Durchsetzbarkeit solcher Vorhaben die Frage, was man für den Fall der Fälle – daß diese Herrschaft also tatsächlich eintritt –, vorhat, um immer wieder aufflackernde Demonstrationen, Aufstände und Revolutionen zu verhindern. Es dürfte jedermann klar sein, daß eine Kontrolle von Milliarden von Menschen mit den Mitteln, die heute offiziellerseits zur Anwendung gelangen, allein nicht möglich sein wird. Polizei, Armee und Geheimdienste wären selbst unter effizienter Ausnutzung der konventionellen technischen Möglichkeiten auf Dauer überfordert. Deshalb ist es mir wichtig, Zusammenhänge aufzuzeigen, die in Richtung der totalen Kontrolle weisen.

Systeme für solche Aufgaben sind unzweifelhaft längst in Entwicklung und Anwendung, wenn auch nicht in jedem Falle bekannt. Man hat im Laufe der Jahrzehnte nach dem Zweiten Weltkrieg eine Vielzahl von Techniken zur Beeinflussung und Kontrolle von Menschen entwickelt, die auf verschiedenen Prinzipien basieren und die im deutschsprachigen Raum in umfassender Form im Buch des Autors Heiner Gehring »Versklavte Gehirne« ausführlich dargestellt worden sind.

Auch der Einsatz der Mobilfunknetze für Gedankenkontrolle und andere nichtkommunikative Anwendungen scheint möglich. Vor Jahren sprach ich mit einem Insider, der mir berichtete, daß die Einführung des Mobilfunks zwar ein Riesengeschäft sei, daß aber die Möglichkeiten dieser Technologie damit nicht ausgeschöpft würden. Überhaupt seien die eigentlichen Anwendungsmöglichkeiten bisher im dunkeln geblieben und hätten mit der

Kontrolle und Beeinflussung von menschlichen Aktivitäten zu tun ...

Über die Möglichkeiten einer regionalen Kontrolle und Bewußtseinsbeeinflussung aber dürfte ein System hinausgehen: HAARP. Bei den nachfolgenden Betrachtungen stütze ich mich auf Informationen, die ich — nunmehr teils überarbeitet — bereits an anderer Stelle aufgezeigt habe.

Bei HAARP handelt sich um eine auf Tesla-Prinzipien basierende Waffe, die offiziell nicht mehr als ein harmloses ziviles Forschungsprojekt sein soll. HAARP steht dabei für *High Frequency Active Auroral Reserach Program*, also Aktives Nordlicht-Hochfrequenz-Forschungsprogramm.

Im Jahre 1994 installierte das Pentagon in aller Heimlichkeit High-Tech-Antennen-Anlagen in Alaska. Dies geschah beinahe unbemerkt, da die amerikanischen Medien das Thema übersahen. Lediglich einige wissenschaftliche Fachblätter gingen auf das Thema näher ein. Die Herbstausgabe (1994) von *Arctic Reserach*, die von der *National Science Foundation* herausgegeben wird, beschrieb das Vorhaben näher:

»Als Teil eines gemeinschaftlichen Forschungsvorhabens [von Luftwaffe und Marine] mit dem Titel *High-Frequency Active Auroal Reserach Programm* (HAARP) wird in Alaska eine einzigartige Hochleistungs-HF-Vorrichtung zur Aufheizung der Ionosphäre errichtet. Die Anlage wird in der Lage sein, eine ausreichende Energiedichte in der Ionosphäre zu erzeugen, um Untersuchungen der Modulation von Nordlichtströmen durchzuführen, mit deren Hilfe ELF/VLF-Wellen erzeugt, Elektronen für optische Emissionen beschleunigt, feldausgerichtete Ionisation zur Streuung von Radiowellen bewirkt und andere, durch die Wechselwirkung von sehr energiereichen Radiowellen mit der Ionosphäre ausgelöste Phänomene hervorgerufen werden können. Geplant ist eine Aufheizungsvorrichtung am Boden mit einer effektiven Strahlungsleistung von mehr als

1 W (90 dBW), einem HF-Tuning über dem 2,8–12 MHz-Band und lenkbarem Strahl. Zusätzlich wird eine große Vielfalt von Meßinstrumenten erforderlich sein, darunter: ELF/VLF/HF-Empfänger, optische und IR-Kameras sowie ein inkohärentes Streuradar. Der Baubeginn der Anlage wird für Anfang 1994 erwartet.«

Auf gut Deutsch gesagt, wird das HAARP-Projekt einen Energiestrahl mit hoher Frequenz in die Ionosphäre senden – 50 bis 500 km über der Erde –, um damit die militärische Kommunikation zu verbessern. Das sagten jedenfalls die Konstrukteure von HAARP. Ramy Shanny, der Präsident von *Advanced Powers Technologies Inc.* (APTI), der Washingtoner Firma, die das 160-Millionen-Dollar-Projekt für das amerikanische Militär realisiert, äußerte zu Beginn der Arbeiten die Besorgnis, das Unternehmen sei »Paranoia«. Dennoch gestand Shanny ein, das Vorhaben – zu dem am Ende 360 über einen weiten Abschnitt der Grenze Alaskas verteilte Antennen von je über 20 Metern Durchmesser gehören werden – wäre in der Lage, den Fernseh- und Radioempfang zu unterbrechen und, erheblich gravierender, die Elektronik von Flugzeugen zu stören.

Eine wachsende Zahl von Physikern, aber auch Umweltschützern, äußerte schon in den 1990er Jahren große Besorgnis in bezug auf HAARP. Sie sind bis heute davon überzeugt, daß das Projekt in Wirklichkeit ein ausgefallenes Waffensystem darstellt, das dazu in der Lage ist, ein Raumschiff im Orbit zu vernichten, die Kommunikation in weiten Teilen des Planeten zu unterbinden und sogar – sei es willentlich oder zufällig – globale Wettermuster zu beeinflussen.

Der Physiker Richard Williams, ein Berater des *David Sarnoff Laboratoriums* in Princeton, erklärt, HAARP sei »ein unverantwortlicher Akt globalen Vandalismus'«. Er und andere Wissenschaftler glauben, HAARP könnte letztendlich ein Aufreißen der oberen Atmosphäre auslösen und Wirkungen haben, die sich rasch und dauerhaft über die Erde ausbreiten, wie die *Washington Post* in ihrer Ausgabe vom 17. April 1995 unter der Schlagzeile »Pentagon Fights Secret Scenario Speculation Over Alaska Antennas« berichtete.

Ein weiterer lautstarker Kritiker ist der Physiker Bernard Eastlund. Er hatte in den 1980er Jahren die Idee zu HAARP als Berater des Öl-Giganten *Atlantic Richfield* (ARCO), der neue Methoden für die Ausbeutung der natürlichen Gasvorkommen Alaskas suchte. Seine Arbeit führte zu Systemen, die außerordentliche Energiemengen – vergleichbar denen einer Kernexplosion – erzeugen können und mit deren Hilfe es möglich ist, anfliegende feindliche Raketen zu zerstören und die Satellitenkommunikation zu unterbrechen. Das Pentagon bekam bald Wind von der Angelegenheit und überschüttete Eastlund mit Forschungsgeldern. 1987 wurden ihm drei Patente – von denen eines sofort unter Verschluß genommen wurde – für seine Waffenentwürfe erteilt. Dann geschah etwas seltsames. Der *Washington Post* vom 17. April 1995 zufolge wurden Eastlund von Shanny gefeuert, wobei als Gründe für die Entlassung die Ideen des Physikers für jenen »Ausweg« genannt wurden. Eastlund sagte später, dies seien nicht die wahren Gründe gewesen. Der Physiker betonte, die Beziehungen zu ARCO verschlechterten sich, nachdem der ARCO-Vizepräsident Robert Hirsch sich mit Edward Teller – »Vater der Wasserstoffbombe« und einer der führenden Vertreter der unter Präsident Ronald Reagan betriebenen *Strategischen Verteidigungsinitiative* (SDI) – getroffen hatte. Danach begannen neue geheime Unternehmungen, in die Eastlund nicht eingeweiht war und bei denen er eine Teilnahme auch aus moralischen Gründen ablehnte.

Im Jahr 1994 wurde APTI von ARCO an den in Dallas beheimateten Pentagon-Zulieferer *E-SYSTEMS* verkauft, den Produzenten ultrageheimer elektronischer Systeme für das Militär. Der mächtige Pentagon-Vertragspartner *Raytheon*, ein ursprünglicher Bewerber um HAARP, kaufte dann *E-SYSTEMS* und erlangte dadurch die alleinigen Rechte an Eastlunds »Ausweg«-Patenten. HAARP wurde anschließend gemeinschaftlich von den *Philips Laboratories* der US Air Force und dem *Office of Naval Research* betrieben.

Interessant zu wissen ist, daß *E-SYSTEMS* Gegenstand einer genauen Prüfung durch die *Washington Post* und die CBS-Sendung *60 Minutes* war. Die Ausgabe der *Washington Post* vom 24. Oktober 1994 berichtete, *E-SYSTEMS* sei ein »Teil des Zentralnervensystems der Nachrichtendienste des Landes«. Beide Medien enthüllten, daß der größte Teil der Geschäfte von *E-SYSTEMS* mit der *National Security Agency*, dem militärischen Geheimdienst, und der CIA getätigt werden, ein Umstand, der nicht kommentiert werden muß.

Die US-Regierung behauptet hartnäckig bis zum heutigen Tag, daß das HAARP-Projekt mit seinem Vorhaben, die Aurora borealis mit elektromagnetischer Energie aufzuheizen, kein Waffensystem sei. Andere sehen das jedoch ganz anders. So z. B. die beiden Doktoren Gael und Patrick Flanagan. Sie sagen:

»Zum ersten Mal unter einem eingeschränkten Blickwinkel von außen betrachtet, erscheint HAARP wie ein harmloses Forschungsvorhaben. Wenn man es jedoch in größerem Rahmen sieht, dann beginnt man zu erkennen, daß HAARP ein Geheimunternehmen nicht unähnlich dem *Manhattan Project* ist. Und dem verdanken wir die Atombombe ...

Unter gewöhnlichen Bedingungen können gewisse Mineralien und Substanzen unsere Zellen nicht verletzten, weil sie die Zell- und Blut-Gehirn-Barriere nicht durchdringen, also nicht dahin gelangen können, wo sie nicht hingehören ... Die Energieniveaus, die das HAARP-Manifest verspricht, sind so hoch, daß diese zirkulär polarisierten Wellen mit Hilfe der Solarenergie und der Verstärkung durch den Maser-Effekt noch intensiviert werden. Das bedeutet, diese Art von Signalen könnte man über großen Bereichen des Planeten fokussieren. Ganze Populationen könnten von diesen Signalen nachteilig beeinflußt werden.« (Nick Begich und Jeane Manning, »Angels Don't Play This HAARP«, Earthpulse Press, Anchorage 1995.)

Die Flanagans warnten zudem vor dem potentiellen Mißbrauch der HAARP-Technologie für die Installierung einer globalen elektronischen Gedankenkontrolle:

»Gewisse Typen elektromagnetischer Signale können visuelle und auditive Effekte hervorrufen, wenn das den Kopf oder Körper umgebende Feld die richtige Frequenz, Intensität und Modulationsniveaus hat. Wir unterstellen den Entwicklern von HAARP keine unmoralischen Absichten beim Gebrauch dieser Technologie, aber das Potential für einen Mißbrauch ist vorhanden.«

Meines Erachtens liegen die Flanagans falsch, wenn sie den HAARP-Entwicklern keine unmoralischen Absichten unterstellen. Sie begehen den Fehler, das System für sich allein, also isoliert, zu betrachten. Sieht man das Ganze allerdings im Zusammenhang mit den Weltherrschaftsplänen der USA, wird schnell deutlich, daß es sich bei HAARP um die ideale Waffe handelt, um beispielsweise weit voneinander entfernte Aufstände schnell unter Kontrolle zu bringen. Wozu Militäreinheiten entsenden, wenn man mittels eines Knopfdrucks eine Revolte zerstreuen kann — und das sogar mit unblutigen Mitteln?!
In ihrem Buch »Angels Don't Play This HAARP« (1995) stellen Nick Begich und Jeane Manning fest, daß HAARP-Gegner in Alaska in ihren Bemühungen, mehr über das Vorhaben herauszufinden, stets abgeblockt wurden. Sie entdeckten, daß selbst am Ort tätiges Personal wenig über HAARP zu wissen schien. Nachfragen wurden an Kommandozentren außerhalb des Bundesstaates weitergeleitet. Bei einer Gelegenheit kam die Antwort auf allgemeine Erkundigungen direkt von der Luftwaffenbasis Kirtland, dem in New Mexico beheimateten, intensiv an der

Erforschung »schwarzer« Waffenprojekte arbeitenden Stützpunkt. Die von der *Mitre Corporation* herausgegebenen positiven Berichte über HAARP wurden von HAARP-Gegnern heftig kritisiert. Man fand heraus, daß die Berichte von der *National Security Agency* verfaßt, unterzeichnet und verbreitet wurden. Die *Mitre Corporation* ist der Hauptzulieferer der US-Regierung für Kommunikationsanlagen. HAARP kann also schon deshalb kaum etwas mit zivilen Forschungsvorhaben zu tun haben.

HAARP-Gegner sind fest davon überzeugt, daß das Projekt zur Gruppe neuer »nicht-tödlicher« Waffensystem gehört, wie sie seit Anfang der 1990er Jahre vom Weißen Haus und dem US-Kongreß favorisiert werden. Dabei ist die Bezeichnung »nicht-tödlich« allerdings irreführend, wie das Verteidigungsministerium selbst zugibt. Lebewesen, die sich in der Bahn von diesen Waffen freigesetzten Energie befinden, können sehr wohl ausgelöscht werden.

Im November 1993 versammelten sich rund 400 Wissenschaftler im *Laboratorium für Angewandte Physik* der *Johns Hopkins University*, um Forschungsergebnisse zu nicht-tödlichen Technologien zu diskutieren, darunter Radiofrequenzstrahlen (RF), elektromagnetische Pulse (EMP) und extrem niederfrequente Felder (ELF). Unterstützt vom amerikanischen *National Laboratory Los Alamos* konzentrierte sich die Versammlung auf militärische Anwendungen nicht-tödlicher Waffen – und solche zum Vollzug von Gesetzen. Hauptredner waren Edward Teller und die US-Bundesanwältin Janet Reno.

Einer der Vortragenden war Dr. Clay Easterly von den *National Laboratories* in Oak Ridge. Als er nach seinem Referat über seine Arbeit befragt wurde, erklärte er, daß er die Wirkungen von ELF/EMF-Systemen auf den Menschen studiere. Mehr sagte er nicht, sondern fügte lediglich hinzu, spezielle Anwendungen seiner Forschungen fielen unter die militärische Geheimhaltung.

Im Vorwort zu »Low-Intensity Conflict and Modern Technology«, einer Publikation der US Air Force über mögliche militärische

Anwendungen HAARP-verwandter Technologien, schreibt ein
gewisser Captain Paul Tyler folgendes:

»Die potentiellen Anwendungen künstlicher elektromagnetischer Felder reichen weit, sie können in vielen militärischen und quasimilitärischen Situationen von Nutzen
sein ... Zu diesen Anwendungsmöglichkeiten gehören das
Vorgehen gegen terroristische Gruppen, die Lenkung von
Menschenmassen, die Kontrolle von Sicherheitslöchern in
militärischen Einrichtungen und Antipersonen-Techniken
in der taktischen Kriegsführung. In all diesen Fällen könnten EM-Systeme eingesetzt werden, um geringe bis ernste
physiologische Schädigungen oder Wahrnehmungsverzer-
rungen bis hin zur Desorientierung hervorzurufen ... Zusätzlich könnte die Aktionsfähigkeit von Personen in einem Maß herabgesetzt werden, das sie kampfunfähig
macht. Ein weiterer Vorteil elektromagnetischer Systeme
besteht darin, daß ein einzelnes Gerät große Gebiete über-
streichen kann. Sie sind geräuschlos, und die Entwicklung
von Gegenmaßnahmen könnte schwierig sein.«

Im Jahre 1994 gab das *Internationale Komitee vom Roten Kreuz*
einen Bericht heraus, der sich mit nicht-tödlichen Technologien
befaßt. Der Bericht stellt fest, daß EM-Pulse, zu deren Erzeugung
HAARP in der Lage ist, 1) tierisches Gewebe überhitzen und
beschädigen, 2) das Nervensystem beeinflussen, 3) eine Schwelle
für die Induktion von Mikrowellen-»Hören« schaffen, 4) Bitfehler
in unabgeschirmten Computern verursachen, und 5) ungeschützte
Empfangsdioden in Antennen ausbrennen können.
Der Bericht erklärt weiter, der Gebrauch der Waffen sei – bis auf
Ausnahmen – durch die Konvention über chemische Waffen
ausdrücklich untersagt. Das Komitee weist auf eine dieser Ausnahmen hin, die den Vollzug nationaler Gesetzte betrifft (dafür
scheint die in Alaska stationierte HAARP-Anlage allerdings etwas zu groß zu sein). Der Bericht fügt hinzu, der Schwerpunkt

der EM-Bewaffnung verschiebe sich zunehmend – aus einem Kriegsinstrument werde ein Mittel zur »Kontrolle von Unruhen«. Bereits in den 1960er Jahren stellte der Geophysiker Gordon J. F. Mac Donald fest, präzise ausgeführte »elektronische Schläge« könnten zu einem »Oszillationsmuster« führen, das hohe Energieniveaus über der Erde erzeugt. Er bemerkte auch, »es sei möglich, ein System zu entwickeln, mit dem die Gehirnleistung sehr großer Populationen in ausgewählten Regionen über eine längere Periode ernsthaft beeinträchtigt werden könnte«.

Mac Donnalds Kommentare erschienen in Zbigniew Brezinskis Buch »Between Two Ages: America's Role in the Technotronic Era«, das 1976 bei *Penguin Books* erschien. Bereits 1970 sagte Brezinski, Präsidenten-Berater für Fragen der nationalen Sicherheit unter Jimmy Carter — den Lyndon LaRouche für verrückt hält — »eine stärker kontrollierte und gerichtete Gesellschaft« voraus, die in der Zukunft von einer starken Elite dominiert werde. Darüber hinaus stellte er sich vor, sowohl Liberale als auch Konservative würden geneigt sein, für diesen Zweck Technologien einzusetzen. Die Liberalen würden die zur Verfügung stehende Technologie im Namen des Fortschritts anwenden, während die Konservativen angesichts ihrer Versessenheit auf öffentliche Ordnung und ihrer Faszination für »modernes Gerät« für derartige Maßnahmen stimmen würden.

Im Juni 1995 veröffentlichte das *Council on Foreign Relations* (CFR) ein Dokument, das auf die Anwendung nicht-tödlicher Waffen gegen Terroristen und Drogenhändler drängt. Der Bericht empfiehlt, solche Aktionen verdeckt auszuführen.

Brezinski ist prominentes Mitglied des CFR wie auch der noch exklusiveren *Trilaterial Commission* (beide Organisationen gelten in Insider-Kreisen als Vertreter einer verdeckten, weltweit operierenden Regierung, die am Programm der Eine-Welt-Regierung unter Führung der USA arbeitet). Ließ der frühere Sicherheitsberater einen Versuchsballon starten, um die öffentliche Reaktion zu testen?

»Die derzeitige Betonung dieser Technologien spiegelt das Ausmaß des Regierungsinteresses wider«, schreiben Begich und Manning in ihrem Buch »Angels Don't Play this HAARP«, »und die gewachsene Sichtbarkeit, die diesen Feldern von der Regierung eingeräumt wird, weist auf die Absicht hin, derartige Systeme offener einzusetzen. Es ist allgemein üblich, Angelegenheit wie diese Komponenten des technologischen Fortschritts stückchenweise öffentlich werden zu lassen, um dadurch ›die Wasser der öffentlichen Meinung zu testen‹. Auf diese Weise kann die Bevölkerung dazu gebracht werden, ein höheres Ausmaß an Durchdringung mit Regierungseinrichtungen zu akzeptieren. Die Idee besteht darin, indoktriniert zu werden, indem man lernt zu *glauben*, anstatt zunächst alle Fakten zu erfahren, und dann auf deren Grundlage als vernünftiger Mensch zu durchdachten Entscheidungen zu kommen.«

Vertreter von HAARP gestehen ein, daß dieses Projekt in der Lage ist, die Elektronik in der Nähe befindlicher Flugzeuge zu stören. Im Frühjahr 1993 begann die *Federal Aviation Authority* (FAA, Bundesluftfahrtbehörde der USA – Anm. d. Verf.), Zivilpiloten vor den potentiellen Risiken von HAARP zu warnen. Trotz erbitterter Proteste von FAA-Ingenieuren und Buschpiloten Alaskas bekam HAARP das Startsignal. Das Militär versichert, die Sender würden abgeschaltet, sobald Sensoren die Anwesenheit eines Flugzeuges in ihrer Nähe anzeigten …

Der größte Schaden, der durch HAARP angerichtet werden kann, bezieht sich auf unser Klima. Bereits im August 1974 erarbeitete das *Office of Research and Development* der CIA nach einer Serie von im Jahre 1960 beginnenden Unwetterkatastrophen einen ausführlichen Bericht über globale Wetterstrukturen, der auch in dem Buch »The Weather Conspiracy: The Coming of the New Ice Age« (Ballantine Books, New York 1977), abgedruckt wurde. In ihm heißt es:

»Jede Nation mit wissenschaftlicher Kenntnis von der Atmosphäre wird diese natürliche Klimaänderung herausfordern. In den siebziger Jahren kann das Potential für internationale Konflikte aufgrund von kontrollierter Klimabeeinflussung bereits real vorhanden sein ... Jedes Land könnte einen für angrenzende Nationen in hohem Maße nachteiligen Kurs der Klimaänderung mit dem Ziel verfolgen, sein eigenes ökonomisches, politisches oder soziales Überleben zu sichern ... Führende Klimatologen und Ökonomen stimmen darin überein, daß eine klimatische Veränderung vor sich geht, und daß sie in der ganzen Welt bereits immense ökonomische Probleme verursacht hat ... In dem Maße, wie es für die Nationen der Welt offenbar wird, daß die gegenwärtige Tendenz tatsächlich lang anhaltende Wirklichkeit ist, wird es unter ihnen neue Ausrichtungen geben, um eine stabile Versorgung mit Nahrungsmitteln zu sichern. Die Abschätzung des Einflusses, den die Klimaänderung auf die größten Nationen hat, wird in Zukunft ein wichtiger Bestandteil der Analysen durch die Nachrichtendienst-Gemeinde sein.«

Muß man noch deutlicher werden? Den USA geht es auch im Zusammenhang mit der Wetterbeeinflussung nur um eines: den beabsichtigten Machtzuwachs. Ich frage mich daher: *Sind die Klimaabweichungen der letzten Jahre nicht vielleicht Teil eines US-amerikanischen militärischen Versuchsprogramms zur Wetterbeeinflussung, verursacht von Systemen wie HAARP?* Experimente zur Veränderung des Wetters fanden in den USA bereits seit dem Jahre 1946 statt. In jenem Jahr gelang es dem Forscher Vincent Schaefer von der *General Electric*, in einem kleinen Wettersimulator Schneefall zu erzeugen. In den 1960er und 1970er Jahren wandte das US-Verteidigungsministerium fortgeschrittene Wolkenerzeugungsmethoden als Mittel der Kriegführung an. Im Juni 1971 ließ man z. B. binnen weniger Stunden so viel Wasser auf den Ho-Chi-Minh-Pfad, Hanois Hauptnachschubweg im Vietnam-Krieg, fallen, daß dieser beinahe unpassierbar wurde. Mittlerweile dürfte man in der Lage sein, mit dem HAARP-System das Wetter in allen Regionen der Erde durch entsprechende Energiezufuhr zu beeinflussen.

Die Wirkungen von HAARP reichen aber über die Wetterbeeinflussung hinaus. Die möglicherweise in Zukunft wichtigste Komponente stellt die Bewußtseinseinwirkung in ganzen Erdregionen dar, da die ELF-Felder nachweislich die elektrischen Gehirnströme des Menschen überlagern und so beeinflussen können. Im Kriegsfall könnte man damit die Armee und Bevölkerung eines ganzen Landes bis zur völligen Orientierungs- und Willenlosigkeit ausschalten. Auch krankheitsbewirkende Frequenzen sollen sich so übertragen lassen. Zudem sind die reflektierten hohen Energiedichten zur Zerstörung elektronischer Bauteile — Halbleiter, Datenträger etc. — in der Lage, so daß gegebenenfalls die gesamte Kommunikationstechnik eines Landes lahmgelegt werden kann.

Weiterhin erhofft man sich seitens des US-Militärs neue Möglichkeiten für Spionagesysteme. Flugzeuge und Raketen könnten viel genauer geortet werden. Und man denkt darüber nach, ob sich HAARP nicht auch zur weltraumgestützten Raketenabwehr eignen würde. Schließlich kann man HAARP auch einsetzen, um die Erdoberfläche zu durchleuchten, so daß damit die Entdeckung von Rohstoffvorkommen, aber auch die Lokalisation von unterirdischen Anlagen möglich ist. Dies ist vor allem mit extrem langen ELF-Wellen realisierbar.

Anfang August 2002 befaßte sich auch das russische Parlament, die DUMA, mit HAARP. Es hieß in einer Abschlußerklärung, die USA würden neue integrale strategische Waffen realisieren, welche den nahen Erdraum mit hochfrequenten Radiowellen beeinflussen. Die Signifikanz dieses Qualitätssprunges sei mit einem Übergang von Blank- zu Feuerwaffen, oder von konventionellen zu nuklearen Waffen vergleichbar. Das russische Parlament sei deshalb sehr beunruhigt. Es hieß weiter, daß sich dieses neue Waffensystem von früheren Typen darin unterscheide, daß nunmehr die Erdumgebung und ihre Komponenten als unmittelbares Objekt einer gezielten Beeinflussung fungierten. Die USA planten mit HAARP großangelegte wissenschaftliche Experimente, welche durch die Erdbevölkerung nicht kontrollierbar und die in der Lage seien, elektromagnetische Kommunikation, inklusive entsprechender Ausrüstungen auf Raumschiffen und Raketen, zu stören oder zu vernichten! Geplant seien auch Störungen von Kraftwerken sowie Öl- und Gasleitungen. Die Experimente hätten weiterhin negative Auswirkungen auf die mentalen Leistungen verschiedener menschlicher Zielgruppen ganzer Regionen.

Die DUMA verlangte abschließend, daß für derartige großräumige geophysikalische Experimente ein internationales Verbot ausgesprochen werde. Der Appell, unterzeichnet von 90 Abgeordneten, wurde Präsident Vladimir Putin, der UNO und anderen internationalen Organisationen, an die Parlamentarier und Führer der UNO-Mitgliedsstaaten, an die wissenschaftliche Öffentlichkeit und an die Massenmedien übergeben.

Dieser Sachverhalt erscheint mir insofern bedeutsam, als er die Bedrohung durch ein neues US-amerikanisches Waffensystem ganz offensichtlich aufzeigt, das von den US-Offiziellen abwiegelnd immer als zivile Versuchseinrichtung beschrieben wurde. Damit hat HAARP das Niveau von Spekulationen verlassen und muß nunmehr als das angesehen werden, was es ist: eine neue, global wirkende Waffe, die auf verschiedenen Ebenen funktioniert (Aufklärung und Ortung, Zerstörung, globale Kontrolle und Beeinflussung von lebenden Systemen) und damit das ultimative System zur Durchsetzung der US-amerikanischen Weltherrschaftspläne darstellt.

Auch wenn die russische DUMA erst vor kurzem aktiv wurde und HAARP als offizielle Bedrohung darstellte, sollte man sich keinen Illusionen hingeben und glauben, daß das System nicht schon längst in Betrieb sei. In den letzten Jahren wurden nämlich in verschiedenen Staaten der Erde Phänomene registriert, die auf mit niederfrequenten Wellen arbeitende Systeme ähnlichen Typs hinweisen. Diese Phänomene wurden auch in Deutschland aufgezeichnet, und zwar in Form eines rätselhaften Brummtons.

In Stuttgart und Umgebung beispielsweise wurde ein niederfrequenter Ton gemeldet, der bei Betroffenen verschiedenste gesundheitliche Beschwerden auslöste. Einige Bürger erstatteten Anzeige, so daß die Behörden den Fall aufgreifen mußten — und das Thema in die Medien geriet. Selbst große überregionale Zeitungen berichteten darüber, wie beispielsweise *Die Welt* im April 2001. Die baden-württembergische Landesregierung plante nicht zuletzt aufgrund des Medieninteresses eine landesweite Meß- und Fragebogenaktion. Damit sollte geklärt werden, wo der Ton überall zu hören war und welche Symptome er auslöste. Wie sich bei den ersten Messungen herausstellte, konnten nicht alle Menschen das Brummen hören. Meßtechniker stellten fest, daß die Frequenz des Tones eigentlich unter dem für Menschen hörbaren Bereich liegt. Seitdem ein betroffenes Ehepaar die *Interessengemeinschaft der Brummtonopfer* aus der Taufe hob, meldeten sich täglich mehr Menschen, die infolge des beständigen Brummens unter Schlaflosigkeit, Herzrasen und Schwindel litten. Die öffentlichen Stellen hatten bis dahin die Klagen der Betroffenen, wie immer in solchen Fällen, ignoriert. Die vom Brummton Heimgesuchten wurden vertröstet oder nicht ernst genommen. Das änderte sich erst, als die ersten Strafanzeigen eingingen. Wie dann nachfolgende gründlichere Untersuchungen zeigten, war der Brummton als solcher klar zu identifizieren, und zwar sowohl durch die betroffenen Menschen als auch durch die Fachleute und ihre Meßtechnik. Auf einer Testfahrt quer durch die Stuttgarter Region konnten z. B. zwei Frauen selbst mit verbundenen Augen zweifelsfrei den Brummton orten. Jedes Mal, wenn sie angaben, den Ton zu hören, schlug auch das Meßgerät des Spezialisten vom Umweltamt aus.

Der Ursprung des Brummgeräusches jedoch gibt nach wie vor Rätsel auf. Wasserleitungen, Hochspannungsleitungen und Mobilfunkmasten standen zunächst im Verdacht, Auslöser der Erscheinung zu sein, schieden nach einer Überprüfung aber als Ursache aus. Später wurde vermutet, daß die Schallschwingungen von einem Bergwerk auf der Schwäbischen Alb herrühren ... Aber auch das sollten nur Vermutungen bleiben. Selbst nach Abschluß einer Studie des Landesumweltministeriums in Baden-Würtemberg blieb die Herkunft des Brummtons rätselhaft, obwohl man mehr als 300 Betroffene zu diesem Phänomen befragt hatte, wie die Zeitung *Potsdamer Neueste Nachrichten* am 22. März 2002 berichtete.

Wichtig zu wissen ist, daß das Brummton-Phänomen nicht nur auf Baden-Württemberg beschränkt blieb. Ähnliche Fälle wurden aus NRW und Mecklenburg-Vorpommern gemeldet, ebenso aus Dänemark, Spanien und den USA. In Großbritannien schlossen sich 500 Betroffene zu einer Selbsthilfegruppe zusammen. Allerdings konnte trotz intensiver Bemühungen auch hier die genaue Quelle der Störung nicht gefunden werden.

Natürlich versuchte man offiziellerseits Erklärungen für das Phänomen beizubringen, die teilweise an den Haaren herbeigezogen erschienen. So schrieb beispielsweise die Zeitung *Potsdamer Neueste Nachrichten* in ihrer Ausgabe vom 27. März 2001:

»... Viele atmen auf. Jahrelang haben Menschen unter dem rätselhaften Brummton gelitten. Sie lebten in einer ruhigen Gegend, hörten aber einen eigentümlichen Brummton, dessen Herkunft völlig rätselhaft war. Sie konnten nicht schlafen, zogen um, gingen von Arzt zu Arzt. Nach ersten Presseberichten über den Brummton gab es eine regelrechte Massenhysterie ... Behörden setzten Experten in Marsch, um den Brummton zu finden. Bislang vergeblich.

Jetzt arbeiten Züricher Wissenschaftler an einer neuen Beschichtung für Hochspannungsleitungen. Sie haben herausgefunden, warum Hochspannungsleitungen bei feuchtem Wetter unangenehm brummen: Regentropfen und

Raureif lagern sich auf den Leitungen ab, vibrieren dort und erzeugen damit das störende Geräusch. Das berichtet das Hamburger Magazin *Geo* in seiner Aprilausgabe.«

Geo zufolge hatten die beiden Forscher Hans-Jürgen Weber und Timm Hans Teich von der *Eidgenössischen Technischen Hochschule Zürich* eine unter Spannung stehende Modell-Stromleitung mit Wasser besprüht und diese vor und nach dem künstlichen Regenguß mit Hilfe einer Hochgeschwindigkeitskamera gefilmt.

»Dabei stellten sie fest, daß große Wassertropfen während einer Schwingungsperiode zweimal in die Länge gezogen und danach wieder zur Kugelform komprimiert werden. Das erzeuge die unangenehmen Brummtöne. Eine hydrophile, Wasser anziehende Beschichtung der Modell-Leitungen brachte die Lösung. Je weniger Tropfen auf der Leitung sitzen und je gleichmäßiger sich das Wasser dort verteilt, desto leiser wurde auch der Brummton. Derzeit tüftele das Forscherteam an einer idealen hydrophilen und wetterbeständigen Leitungsbeschichtung, damit die Anwohner im Umfeld von Hochspannungsleitungen wieder ruhig schlafen können.«

Sollte das wirklich die Erklärung für den mysteriösen Brummton sein? Nein, das Thema war damit noch lange nicht vom Tisch. Und: Wieso wurde man auf diese Wassertröpfchen, die auf Stromleitungen »saßen«, erst jetzt aufmerksam? Schließlich existieren doch Überlandstromleitungen schon seit vielen Jahrzehnten, so daß das Brummton-Phänomen schon seit Anbeginn bekannt gewesen sein müßte. Warum fehlen dann entsprechende Berichte aus früherer Zeit?
Der Brummton wurde nicht nur in Hamburg und Stuttgart registriert, sondern auch in Berlin — und hier vor allem im Umfeld des Flughafens Berlin-Tempelhof. Hier beschwerten sich zahl-

reiche betroffene Anwohner über einen Ton, der bei ihnen zahlreiche gesundheitliche Störungen hervorrief — und auch gemessen und aufgezeichnet werden konnte. Es handelte sich dabei um typische ELF-Wellen. Selbst der damalige Bundesverteidigungsminister Rudolf Scharping sah sich gezwungen, auf entsprechende Anfragen einzugehen, und gab zu, daß im Bereich des Flughafens Berlin-Tempelhof niederfrequente Wellen in größerem Ausmaß auftreten würden. Interessanterweise wiegelte er dabei einen Zusammenhang mit HAARP ab, obwohl bis zu diesem Zeitpunkt niemand behauptet hatte, daß es eine solche Verbindung vielleicht geben könnte.

Nun muß man wissen, daß das Terrain des Flughafens außerordentlich interessant ist, nicht nur wegen seiner offensichtlichen oberirdischen Nutzung durch das US-Militär. Ich habe im Zusammenhang mit anderen Recherchen, die die Forschungen zur Hochtechnologie des Dritten Reiches betreffen, schon vor Jahren den Hinweis erhalten, daß unterhalb des Flughafens einst eine geheime deutsche Forschungseinrichtung existierte, in der während des Zweiten Weltkrieges Experimente zur Atomforschung und Hochfrequenzphysik absolviert wurden. Es versteht sich von selbst, daß diese Untergrundanlage, die bis heute aus nachvollziehbaren Gründen unbekannt blieb, ein vortreffliches Objekt ist, um unerkannt auch heute Experimente durchzuführen, von denen die Öffentlichkeit nichts erfahren soll. Ich bin der festen Überzeugung, daß es kein Zufall ist, daß gerade im Bereich von Berlin-Tempelhof diese niederfrequenten Wellen registriert werden können. Auch bin ich mir sicher, daß diese ELF-Wellen-Experimente nur am Rande mit Kommunikationszwecken zu tun haben und in erster Linie der Erprobung neuer, sogenannter nichttödlicher Waffensysteme dienen.

Otto Normalbürger glaubt vielleicht, daß die heutigen modernsten Waffensysteme Atom- und Wasserstoffbomben seien, vergißt dabei allerdings völlig, daß diese Entwicklungen fünf Jahrzehnte alt sind. Was haben die Militärs in Ost und West zwischenzeitlich getan? Eine Antwort darauf gab schon vor mehr als zwanzig Jahren der damals im Rang eines US-Oberstleutnants tätige John B. Alexander, ehemaliger Offizier der Elitetruppe *Green Barets* und Vietnam-Veteran, in einem Artikel, den er im Dezember 1980 in der Zeitschrift *Military Review* unter der Rubrik »Mental Battlefield« (»Das mentale Schlachtfeld«) veröffentlichte:

»Zusätzlich zu den bekannteren technologischen Fortschritten leuchtet eine neue Dimension eines Schlachtfeldes am Horizont, die eine Herausforderung darstellt an unsere allgemeinen Verständniskonzepte von Zeit und Raum. Dieser Bereich wird manchmal Psychotronik oder Bioenergetik genannt ... Zwei Unterabteilungen dieses Bereichs wurden auch untersucht. Bewußtseinsveränderungstechniken, geeignet, auf einen Gegner einzuwirken, *sind weit fortgeschritten* (Hervorhebung durch d. Verf.). Die verwendeten Prozeduren schließen die Manipulation menschlichen Verhaltens ein durch die Verwendung psychologischer Waffen, die auf den Gesichtssinn, das Gehör, den Geschmack, die Temperatur, die elektromagnetische Energie oder die Abschirmung von Sinnesreizen Einfluß nehmen können.«

Man muß nicht zwischen den Zeilen zu lesen versuchen, um zu begreifen, daß die Technologie zur Verhaltens- und Bewußtseinskontrolle so weit fortgeschritten ist, daß heute die Einsatzbereitschaft vorliegt. Mittlerweile muß sogar davon ausgegangen werden, daß diese neuartigen Waffensysteme, die keiner internationalen Kontrolle unterliegen, bereits zum anwendungsbereiten Repertoire des US-Militärs gehören.

Alexander ließ im Dezember 1980 zum Thema der ELF-Wellen durchblicken:

»Forscher vermuten, daß bestimmte extrem langwellige (ELF-)Emissionen psychoaktive Charakteristiken haben. Diese Transmissionen können benutzt werden, um Depressionen oder Irritationen in einer Zielpopulation auszulösen. Die großflächige Anwendung von ELF-Bewußtseinsmodifikation kann erschreckende Auswirkungen haben.«

Abschließend warnt John Alexander eindringlich davor, seine Aussagen als Unfug abzutun, in dem er schreibt:
»Die Information, die hier vorgestellt wird, wird von manchen als lächerlich betrachtet werden, weil sie nicht konform geht mit ihrer Sicht der Realität, aber manche Leute glauben eben immer noch, daß die Erde eine Scheibe ist.«

Nach seinen Aussagen war schon in den 1970er Jahren ein großes psychologisches Wettrüsten im Gange:
»Es wurde vermutet, daß, wer auch immer den ersten größeren Durchbruch erzielt, einen Quantenvorsprung vor seinem Gegner hat, einen Vorteil, vergleichbar dem alleinigen Besitz von Nuklearwaffen.«

Die letzten Zeilen legen nahe, daß das US-Militär alles in seinen Kräften stehende getan haben dürfte, um in den Besitz dieser neuen Waffen zu gelangen, denn sie sichern eine Monopolstellung — und bei Bedarf vielleicht sogar die Weltherrschaft. Angesichts der waffentechnischen Überlegenheit der Vereinigten Staaten steht zu befürchten, daß in den kommenden Jahren und Jahrzehnten ein schleichender 3. Weltkrieg unvermeidbar sein wird. Das US-Establishment wird unter allen Umständen versuchen, den drohenden finanziellen und wirtschaftlichen Kollaps durch die gewaltsame Inbesitznahme neuer Absatzmärkte und Rohstoffquellen aufzuhalten. Ob am Ende dieser Entwicklung ein die Welt dominierendes US-Empire stehen wird, wie es die amerikanischen Strategen planen, bleibt dennoch fraglich. Unrecht hat bekanntlich keinen Bestand — auch dann nicht, wenn es im Namen von Recht, Ordnung und Demokratie von einer vermeintlichen Weltmacht begangen wird.

LITERATURVERZEICHNIS

Zahlreiche der benutzten Quellen wurden im Text des Buches als solche ausgewiesen. Die nachfolgend aufgeführte Literatur stellt weitere Quellen bzw. Ergänzungen da, die die dargestellten Sachverhalte vertiefen.

Aust, Stefan und Schnibben, Cordt (Hg.): 11. September. Geschichte eines Terrorangriffs. Deutsche Verlagsanstalt, Stuttgart/München und SPIEGEL-Buchverlag, Hamburg; 2002

Autorenteam: Expert Meeting on Certain Systems and on Implementation Mechanisms in International Law. International Committee of the Red Cross, Geneva, Schweiz 1994

Bastian, Till: 55 Gründe, mit den USA nicht solidarisch zu sein. Pendo Verlag, 2002

Brisard, J.-Ch. u. a.: Die verbotene Wahrheit. Die Verstrickungen der USA mit Osama bin Laden. Pendo Verlag, 2002

Bröckers, Mathias: Verschwörungen, Verschwörungstheorien und das Geheimnis des 11.9. Zweitausendeins, Frankfurt/M. 2002

Brzezinski, Zbigniew: Die einzige Weltmacht. Amerikas Strategie der Vorherrschaft. Beltz Quadriga Verlag, Weinheim und Berlin 1997

Chartess, Paul: Strategie und Technik der geheimen Kriegführung. Teil 1, Docupress, Berlin 1984

Chomsky, Noam u. a.: Die Neue Weltordnung und der Golfkrieg, Trotzdem Verlag, Neuauflage, Grafenau 1999

Chossudovsky, Michel: Global brutal. Der entfesselte Welthandel, die Armut, der Krieg. Verlag Zweitausendeins, Frankfurt/M. 2002

Dean, David J.: Low Intensity Conflict and Modern Technology, Air University Press, Center for Aerospace Doctrine, Research and Education, Maxwell Air Force Base, Alabama 1986

Eggert, Wolfgang: Angriff der Falken. Die verschwiegene Rolle von Mossad und CIA bei den Anschlägen vom 11. September, Beim Propheten! Verlag, München 2002

Gruhl, Herbert: Himmelfahrt ins Nichts. Der geplünderte Planet vor dem Ende. Langen Müller, München 1992

Hannich, Günter: Börsenkrach und Weltwirtschaftskrise. Der Weg in den 3. Weltkrieg. Kopp Verlag, Rottenburg 2000

Hornung, Klaus: Krisenherd Naher Osten: Geschichte – Fakten – Hintergründe. Beltz Quadriga, Weinheim, Basel 1991

Huntington, Samuel P.: Kampf der Kulturen. Die Neugestaltung der Weltpolitik im 21. Jahrhundert, Siedler, 1998

Khan, Mansur: Die geheime Geschichte der amerikanischen Kriege. Verschwörung und Krieg in der US-Außenpolitik. 2. Auflage, Grabert-Verlag, Tübingen 2001

Martin, Hans-Peter und Schumann, Harald: Die Globalisierungsfalle. Der Angriff auf Demokratie und Wohlstand. Rowohlt Taschenbuch-Verlag, Reinbek bei Hamburg 1998

Mayer, Edgar und Mehner, Thomas: Hitler und die Bombe. Welchen Stand erreichte die deutsche Atomforschung und Geheimwaffenentwicklung wirklich? Kopp Verlag, Rottenburg 2002

Mayer, Edgar und Mehner, Thomas: Die Atombombe und das Dritte Reich. Das Geheimnis des Dreiecks Arnstadt – Wechmar – Ohrdruf. Kopp Verlag, Rottenburg 2002

Meyssan, Thierry: 11. September 2001. Der inszenierte Terror. Auftakt zum Weltenbrand? editio de facto, Kassel 2002

Mittmann, Beate und Priskil, Peter: Kriegsverbrechen der Amerikaner und ihrer Vasallen gegen den Irak und 6000 Jahre Menschheitsgeschichte. 2. Auflage, Ahriman-Verlag, Freiburg 1996

Moore, M.: Stupid White Men. Eine Abrechnung mit Amerika unter George W. Bush. Piper, 2002

Salinger, Pierre und Laurent, Eric: Krieg am Golf. Das Geheimdossier – Die Katastrophe hätte verhindert werden können. Hanser Verlag

Scholl-Latour, Peter: Kampf dem Terror – Kampf dem Islam? Propyläen, 2002

Schuler, Dietrich: Untergang der Weltmacht USA. Rettung für die weißen Völker? Arndt-Verlag, Kiel 2003

Stein, Conrad C.: Die geheime Weltmacht. Die schleichende Revolution gegen die Völker, Hohenrain-Verlag, Tübingen 2001

Steininger, Claus: Tops und Flops. Die Geschäfte der US-Geheimdienste. Elefanten Press, Berlin 1998

Wittmann, Walter: Das globale Desaster, Politik und Finanzen im Bankrott. 5. Auflage, Wirtschaftsverlag Langen Müller/Herbig, München 1996

Zunneck, Karl-Heinz: Geheimtechnologien 2 – Militärische Verwicklungen, öffentliche Manipulation und die Herkunft des UFO-Phänomens. Amun-Verlag, Schleusingen 2002

Verfügte das Dritte Reich über Atombomben und interkontinentale Trägerraketen?

Die veröffentlichte Geschichtsschreibung behauptet, das Dritte Reich habe das Projekt der Entwicklung einer Atombombe im Jahre 1942 storniert. Dieses Buch liefert eine Vielzahl hochbrisanter neuer Indizien und unglaublicher Fakten sowie bisher unveröffentlichter Zeugenaussagen, welche diese Auffassung widerlegen. Die Autoren zeigen in diesem Buch auf, daß die deutsche Nuklearwaffe fertig war und das dazugehörige Trägersystem in Form einer Interkontinentalrakete kurz vor seiner Fertigstellung stand. Das Zentrum beider Geheimwaffen-Programme lag in Thüringen und wurde von SS, Reichspost und der Firma Skoda betrieben. Die Autoren dokumentieren nicht nur, daß am 4. März 1945 ein Kleinst-Atomtest auf dem Truppenübungsplatz Ohrdruf stattfand, bei dem mehrere hundert Menschen ums Leben kamen, sondern auch, daß am 16. März 1945 vom Boden Thüringens aus der erfolgreiche Start eines Prototypen der V-3-Interkontinentalrakete realisiert wurde. Erstmals werden hierzu eindeutige und überzeugende Informationen offengelegt, unter anderem Luftbilder der 7. US Photo-Group, die die Starteinrichtung der Rakete zeigen! Darüber hinaus erfahren Sie erstaunliche Details, weshalb die neuen Waffensysteme nicht eingesetzt wurden, warum Reichsrüstungsminister Speer gegen Hitler opponierte und welche Konsequenzen sich aus dem Vorhandensein von geheimen unterirdischen Anlagen im Raum Thüringen ergeben. Erfahren Sie auch, wo einer der mächtigsten Männer des Dritten Reiches, SS-Obergruppenführer und General der Waffen-SS Dr. Ing. Hans Kammler, nach dem Krieg verblieben ist.

gebunden
288 Seiten
zahlreiche Abbildungen
ISBN 3-930219-50-6
19,90 EUR

KOPP VERLAG
Graf-Wolfegg-Straße 71
D - 72108 Rottenburg
Telefon (0 74 72) 9806-0
Telefax (0 74 72) 9806-11
Info@kopp-verlag.de
http://www.kopp-verlag.de